Life is like a pine tree

하나님과 깊은 만남을 위한 묵상집

인생은 푸른 소나무처럼

김선태 지음

인생은 푸른 소나무처럼

-하나님과 깊은 만남을 위한 묵상집-

초판발행 2025년 9월 20일
지은이 김선태
펴낸이 강성훈
펴낸곳 한국장로교출판사
주소 03128 / 서울시 종로구 대학로3길 29 신관 4층
전화 (02) 741 - 4381 / 팩스 741 - 7886
영업국 (031) 944-4340 / 팩스 944 - 2623
등 록 No. 1-84(1951. 8. 3.)
ISBN 978-89-398-4631-9 / Printed in Korea

책임편집 정현선
편집 원지현
본문 · 표지디자인 남소현
경영지원 박호애 서영현
마케팅 박준기 이용성 이현지

값 17,000원

인생은 푸른 소나무처럼

인사말

누가 나에게 당신의 신앙관이 무엇이냐고 묻는다면 나는 서슴없이 하나님의 섭리 사관이라고 답할 것이다. 하나님의 섭리 사관은 하나님의 의지로 인류의 역사를 경영하신다는 뜻이다. 인류 역사의 흐름을 신앙이라는 프리즘을 통하여 보면 역사는 마치 거대한 산맥처럼 뻗어나가는 파노라마로 보이기 때문이다. 나 자신의 신앙 역사는 거대한 산맥에 비하면 작은 오솔길에 불과하다. 하지만, 나의 신앙을 통한 역사는 하나님의 우주적인 역사에 동참한다고 생각한다.

그리스도인들은 신앙에 대한 개인적인 고백과 인식이 있어야 하고, 섭리 신앙을 어떻게 이해할 것인가를 생각해 보아야 한다. 신앙이란 자신을 초월하는 어떤 대상에게 자신을 전적으로 맡기는 의지와 철학, 즉 신뢰를 의미한다. 이러한 신앙은 신앙인의 인격이나 성품을 통한 경험을 바탕으로 한다.

우리는 각 사람의 신앙을 찾기 위해서는 신앙의 다양한 경험을 통하여 인식할 필요가 있다. 신앙이 지니는 용어는 다양한 의미를 포함하기 때문이다. 신앙의 유비나 신앙의 비유와 신앙의 상징을 찾아서 이해할 필요가 있을 것이다. 따라서 개인적인 신앙의 개념과 공동체적인 신조나 교리의 차이점을 구별해야 할 것이다.

나는 이 책을 집필하면서 신학과 철학적으로 다양한 신앙인들이 지닌 경험을 이해하려고 했고, 신앙인들의 다양한 고백들을 이해하려고도 했다. 또한 성경해석의 관점에서 그리스도가 세상의 빛이라면 그 빛이 신앙이라는 프리즘을 통하여 삶의 다양한 가치를 실현할수가 있다는 확신을 발견하고자 했다.

일찍이 헬라인들은 철학을 사랑하면서 진선미를 지고선으로 인식하였다. 그런 까닭에 신앙인은 진리, 도덕, 심미의 차원을 통하여 신앙의 지고선을 완성해야 한다고 생각한다. 신앙인은 갈라디아서 2:20, 마태복음 16:16을 중심으로 하여 길과 진리와 생명의 말씀대로 살아야 한다. 이러한 관점에서 진리는 햇빛 같은 신앙으로, 선은 달빛 같은 희망으로, 그리고 아름다움은 별빛 같은 사랑이라는 차원에서 발견하고 찾아보려고 했다.

이 책의 제목은 애국가의 가사 '남산 위의 저 소나무, 철갑을 두른 듯 바람서리 불변함은 우리 기상일세'와 독일 민요 "오, 탄넨바움"의 가사 '소나무야, 소나무야, 너 항상 푸르구나. 쓸쓸한 가을날이나 눈보라 치는 날에도 소나무야, 소나무야 변하지 않는 네 빛!'에서 영감을 받았다. 참으로 아름답고 감동을 주는 내용의 가사이다. 나는 올드 랭 사인의 곡조(찬송가 '천부여 의지 없어서'와 같은 곡조)에 맞춰 애국가를 부를 때에 눈물이 얼굴을 적시는 경험을 하곤 한다. 안익태 선생님이 독립운동하면서 만든 애국가는 우리의 가슴을 뜨겁게 한다.

그리스도인은 남산 위의 푸른 소나무처럼 항상 푸른 믿음으로 인생을 살고, 푸른 정신, 푸른 마음, 푸른 생각으로 절망하는 사람들에게 푸른 희망을 주었으면 하는 마음으로 제목을 "인생은 푸른 소나무처럼"으로 정했다.

반세기 넘도록 앞을 못 보는 이들에게 영혼의 빛, 마음의 빛, 육신의 빛을 주고자 했던 나의 삶과 선교 활동들을 명상록으로 엮어 보았다. 독자들이 이 책을 읽으면서 푸른 신앙, 푸른 마음, 푸른 정신, 푸른 희망으로 살아갈 수 있었으면 한다. 하나님의 섭리하시는 신앙을 함께 발견한 국내외 동역자들과 실로암을 향해 아무 대가 없이 사랑과 기도를 베풀어 주신 믿음의 가족들, 그리고 실로암의 형제자매들 우정에 깊은 감사를 전하고 싶다.

2025년
실로암안과병원에서
김선태

추천사

김형석 교수

(연세대학교 철학과 명예교수)

저자, 김선태 목사는 숭실 동문 모두가 아끼고 존경하는 분이며, 내가 가르친 제자입니다. 이번에 명상록을 출간하면서 스승이며 선배인 나에게 시편 23편 다윗의 기도문을 선물로 보내왔습니다. 인간이, 목자 되시는 하나님께 드리는 가장 대표적인 기도문입니다. 구약의 많은 인물을 대신하는 기도입니다. 나도 20년 전부터 매일 하나님께 드리는 기도입니다. 내가 여호와 하나님께 그 이상의 기도를 드릴 수 없기 때문입니다. 그리고 신약의 말씀을 요약할 수 있는 기도는 주님의 기도입니다. 어렸을 때부터 들어온 '우리' 하나님 아버지께 드리는 기도입니다. '나'를 넘어 '우리 모두'의 기도입니다. 여호와 하나님보다 '하나님 우리 아버지'께 드리는 기도입니다.

　김선태 목사는 일찍 육신의 빛을 잃었습니다. 그 후부터 지금까지 마음과 빛을 찾아 우리에게 그 신앙의 빛을 전해주었습니다. 교회와 신앙의 빛을 사회와 봉사의 빛으로 넓혀 준 생애를 살았습니다. 한국의 남성 헬렌 켈러로 불리고 슈바이처 박사같이 존경받는 것은 신학, 목회, 교회의 사명과 더불어 직접 빛을 잃은 형제자매들을 위해 평생을 바쳐왔고 부르심을 받을 때까지 하나님의 사랑을 우리 모두에게 나누어 주었기 때문입니다.

나를 위해서는 하나님의 은혜를, 우리 모두를 위해서는 아버지의 사랑을 일깨워 주었습니다. 구약적 신앙을 신약의 사랑으로 개인의 생애를 바쳐 우리 모두에게 나누어 주는 교회 신앙과 사회 사랑의 모범을 보여주었습니다.

기독교 정신과 신앙은 교회보다 사회, 민족과 국가를 넘어 사랑이 필요한 인류 전체를 위한 신앙과 사랑으로 승화시켜 주었습니다.

이번에 한국인을 상징하는 소나무 정신을 비유의 주인공 삼아 쓴 이 책, 신앙과 사랑의 선물이 '우리 모두'를 위한 메시지가 되기를 바라며, 많은 사람이 읽어 우리 민족의 소나무 정신을 이어갔으면 합니다. 더 오래 건강하셔서 우리에게 영혼의 빛을 남겨 주시기를 바라면서 감사의 마음을 전해 드립니다.

추천사

곽선희 목사

(의료법인 실로암안과병원 이사장, 소망교회 원로 목사)

제가 이사장으로 섬기고 있는 실로암안과병원 원장 김선태 목사가 이번에 『인생은 푸른 소나무처럼』-하나님과 깊은 만남을 위한 묵상집-을 출판하게 됨을 진심으로 축하합니다.

김선태 목사는 한국전쟁 시기 어린 나이에 부모를 잃은 고아가 되고, 시각장애인이 되었습니다. 그러나, 하나님의 은혜와 선교사의 도움으로 공부하였습니다. 그 어려운 일반 중, 고등학교, 숭실대학교와 장로회신학대학교에서 공부하여 훌륭한 목회자가 되었습니다. 그는 신학교 졸업 후 총회에서 시각장애인 선교를 시작하였습니다. 그의 선교는 계란으로 바위 치기와 같이 어려웠지만 그의 분명한 믿음과 성실함, 부지런함, 뜨거운 열정, 포기하지 않는 불굴의 의지, 불타는 사명감과 헌신은 많은 사람의 마음을 움직였고 사람들을 놀라게 하였습니다.

실로암안과병원은 어려운 분들에게 무료 개안수술과 사랑의 무료 안과 진료로 약 3만 7천여 명에게 빛을 찾아주고, 약 200만 명에게 실명을 예방하였습니다. 이 아름다운 사역을 지금까지 39년 동안 할 수 있었던 것은 하나님의 크신 은혜인 동시에, 모든 교회와 사랑의 뜻을 가진 동역자와 성도들의 기도와 사랑 때문입니다. 그리고 원장 김선태 목사의 헌신과 희생, 탁월한 지도력 때문입니다. 제가 이사장을 처음 맡았을 때 병원 재정이 어려웠고, 불안정한 직원이 많았습니다. 저는 기도하면서 이사장으로서 어떻게 하면 병원을 잘 운영하여 하나님께 영광을 돌리고 사람들에게 소망을 줄까? 하고 방법을 찾았습니다. 저명한 인물을 원장으로 세웠어도 병원은 그렇게 든든하게 안정되지 않았습니다. 그러던 중에 저는 2004년에 김선태 목사를 원장으로 세우고 취임식도 가졌습니다.

김선태 목사가 원장직을 맡은 후에 병원은 점차 안정되기 시작했습니다. 김선태 목사는 원장으로서 기도하며 성실하게 빈틈없이 병원을 운영하였습니다. 그는 병원 발전을 위해 통찰력을 가지고 실로암안과병원 아이 센터도 세우고, 연세대 세브란스병원과 모자 관계를 맺은 대학 병원 수준으로 최고의 안과 병원으로 발전시켰고, 안과 전문병원, 의료기관 인증기관으로 발전하는 데 크게 공헌했습니다. 그는 분명하고 정확한 병원 행정가이며, 신뢰할 수 있는 훌륭한 지도자로서 지도력을 발휘하는 것을 보고 하나님께 감사하였고, 이사장으로서 보람을 느꼈습니다. 시각장애인이 안과 병원 원장인 경우는 전 세계에 김선태 목사가 유일합니다. 그가 신학교 동문이며 후배라는 것이 더욱 자랑스럽습니다.

김선태 목사는 실로암안과병원뿐만 아니라 실로암 시각장애인복지회도 운영하면서 시각장애인들에게 꼭 필요한 의료와 복지선교를 위해 바쁜 일상을 보내고 있습니다. 그런 중에서도 쉼 없이 기도하며 부지런히 책을 읽고 명상하면서『인생은 푸른 소나무처럼』이라는 책을 세상에 내놓게 됨을 기쁘게 생각합니다. 이 책에는 김선태 목사의 하나님에 대한 믿음과 삶의 희망, 행복, 성공 등에 관한 묵상이 담겨 있습니다. 이 책을 많이 읽어서 사시사철 변하지 않는 소나무처럼 하나님에 대한 믿음을 갖고, 하나님과 깊은 만남도 이루어지기를 소망합니다. 하늘의 소망과 땅의 희망, 꿈과 용기를 발견할 수 있었으면 합니다.『인생은 푸른 소나무처럼』출판을 진심으로 축하하며, 격려드립니다.

추천사

서정운 목사

(장로회신학대학교 명예총장, 전 LA 장로회신학대학교 총장)

김선태 목사님은 베토벤과 같이 초월적인 인물임을 연상할 수 있습니다. 로맹 롤랑은 그의 베토벤 전기에서 청각을 비롯해 온갖 장애와 질병에 좌절하지 않고 장엄한 음악을 창작한 베토벤을 두고 "인간의 위대함을 이긴 승리자, 자신의 운명과 고뇌를 극복한 승리자"라고 했습니다. 김선태 목사님이 바로 베토벤과 같은 그런 분입니다.

김선태 목사님이 이번에 『인생은 푸른 소나무처럼』이라는 책을 세상에 내놓았습니다. 김선태 목사님은 고난과 역경, 좌절과 우여곡절, 파란만장한 고난과 승리의 일생을 담은 축복과 희망의 명상록입니다. 이 책의 내용은 일생 그가 받은 은혜와 경험을 통해 찾고 발견한 귀한 깨달음과 복음 진리를 세상 사람들에게 전하고 싶어서 온 정성을 다해 기록한 글들입니다. 명상록이라고 하지만 각각의 글이 설교이며, 읽노라면 그의 엄청난 독서량과 풍부한 성경 지식과 확고한 신앙심에 감탄하고 경의를 느끼게 됩니다. 조용히 우리의 삶을 성찰하고 다시 정돈하게 합니다.

베토벤이 그의 동생에게 유서처럼 남긴 글에 다음과 같은 구절이 있습니다. "불행한 사람들은 자기와 같은 한낱 불행한 사람이 자연의 갖은 장애에도 불구하고 우수한 사람과 예술가들의 대열에 참여할 수 있고자 전력을 다하였다는 것을 알고 위로를 받아라"라고 하였습니다. 이는 위대한 위로와 격려와 용기를 주는 말이었습니다. 김선태 목사님이야말로 우리 가운데 지금, 그렇게 존재하고 있습니다. 그래서 이 책을 읽는 이마다 따뜻한 위로와 격려와 용기, 희망을 발견하리라 믿습니다. 그리고 그를 구원하고 승리케 하신 하나님의 은혜와 사랑에 감동하리라 믿습니다. 그런 의미에서 저는 김선태 목사님의 『인생은 푸른 소나무처럼』을 기쁜 마음으로 추천합니다. 많이 읽으셔서 하나님의 놀라운 사랑을 발견하고, 절망에서 희망을 발견하는 삶을 살았으면 합니다.

추천사

이수영 목사

(새문안교회 은퇴 목사, 전 장로회신학대학교 교수)

김선태 목사님이 또 책을 내셨습니다. 책의 제목은 『인생은 푸른 소나
무처럼』입니다. 이 책에서도 김선태 목사님은 인생과 자연에 대한 그
의 관조와 성찰, 그리고 인간관계의 도리와 지혜에 대한 그의 관심과
탐구를 쉽고 평범한 언어로 기록하고 우리에게 소탈하게 보여주고 있
습니다. 김선태 목사님이 어리고 젊었을 때의 아픔과 고난, 혹독했던
삶의 경험과 기억을 기본으로 하여서 온갖 역경 속에서 낙심하고 좌절
하기 쉬운 이들을 격려하여 역경과 절망을 극복하도록 도우려는 강한
동기는 이 책에서도 여실히 드러나고 제시하고 있습니다. 그러기에 이
책에 자존감, 자존심, 신념, 의지, 용기, 열정, 정직, 성실, 근면, 노력 같
은 단어들이 자주 나옵니다. 하지만 무엇보다도 그가 가장 힘주어 하
는 말은 "희망"입니다. 김선태 목사님은 어떠한 곤경 가운데서도 희망
을 잃지 말 것을 어김없이 이 책에서도 반복해서 강조하고 있습니다.
왜냐하면 희망은 김선태 목사님에게 있어서 그가 중시하는 모든 덕목
이 살아 움직이게 하는 원동력이기 때문입니다. 김선태 목사님에게
"희망"은 "믿음으로"와 "하나님"이라는 단어와 함께 그의 모든 글에

서 가장 자주 만나는 키워드입니다. 그는 그 희망의 근거가 우주 만물의 창조주이시고 섭리 주이신 하나님이심을 말하기를 역시 잊지 않고 있습니다. 그것이 김선태 목사님이 오늘날까지 지켜온 긍정적 사고와 삶의 이유이기 때문입니다. 그래서 그의 책은 그의 신앙적 고백록이라 할 수 있으며, 성숙한 신앙을 위한 명상록이라고도 할 수 있습니다. 김선태 목사님은 일상에서 겪는 사소한 일들이나 작은 하나의 자연현상도 무심코 흘려보내지 않고 거기서 어떤 메시지를 듣고자 합니다. 그리고 거기서 감사의 이유를 발견합니다. 김선태 목사님은 사계절 서 있는 소나무에도, 아침에 지저귀는 새들에게도 감사할 줄 아는 마음과 충만한 영성을 소유한 목사님입니다. 그리고 그 감사의 근원도 하나님입니다. 김선태 목사님은 자연을 바라보며 자연과 대화하지만, 그것은 궁극적으로 하나님에 대한 묵상이며 하나님과의 대화입니다. 그러므로 〈하나님과 깊은 만남을 위한 묵상집〉이라는 부제가 딱 어울립니다.

김선태 목사님의 책을 읽으며 감탄하지 않을 수 없는 다른 한 가지는 그 속에 담긴 풍부한 예화들입니다. 동서고금의 수많은 위인이나 명사들이 남긴 감동적인 이야기들과 명언들을 접할 수 있습니다. 그 흐뭇하고 유익한 이야기들을 읽는 것만으로도 우리는 힘들지 않게 엄청난 즐거움과 지식과 삶의 교훈을 얻을 수 있기에 누구에게나 권장하고 싶은 매력 있는 저서라 할 만합니다. 그래서 김선태 목사님의 『인생은 푸른 소나무처럼』의 출간을 한껏 기대하며 기쁜 마음으로 모두에게 추천하여 드립니다. 많이 애독하셔서 삶의 희망과 새 창조를 이루시는 기회가 되기를 바랍니다.

추천사

이성희 목사

(연동교회 원로 목사, 대한예수교장로회 제101회 총회장)

소나무는 소나무과에 속하는 상록성 겉씨식물로 대표적인 침엽수입니다. 소나무는 우리나라와 일본이 원산지로 알려졌지만, 우리나라를 대표하는 나무로 전국 산야 모든 지역에서 흔하게 자라는 나무입니다. '솔잎', '솔방울'이란 말에서도 알 수 있는 것과 같이 소나무는 순수 우리말로 '솔'이라 불렸습니다. '솔'이란 단어는 으뜸을 의미하며 오랜 우리의 전통에서는 소나무가 나무 중의 나무, 으뜸 나무라는 뜻이라고 합니다.

상록수인 소나무는 겨울에도 푸른빛을 잃지 않고 더울 때나 추울 때나 항상 같은 빛을 유지합니다. 그리하여 조선시대 3대 시인 중의 한 사람이었던 고산 윤선도도 오우가(伍友歌)라는 시조에서 "내 벗이 몇 인고 하니 水石(수석)과 松竹(송죽)이라 東山(동산)에 月(달)오르니 그 더욱 반갑고야 두어라 이 다섯밖에 또 더하여 무엇하리"라고 노래합니다. 그는 소나무를 "더우면 꽃 피우고 추우면 잎 지거늘 솔아 너는 어이 눈 서리를 모르는가 구천에 뿌리 곧은 줄 글로 하여 아노라"라고 하였습니다.

성경에는 '소나무'라는 단어가 두 번 나타납니다. "내가 광야에는 백향목과 싯딤 나무와 화석류와 들감람나무를 심고 사막에는 잣나무와 소나무와 황양목을 함께 두리니"(사 41:19)라고 하셔서 사막이 오아시스가 되게 하시겠다고 합니다. 또 "레바논의 영광 곧 잣나무와 소나무와 황양목이 함께 네게 이르러 내 거룩한 곳을 아름답게 할 것이며 내가 나의 발 둘 곳을 영화롭게 할 것이라"(사 60:13)라고 하셔서 레바논의 영광을 상징하는 나무로 표현합니다.

김선태 목사님의 새 명상록 『인생은 푸른 소나무처럼』은 김선태 목사님의 삶을 한마디로 표현한 것이라고 할 수 있습니다. 나는 거의 50년 동안 김선태 목사님을 선배로, 동역자로 관계를 맺고 있지만, 사시사철 변하지 않는 모습을 보고 있습니다. 겨울이나 여름이나 삶의 모습이 변하지 않습니다. 이 사람이나 저 사람이나 대하는 자세와 마음이 다르지 않고, 사랑과 인정이 한결같습니다. 그래서 김선태 목사님은 소나무 같은 분이십니다.

『인생은 푸른 소나무처럼』의 내용은 김선태 목사님의 사유 세계이며 삶의 실재입니다. 명상록 전체에 흐르는 내용은 믿음 안에서의 소망, 희망, 행복, 성공 등입니다. 이것은 김선태 목사님의 신앙으로 다져진 묵상의 열매이며, 삶에서 쌓아 올린 지식과 지혜 그리고 덕입니다. 누구보다 어렵게 쌓아 올린 지식과 지혜와 경험을 함께 나누려고 지금도 독서와 글쓰기를 멈추지 않으시고, 나 아닌 다른 사람을 돕는 열정을 멈추지 않으십니다. 본서를 통하여 목사님의 생각과 삶을 함께 나누고 이 책을 읽고 묵상하는 모든 분이 하나님과 깊은 만남이 있기를 기대하며 기쁜 마음으로 추천합니다.

추천사

김병규 회장

(AMO 그룹 회장, 의료법인 실로암안과병원 이사)

『인생은 푸른 소나무처럼』은 단순한 묵상집이 아닙니다.

어린 시절 6.25 전쟁 중 실명한 후, 수많은 삶의 굴곡을 겪으면서도 오직 하나님만을 의지하고 살아오신, 김선태 목사님의 깊은 신앙을 토대로 한 삶의 지혜와 영적 깨달음이 고스란히 담겨있는 책입니다.

가치관의 혼란 속에서 무엇을 삶의 중심으로 삼아야 할지 모르고

방황하는 이들에게, 이 책은 우리에게 하나님의 말씀을 통해 삶의 방향을 다시 잡고, 매일 예수님의 뜻에 따라 살아가는 온전한 순종의 길을 제시하고 있습니다.

김선태 목사님은 자신이 겪어온 고난의 과정에서 하나님을 의지하고 믿음으로 살아가는 삶의 본을 보여주셨습니다. 그분의 삶은 바로 하나님을 온전히 바라보는 삶이 무엇인지를 깨닫게 해주고, 그분의 경험에서 우러나오는 묵상은 오늘날 우리에게 큰 위로와 영감을 줍니다.

이 책은 우리에게 어렵고 힘든 세상 속에서도 하나님의 말씀대로 순종하며 살아가는 힘과 용기를 북돋아 주며, 또한 우리 각자가 믿음

안에서 어떻게 흔들리지 않고 살아갈 수 있는지를 제시해 주는 소중한 가이드가 될 것입니다.

그리하여 하나님 말씀 안에서 삶을 다시 세우고자 하는 모든 이들에게 이 책을 꼭 읽으시고 힘이 되시기를 권해드립니다.

목사님이 전하는 깊은 묵상과 신앙의 메시지가 독자 여러분의 삶에 큰 변화를 가져올 것입니다.

부디 이 책을 통하여 우리 모두 지금까지의 자신의 삶을 되돌아보고 하나님과 동행하며 서로를 섬기면서 살아가는 우리 사회가 되기를 소망합니다.

추천사

박한길 회장

((주)애터미 회장)

진정한 가르침은 입술에서가
아니라 삶에서 나옵니다.
김선태 목사님이 들려주는 이야기는
그래서 늘 힘이 있고 역동성이 있습니다.

소나무가 사시사철 푸른 빛을 발하듯,
그의 인생은 모든 고난의 계절을
이겨낸 희망의 삶이었습니다.

그러한 그의 삶이 녹아져 있는
신앙 묵상집이기에,
이 책은 희망과 용기가 필요한
오늘날의 우리 모두에게 뜻깊은 선물입니다.

모든 것이 합력하여 선을 이루게 하시는

하나님의 섭리를 믿는 신앙은 단순한
마음의 위로가 아닙니다.
그것은 우리로하여금 모든 어려움을 극복하고
끝내 승리하게 하는 실제적 능력입니다.

그 증거가 되는 여정을 걸어 온 김선태 목사님의
이 책을 통해서, 독자들 모두 끝내 승리하는
인생을 사는 믿음의 비결을 얻게 되기를 바랍니다.

서문

절망 그 너머에는 희망,
어둠 위에는 하늘의 밝은 태양처럼 빛나는 인생,
마음속에 감사를 품고 살면
남산 위의 우뚝 서 있는 소나무처럼 푸른 인생

저는 전쟁고아고서 실명한 절망의 사람이었습니다. 그래서 하늘을 이불로 삼고 땅을 요로 삼고 거지생활을 몇 년간 하였습니다. 그런 어려운 중에서도 어린 시절 교회 학교 때 들은 말씀으로 매일 새벽 하나님을 바라보면서 "하나님, 살려주세요! 훌륭한 사람 되게 해주세요!"라고 기도하였습니다. 중병에 걸렸을 때도 "하나님, 살려주세요!"라고 기도했습니다. 하나님은 이런 저의 기도를 들어주셨습니다. 거지 체포령에 걸려서 거지 수용소에 갔다가 부산 송도 꼭대기에 있는 맹아원에 들어가게 되었습니다. 그곳도 빈부 차별이 심해서 사감의 학대와 차별이 이만저만이 아니었습니다. 어느 날 여교사의 구두끈이 없어졌는데, 저에게 끈을 가져갔다는 도둑 누명을 씌우고, 수십 명의 학생들 앞에서 1시간 동안 대꼬챙이로 종아리를 맞아서 지금도 아픔이 남아있습니다. 억울하기 한량이 없었습니다. 또한, 모든 학생 중에서 가장 희망이 없는 사람으로 저를 공공연하게 공석에서 평가했습니다. 그것이 저의 마음속에 슬픔과 아픔과 절망의 씨앗이 남아있습니다. 그때 저는 그 말에 절망하지 않고 맹아원에서 10여 분 걸어 나가면 40계단이 있는데, 그 계단에 앉아 바닷가를 바라보며 하나님께 기도하였습니다. "하나님! 정말 나에게 희망이 없습니까?" 하며 울며 기도했습니다. 그때 하나님의 음성이 내게 들려왔습니다. "낙심하지 마라. 나는 너를 사랑한다. 너는 희망이 있다." 파도 소리와 함께 생생하게 들려왔습니다. 또다시 울며 기도했습니다. "제가 정말 희망 있습니까?" 또다시 하나님의 음성이 들려왔습니다. 이 소리가 정말 하나님의 음성일까? 생각하며 또다시 기도했습니다. "제가 성직자가 될 수 있습니까? 제가 박사가 될 수 있습니까? 말씀해 주세요." 하나님이 분명히 말씀하셨습니다.

"성직자도 될 수 있다. 박사도 될 수 있다. 나는 너를 사랑한다."라고 말씀하셨습니다. 그때는 깊은 새벽이었습니다. 저는 이 하나님의 음성을 듣고 나서 양 사감의 부당한 학대를 참으며 3년 가까이 맹학교에서 공부했습니다. 초등학교를 졸업 후 서울로 올라와 맹학교 중학교에 진학했으나 이곳에서도 역시 학비를 내지 않는다고 책상도 의자도 주지 않아 땅바닥에 앉아서 공부했습니다.

어느 날 국어 시간에 받아쓰기를 다 한 학생은 대답하라고 해서 저는 다 쓰고 "네. 네."라고 대답했습니다. 그랬더니 건방지다고 하면서 있는 힘을 다해 10대 이상 얼굴을 때려서 맞았습니다. 그 후 저는 이곳도 내가 있을 곳이 아니라고 생각하고 기숙사 옆에 있는 100년 넘은 은행나무 아래에서 새벽마다 기도했습니다. "하나님! 이 학교가 아닌 일반 학교에서 공부할 수 있게 해주세요. 안마, 해부, 생리도 저에게 안 맞습니다. 길을 열어주세요. 나가게 해주세요."라고 울며 기도한 지 6개월이 지났습니다. 기도한 지 6개월 후에, 마침 학교 가을 소풍이 있었습니다. 그런데, 소풍 때 먹은 음식이 상해서 전교생이 식중독에 걸렸습니다. 나 하나만 걸리지 않았습니다. 식중독으로 학교에 휴교령이 내려지고 혼자 기숙사에 있는데, 아는 전도사님이 찾아와서는 장래 희망이 무엇이냐고 물었습니다. 저는 성직자가 되는 것이 장래 희망이라고 대답했습니다. 그 전도사님은 어떤 선교사가 시각장애인 학생에게 장학금을 주어서 공부시켜서 성직자로 키우려고 하는데 만나보겠냐고 물었습니다. 이튿날 저는 그 전도사님과 함께 선교사를 찾아가서 만났습니다.

선교사와 저는 만나서 대화를 나누었고, 대화 후에 "내가 찾던 사람이 바로 너와 같은 학생이다."라고 하면서 선교사는 일반 학교에서 공부할 수 있도록 장학금을 도와주겠다고 약속했습니다. 나는 다음날 바로 맹학교를 자퇴하고 일반중학교 진학을 위해 입학시험을 준비했습니다. 하나님은 내 기도를 들으셔서 끔찍하고도 어려웠던 집단에서 벗어나게 되었습니다. 나는 어려운 공부를 해서 일반 학교인 숭실중, 고등학교에서 공부하게 되었습니다. 당시에 시각장애인이 비장애인들과 공부한다는 것은 하늘에서 별 따기 보다 이려있습니다. 대한민국 반만년 역사상 시각장애인으로 일반 학교에서 공부한 최초의 학생이었습니다. 저는 모진 고난과 어려움을 생명과 맞바꾸는 심정으로 믿음과 기도로 대처했습니다.

제 기도에 음성을 들려준 대로 하나님은 오늘 저를 성직자도 되게 하시고, 박사도 되게 하셨습니다. 시각장애인으로 세계 유일한 안과 병원 원장도 되게 하셨습니다. 나는 이 책을 집필하면서 살아 계신 하나님을 믿고 의지하고 어려움과 고난이 우리 앞을 가로막을 때 하나님을 바라고 기도하면 하나님께서 기대하지 않던 축복과 성공으로 이끈다는 것을 생생하게 알려드리고자 합니다. 그럼으로써 우리가 살아가면서 어려움과 고난, 고통, 실패가 있고 절망이 온다고 할지라도 하나님을 바라보는 믿음을 가지고 대처하면 "여호와는 나의 반석이시요 나의 요새이시요 나를 건지시는 이시요 나의 하나님이시요 내가 그 안에 피할 나의 바위시요 나의 방패시요 나의 구원의 뿔이시요 나의 산성이시로다"(시 18:2)라는 믿음을 갖게 됩니다.

우리 하나님께서 함께하심으로 복되고 행복하고 소망과 희망이 넘치는 삶을 살 수 있다는 길을 모두에게 전하고 싶어서 이 책을 집필하게 되었다. 많이 읽으셔서 믿음으로 행복, 축복, 희망을 이끌어주는 푸른 마음, 푸른 믿음, 푸른 희망으로 인생을 사시기를 바라는 마음입니다. 새 희망을 노래하면서 아침에 떠오르는 희망처럼 밝게 사시기를 기도합니다.

Life is like a pine tree

차 례

제1부

인생은 봄의 소나무처럼

제2부

인생은 여름의 소나무처럼

제4부

인생은 겨울의 소나무처럼

후원 안내
사진 화보

제1부

인생은
봄의 소나무처럼

봄의 소나무는 추운 겨울 참고 견디다
봄이 오면 고개 들고 두 팔을 번쩍 들어 춤추며
푸른 잎을 자랑하며 희망을 준다.

인생의 존재 의미는
희망을 품을 때

인간의 삶은 오선지 위의 도돌이표와 같다. 비슷한 상황과 유사한 양식으로 반복되는 것이 인간의 인생이다. 대다수 사람은 목표를 세우고 추진하고 전진하다가 자신이 원하는 목표가 이루어지지 않으면 포기하고 좌절하고 절망에 빠지는 모습을 보인다. 그러나 밤하늘에 반짝이는 반딧불과도 같은 '희망'이라는 선물을 받게 되면 다시 일어서서 살아갈 용기를 품게 된다. 인생을 살아가면서 캄캄한 절망이 우리를 가로막고 헤어 나올 수 없는 깊은 바닷속에 잠겨 있는 것 같은 좌절에 빠져있을 때, 절대적으로 필요한 것이 희망이다. 왜냐하면 인생은 희망을 먹고 사는 존재이기 때문이다. 하루 세 끼의 밥이 육신의 양식이라면 눈에 보이지 않는 마음의 희망은 성공과 행복을 주는 영혼의 양식이다.

독일의 위대한 작가 괴테는 희망에 관해 설명하면서 "인생의 운명은 종종 추운 겨울에 옷 하나 걸치지 않고 벌거벗고 서 있는 나무와 같이 보인다. 그 황량한 겉모습만 본다면 굳어 버린 가지들이 봄이 오면 다시 푸르게 잎을 내고 아름다운 꽃을 피우며, 각종 열매를 맺으리라고 생각하기 어려우나 그렇게 될 것을 알고 희망을 품고 기다리는 것과 같이 인생도 겨울이 지나면 봄이 올 것이라는 희망에 차서 살아가는 것에 그 존재 가치가 있다."라고 하였다.

괴테의 대표적인 작품인『파우스트』에서 노년의 파우스트는 자신이 개간한 땅에서 백성들이 농사를 짓고 수확하는 기쁨을 누리는 행복한 상상을 하던 중에 "멈추어라, 너 정말 아름답구나"라고 외친다. 그 외침으로 메피스토와의 내기는 끝이 난다. 삶을 무너뜨리려는 악마의 유혹을 물리치고 승리한 파우스트의 영혼을 하늘에서 천사가 내려와 천국으로 인도한다. 파우스트의 승리 비결은 결국 강력한 의지와 깊고 넓은 희망 때문이었다.

『파우스트』는 괴테의 계획에 따라 순조롭게 풀어갈 수 있는 내용이 아니었다. 1부는 생전에 출간할 수 있었으나, 2부는 당대에는 인정받기 힘들 것을 알고 장롱 속에 넣어 둘 수밖에 없었다. 그런데 그는 우리의 삶을 파멸시키려는 악마와의 싸움에서 승리하는 희망의 내용을 인류에게 남기기 위해서『파우스트』를 장롱 속에서 꺼내었다. 괴테는 어두컴컴한 절망, 어려움, 고난, 가난, 실패, 아픔, 벼랑에서도 희망을 품고『파우스트』를 끝까지 집필하고 82세에 완성하여 작품을 통하여 인류에게 희망을 선물하였다. 그리고 그는 83세에 아름답고 무궁무진한 희망과 용기를 인류에게 남겨 둔 채 삶을 마감하였다. 이것이 바로 인간의 존재에 미치는 희망의 가치였다. 니체는 괴테에 대해서 높이 평가하기를 '괴테의 파우스트는 비할 데 없는 태양과 같은 희망이 담긴 책'이라고 하였다.

인생의 존재 가치를 위해서는 희망이라는 정신적이고 지성적인 양식이 필요하다. 사람은 영과 육의 모든 양식이 있어야만 참다운 인생을 살아갈 수 있다. 사람에게 희망이 없다면 삶의 의미는 전혀 없다. 독일의 쇼펜하우어는 염세주의 철학자였다. 그는 지구상에 살아가는 인생을 불행하고 비참한 존재들로 보았다. 그러나 그는 절망과 고통을 논하면서도 삶을 완전히 부정한 것은 아니었기에 클래식을 들으면서 독서와 명상도 중요하게 생각하고 죽음을 생각한 만큼 삶을 희망하기도 하였다. 그래서 쇼펜하우어는 "인생에서 가장 중요한 재산은 돈도, 명예도 권력과 지위도 아닌, 불꽃처럼 타오르는 희망이다."라는 말을 남겼다.

희망은 고통과 고난 속에 허우적거리는 우리에게 한 줄기 깊은 빛과 같은 존재다. 하지만 이런 희망을 말하기 전에 반드시 전제되어야 할 것이 있다. 그것은 바로 숨을 쉬며 삶을 살아내야 한다는 것이다. 오늘의 삶을 살고 있다면 희망이 있다는 것을 생각하며 천지 만물을 창조하신 하나님께 감사해야 한다.

일본에 희망과 정신의 지도자 '이와하시'라는 사람이 있었다. 그는 지성인이었으나, 당뇨로 중도 실명을 하였다. 그는 삶에 희망이 없다고 생각하고, 아내가 잠깐 없는 사이에 목을 매고 죽으려고 자살을 시도했다. 그 사이 아내가 돌아와 그것을 발견하고 깜짝 놀라서 "왜 낙심하고, 왜 실망하고, 왜 절망합니까? 전지전능하신 하나님이 계시고 당신 곁에서 눈이 되어주고 손과 발이 되어주는 내가 있는데, 왜 절망하고 실망합니까? 하나님은 당신 편에 서 계십니다."라고 하였다. 그리고 "내가 고통 중에 여호와께 부르짖었더니 여호와께서 응답하시고 나를 넓은 곳에 세우셨도다 여호와는 내 편이시라 내가 두려워하지 아니하리니 사람이 내게 어찌할까 여호와께서 내 편이 되사 나를 돕는 자들 중에 계시니"(시 118:5-7)의 말씀과 "내 영혼아 네가 어찌하여 낙심하며 어찌하여 내 속에서 불안해 하는가 너는 하나님께 소망을 두라 그가 나타나 도우심으로 말미암아 내가 여전히 찬송하리로다"(시 42:5)라는 말씀으로 하늘의 소망과 삶의 희망을 심어 주었다.

그리고 부부가 같이 영국으로 유학을 떠나 이와하시는 에든버러 대학에서 열심히 공부하였고, 아내는 학비를 마련하기 위해 궂은일을 마다하지 않고 뒷바라지를 하였다. 이와하시는 학위를 받아서 일본에 돌아와 간사이 대학 교수로 일하면서 일본 시각장애인들에게 하늘의 소망과 땅의 희망을 주고, 일본 최초의 시각장애인 복지 시설을 설립하는 등 시각장애인들의 영혼과 육신을 살리는 희망의 빛이 되었다. 그뿐만 아니라 그는 『빛은 어두움에서』라는 책을 써서 온 세계에 절망을 경험하고 있을 사람들에게 구원과 삶의 희망을 주었다.

나도 1975년 그가 만든 라이트 하우스에 4~5개월 동안 머물면서 여러 가지를 훈련받았다. 그의 아들도 유전으로 실명하여 시각장애인이 되었으나 아버지 대를 이어서 절망 가운데 있는 시각장애인들에게 희망을 주는 별과 같은 존재로서 삶을 살았다. 이처럼 예수님을 믿는 믿음 안에서 갖는 놀라운 희망은 그 어떤 절망의 어두움도 밝은 희망으로 바꾸는 놀라운 기적을 이루게 된다.

절망 앞에 희망을 가지고 하나님 앞에 기도한 성경의 인물로 히스기야 왕이 있다. 히스기야 왕이 병들어 죽음의 절망 앞에 놓여있을 때 이사야 선지자가 와서 "너는 네 집에 유언하라 네가 죽고 살지 못하리라"(사 38:1)라고 하였다. 이 절망의 죽음의 통보를 받은 히스기야는 희망을 포기하지 않고 "내가 주 앞에서 진실과 전심으로 행하며 주의 목전에서 선하게 행한 것을 기억하옵소서"(사 38:3)라고 전심을 다해 눈물의 기도를 드렸다. 하나님께서는 그의 진실한 기도의 모습을 보시고 아침 태양과 같은 희망의 메시지로 다시 말씀하시길 "내가 네 기도를 들었고 네 눈물을 보았노라 내가 네 수한에 십오 년을 더하고"(사 38:5)라고 말씀하시면서 희망으로 히스기야를 다시 일으켜 세워 주시고 "너와 이 성을 앗수르 왕의 손에서 건져내겠고 내가 또 이 성을 보호하리라"(사 38:6)라고 하시며 그에게 다시금 큰 사명을 주셨다.

인간은 살아가면서 예측지 못한 절망의 상황을 마주할 때가 있다. 앞을 보아도 뒤를 보아도 옆을 보아도 사면이 캄캄한 절망일 때 우리는 하늘의 별과 같은 희망을 품고 천지 만물을 창조하신 하나님께 히 스기야처럼 기도하여서 신비스러운 기적을 가슴에 안는 승리하는 인생이 되었으면 한다.

삶의 희망이 밤하늘의 별처럼
반짝반짝 빛난다면

사람은 살아가면서 예상치 못한 어려움을 만나는 경우가 많이 있다. 그럴 때마다 좌절과 시련을 이기거나 피하기란 쉽지 않다. 그러나 어떠한 역경을 만나더라도 비관적이거나 좌절하거나 나 자신을 의심해서는 안 된다. 현재 내가 아무리 참기 힘든 고통을 겪고 있어도 하루 종일 그 고통 속에 매여있거나 붙잡혀 있어서는 안 되고, 마음과 육체에 오래 자리 잡게 해서도 안 된다. 역경과 고난이 찾아왔을 때 이를 강인한 태도로 마주하고 해결할 방법을 찾으면 결국에는 이겨낼 수 있다. 철학자들은 말하기를 "인간에게 신념과 의지와 결단만 있으면 희망도 사라지지 않고, 다시 일어날 수 있다"라고 하였다.

6·25전쟁 때의 일이다. 강원도 산골짜기에 눈이 내리는 겨울밤에 한 군인이 인민군들에 의해 쫓기고 있었다. 인민군들은 눈 위의 발자

국을 보며 군인을 따라갔다. 생명의 위협을 느끼며 군인은 살려달라고 하나님께 기도드렸다. 그때 하나님은 군인에게 늘어져 있는 큰 나뭇가지를 발견하게 하셨고, 그 나뭇가지를 붙잡고 큰 웅덩이가 있는 쪽으로 굴렀다. 계속 내리는 눈으로 군인의 발자국은 가려졌고, 인민군들은 더 이상 그 군인을 쫓아갈 수가 없었다. 눈앞에 있는 죽음의 상황에서 다시 생명을 얻은 군인처럼 절망의 어려움 가운데서 이상의 별을 보며 믿음으로 하나님께 기도드릴 때 하나님께서는 고난 가운데서도 희망의 별빛을 보여주신다.

우리가 잘 아는 에이브러햄 링컨은 실패의 사람이었다. 그는 가난한 구두 수선공의 아들로 태어났고, 학교에서 9개월밖에 공부하지 못하였다. 그가 9살 때 그의 어머니가 세상을 떠났고, 22세에 사업을 시작하였다가 실패하였다. 그는 23세에 주 의회 의원에 출마하였다가 낙선하는 등 수많은 실패를 경험하였다. 그러나 수많은 실패를 딛고 일어나 51세에 대통령에 출마하여 당선되었다.

링컨의 실패는 공식적인 것만 해도 27번에 달한다고 한다. 그러나 그는 한 번 실패하면 그때마다 목표를 높였다. 주 의원에 낙선하자 연방의원에 도전했고, 연방의원에 실패하자 상원의원에 도전하였으며, 상원의원에 낙선하자 부통령에 출마하였다. 부통령에 낙선하자 대통령에 도전하여 당선되었다. 그는 실패할 때마다 더 높은 이상의 별을 바라보고 나갔다.

사람이 한번 어려움에 직면하면 비관하고 실망하게 된다. 이럴 때 '어려움은 빛나는 희망의 시작이고 앞으로 아름다운 삶을 가져다줄 것'이라고 믿고 헤쳐나가야 한다. 마음을 편하게 가지고 희망은 어느 곳에나 있다는 사실을 믿으면 아무리 큰 어려움이 다가와도 담담하게 마주하게 된다.

제2차 세계대전 때 독일 나치의 전쟁 포로수용소에서 독일 병사들은 종종 영국 포로들과 감옥의 모래사장에서 축구 경기를 하였다. 그러나 이는 독일 나치가 포로들을 괴롭히는 방식에 지나지 않았다. 나치는 충분한 음식을 제공하지 않았기 때문에 포로들에게 체력이 없었다. 그들은 비틀거리며 어쩔 수 없이 축구 경기에 참여하였다. 당연히 경기마다 독일인들은 큰 점수로 승리를 거두었고, 영국 포로들은 비웃음을 당하였다. 그러나 크리스마스 전날 열린 시합에서 의외의 기적적인 일이 벌어졌다. 베럼은 포로가 되기 전에 우수한 저격수였고, 축구에서는 기술이 매우 뛰어난 공격수였다. 이를 알고 있던 영국 포로들은 검은 빵을 조금씩 모아 그에게 주었다. 덕분에 그는 충분한 체력을 갖고 시합에 참여할 수 있었다. 시합은 30분간 진행되었는데 베럼은 마치 무아지경에 빠진 것처럼 독일군의 수비를 제치고 골문을 돌파하였다. 비록 최종적으로는 독일이 큰 점수 차로 승리하기는 하였으나, 그동안 한 골도 먹히지 않았던 독일의 신화는 깨지고 말았다. 이는 그들에게 있어 치욕이었고, 얼마 지나지 않아 베럼은 비밀리에 사형되었다. 사실 경기에서 반드시 골을 넣기로 결심하고 나서부터 베럼은 자신이 사형당할 수 있음을 알고 있었다. 그날 시합 이후 베럼은 수용소에 갇힌 포로들의 정신적 지주이자 승리의 신념이 되었다. 50여 년이 지난 후 영국의 어느 방송국에서는 신념을 주제로 이러한 실화를 방송하였다. 그 결과 수천만 명의 전화를 받았고 그중에는 베럼의 전우였던 한 노인이 있었다. 그는 "베럼이 넣은 골은 포로로 잡혀있던 모든 사람에게 영국은 반드시 전쟁에서 승리하고 곧 풀려날 수 있을 것이라는 확신과 희망의 별을 안겨 주었다"라고 하였다.

프랑스의 유명한 시인 폴 베를렌은 "희망은 아침에 떠서 하루 종일 비치는 햇빛과도 같다. 희망과 햇빛은 모두 빛 속에서 승리를 얻는다. 아침에 뜨는 태양처럼 희망을 노래하며 살아야 한다. 희망은 황량한 마음에 피어나는 신성한 꿈이고, 햇빛은 진흙탕에서도 눈부신 금빛이 떠오르게 만든다"라고 하였다.

희망은 사람에게 삶의 신념을 주고, 아름다운 미래로 이끌어주는 힘이다. 어두운 밤에 반짝거리며 빛나는 별과 같이 희망은 종종 가장 힘든 절망 속에서 밝은 빛으로 창조된다. 천재라고 반드시 성공하는 것은 아니며 현명한 사람이라고 해서 반드시 행복한 것만은 아니다. 마주한 곤경에서 벗어나고 싶다면 반드시 하나님을 믿는 믿음으로 하늘에서 빛나는 희망의 별과 같이 빛을 비추어야 한다. 그래야 침착하게 어려움 뒤에 있는 승리를 향해 나아갈 수 있다. 어떤 일을 하든지 주님 안에서 희망이 가득하면 계속해서 나아갈 동력과 강인함이 생겨난다. 수많은 철인은 인류를 향해 강조하기를 "희망을 노래하며 살아라. 마음에 별과 같은 영원한 빛을 비추며 밝게 살아라."라고 하였다. 그럴 때 나다운 내가 된다.

다윗은 "내 영혼아 네가 어찌하여 낙심하며 어찌하여 내 속에서 불안해 하는가 너는 하나님께 소망을 두라 그가 나타나 도우심으로 말미암아 내가 여전히 찬송하리로다"(시 42:5)라고 고백하였다. 그리스도인은 이 말씀을 생애 좌표로 삼고 어려움이 다가올 때도 하나님만 바라보고 희망의 별을 노래하면서 살아가는 삶이 되었으면 한다.

하나님과 사람에게
사랑받으려면

"가까운 친구일수록 예의를 지키고, 말과 행동을 더 조심하라"고 공자는 말하였다. 아무리 허물없는 사이라고 해도 상대의 조심성 없는 말에 상처를 입을 수 있기 때문이다. 사람과 사람이 만나 오랜 친구가 되려면 서로 믿고, 신뢰 안에서 존중하고, 개성을 인정해 주고, 자신과 의견이 다르더라도 서로의 의견을 받아들이고, 인격이 존중되어야 한다.

상대의 이야기가 재미없거나 자신의 취향과 맞지 않더라도 참고 들어주는 자세는 상대에게 호감을 불러일으킨다. 인간의 속성은 본래 남의 말을 듣는 것보다 말하는 것을 더 좋아한다. 사람이라면 누구나 자기 의견이나 고민을 털어놓고 싶어 한다. 다른 사람의 의견과 입장을 잘 들어주는 사람은 끝까지 참고 들어주고, 스스로 판단할 수 있도록 기회를 주고 인정해 준다. 이처럼 대화할 때도 자기를 낮추고, 상대의 입장과 인격을 높여주어 서로 간에 신뢰를 쌓는 것이 중요하다.

성격이 급하고 다혈질인 사람이 때때로 지나친 농담을 해서 친구를 잃는 경우를 실제로 경험한 예가 있다. 자신은 별 생각 없이 한 말이었지만 그 말로 인해 상대는 굉장히 당혹스럽고 불쾌해질 수 있다. 무심코 하는 말과 행동이 어떤 결과를 초래할 것인가를 한번 생각하고 말한다면, 말 때문에 시시비비를 가리는 일은 훨씬 줄어들 것이다. 남의 기분을 헤아리거나 존중하지 않는 사람은 대부분 자기중심적인 경향이 짙다. 좌중의 화제는 자기가 이끌어가야 하며, 잠시라도 다른 사람이 하는 말을 듣고 있지 못한다. 무슨 결정이든 자기 편한 대로 내려야 하고, 자기의 생각이 거절당하는 것을 참지 못한다. 그런 사람들은 악의가 있다기보다는 섬세함과 자기 수양, 지혜, 포용력이 부족하다고 생각하는 편이 옳다. 남을 기쁘게 하거나 사소한 배려에 서툴며 아예 생각조차 미치지 못하는 것이다.

자제력이나 분별력을 지니지 못한 사람들은 늘 문제를 일으키고 사람들과 화합하지 못한다. 그래서 아무리 능력이 있어도 성공과는 반대편의 길을 걷게 된다. 반면, 능력은 조금 떨어지더라도 자신을 제어하고 참을성 있게 맡은 일에 최선을 다하는 사람에게는 언젠가는 성공의 문이 활짝 열리게 된다. 안타깝게도 능력은 있지만 타고난 기질 때문에 자꾸 실패하는 사람도 있고, 능력은 다소 별어져도 인산관계의 소중함을 깨닫고 한 사람, 한 사람에게 진심 어린 마음으로 대하고 자기 일에도 최선을 다해 성공을 일구어낸 사람도 있다. 모두 자기하기 나름이다.

영국의 목사 킹슬레이는 시드니 스미스가 인격적으로 얼마나 훌륭한 경지에 이르렀는지에 대해 회고하기를 "그는 부자이건 가난한 자이건 그와 관계를 맺었던 모든 사람으로부터 사랑과 존경을 한 몸에 받았다. 그 이유는 사람이면 누구나 똑같다는 생각으로 늘 따뜻하게 배려하고 존중해 주면서 상대의 자존심을 건드리지 않았기 때문이다"라고 하였다. 자기로 인해 다른 사람이 행복을 느끼면 자신 역시 행복해지는 것은 당연한 이치일 것이다.

벤저민 프랭클린은 유년기와 청년기를 거치는 동안 온갖 고생을 겪고 자랐다. 그가 과학자이자 정치가, 문필가로 명성을 얻기까지 치른 고난과 어려움과 고생은 이루 헤아릴 수 없을 만큼 많았다. 그는 어린 시절 부모가 교훈해준 "어떤 경우에도 자존감을 잃어서는 안 된다. 스스로 인생을 개척하여 다른 사람의 모범이 되는 길은 성실과 무한한 노력뿐이다"라는 말을 좌우명으로 삼고 살았다.

아무리 다른 사람들이 하찮게 여기는 일을 하더라도 긍지를 갖고 떳떳하게 일할 수 있다면 그는 이미 하찮은 사람이 아니다. 하는 일이 하찮다고 할지라도 정신이 고결하면 언젠가는 보다 나은 일을 하게 된다. 그리고 모범적인 생활 태도를 지속해 나가다 보면 주변 사람들도 그를 본받게 된다. 누군가에게 좋은 영향을 끼치며 사는 삶이야말로 진정 보람 있는 삶이다. 예의범절은 지갑 속의 돈이 결정해 주는 것이 아니다. 아무리 가진 것이 없더라도 인격적으로 훌륭한 사람이라면 무시하거나 낮고 가볍게 대하지 못한다. 가진 것이 없을수록 지금 내가 떳떳하게 내세울 것이 없을수록 자존심을 지키는 길은 바로 상대를 존중하고 예의범절을 잊지 말아야 한다.

"그러므로 이스라엘의 하나님 나 여호와가 말하노라 내가 전에 네 집과 네 조상의 집이 내 앞에 영원히 행하리라 하였으나 이제 나 여호와가 말하노니 결단코 그렇게 하지 아니하리라 나를 존중히 여기는 자를 내가 존중히 여기고 나를 멸시하는 자를 내가 경멸하리라"(삼상 2:30)라고 하였다. 이는 하나님을 멸시하고 경히 여긴 엘리 가문을 버리시고, 그 대신 하나님을 존귀히 여겨 귀한 아들을 아낌없이 바친 한나에게 아들 사무엘을 높이시겠다는 것이다. 또한, "내가 나를 위하여 충실한 제사장을 일으키리니 그 사람은 내 마음, 내 뜻대로 행할 것이라 내가 그를 위하여 견고한 집을 세우리니 그가 나의 기름 부음을 받은 자 앞에서 영구히 행하리라"(삼상 2:35)라고 하셨다.

이 말씀은 이스라엘 왕 사울과 다윗 앞에서도 흔들림 없이 계속될 것이라는 말씀이다. 이것이 바로 하나님을 사랑하고 존중히 여기는 사람이 받을 상급의 표상이다. 세상의 눈으로 볼 때 가장 귀한 것을 하나님께 드리는 것은 어리석은 일로 보인다. 가장 좋은 것, 귀한 것을 하나님께 드리고 그것도 모자라서 아예 자식마저 하나님께 드릴 때, 하나님을 모르는 사람들의 눈에는 어리석고도 바보 같은 일로 보이는 것이 당연하다. 한나가 힘겹게 얻은 아들을 하나님께 바쳤을 때만 해도 사람들로부터 이러한 오해를 받았을 것이다. 하지만 하나님께서는 그 아들을 높이셨다. 아들 사무엘을 제사장이 되게 하셨고 이스라엘 왕들에게 기름을 붓고 지도하는 자리에 서게 하셨다. 이렇게 하나님을 섬기고 존중히 여기는 자에게는 하나님의 놀라운 은혜와 축복이 있고 높임을 받게 된다.

그러므로 솔로몬은 "나를 사랑하는 자들이 나의 사랑을 입으며 나를 간절히 찾는 자가 나를 만날 것이니라"(잠 8:17)라고 하였다. 하나님을 전혀 사랑하지 않고 하나님을 전혀 존중하지 않으면서 하나님께 사랑받고 존중받기를 바란다면 그것은 잘못된 것이다. 아무나 하나님께 존중받는 것이 아니다. "나를 사랑하고 내 계명을 지키는 자에게는 천 대까지 은혜를 베푸느니라"(출 20:6)라고 하였다. 아브라함은 100세가 되어 얻은 아들 이삭보다도 하나님을 더 사랑하여 그 아들 이삭까지도 하나님께 드렸더니 자손이 천 대 이상 복을 누리게 되었다.

"그를 높이라 그리하면 그가 너를 높이 들리라 만일 그를 품으면 그가 너를 영화롭게 하리라"(잠언 4:8)고 하였다. 바로 우리가 하나님을 최상의 가치로 여기고 하나님을 구하고 높여드릴 때 하나님께서도 우리를 높이실 것이다. 그러므로 하나님만을 사랑하고 경외하고, 하나님만을 높이고, 하나님께 복종하고 그 이름을 영화롭게 할 때 하나님께서 우리를 존귀하게 만들어 주실 것을 믿고 서로 존중하는 삶을 사는 그리스도인이 되었으면 한다.

뿌리를 깊이 내려서
흔들림 없는 삶

일반적으로 사람은 하나의 같은 사건에 대해 저마다 다른 견해를 가지고 있다. 셰익스피어는 "만약 1천 명이 햄릿을 읽는다면 1천 가지 버전의 햄릿이 존재할 것이다"라고 말하였다. 사람마다 문제를 대하는 사고방식이 다르기 때문에 결과도 자연스럽게 달라진다.

예를 들어 어느 날 내가 생각하기에 매우 괜찮은 옷을 입고 학교에 갔다고 생각해 보자. 어떤 친구는 예쁜 옷을 입었다고 칭찬해 줄 것이고, 어떤 친구들은 별로라고 말할 것이다. 이러한 상황을 피할 수는 없지만, 그것에 대해 생각을 많이 할 필요도 없다. 타인의 평가가 옳든 그르든 모두 나의 존재적인 가치에 영향을 끼치지 않고, 별로 문제가 되지 않기 때문이다. 모든 사람을 만족시킬 수는 없으므로 굳이 다른 사람의 관점 때문에 자신을 변화시킬 필요는 없다.

어떤 일을 처리하는 과정에서 다른 사람이 못마땅하게 생각하거나 비웃거나 조롱할 수 있지만 실망하거나 괴로워해서는 안 된다. 또한, 자신의 방법을 포기하고 다른 사람의 의견대로 바꿀 필요도 없다. 이 세상에는 모든 사람의 긍정을 얻는 일이란 존재하지 않는다. 남이 하라는 대로 따라 하면 생각과 판단력은 완전히 사라지고, 원래 가지고 있던 장점까지 잃어버리게 된다. 다른 사람의 의견은 참고는 할지언정 결정은 스스로 내려야 한다. 그리고 사람마다 처지와 문제를 생각하는 각도가 달라 어떤 일을 결정하고 판단하는 데는 분명 차이가 있다. 어떤 일이 발생했을 때 대다수의 사람은 감성적인 사고로 판단하므로 그들의 생각과 제안은 결코 이성적이지 않다.

파블로 피카소가 어렸을 때, 그의 어머니는 "만약 네가 군인이 되고 싶다면 장군이 되어라. 만약 수도자가 되고 싶다면 교황이 되어야 한다"라고 가르쳤다. 그러나 우리가 알고 있는 피카소는 어머니가 그를 위해 선택해 준 길을 걷지 않았다. 자신의 결정에 피카소는 "나는 화가가 되고 싶었기 때문에 어머니의 말에 흔들리지 않았다"라고 하였다. 결국 그는 세계적으로 유명한 화가로 지금까지도 인정받고 있다. 만약 피카소가 어머니의 말을 무조건 순종하는 아들이어서 어머니의 가르침에 따라 군인 혹은 수도자가 되는 길을 선택하였다면 인류는 위대한 화가 한 사람을 잃었을 것이다. 피카소는 어머니의 가르침에 자신의 인생을 속박시키지 않았다. 그는 자아에 대한 신념과 결단과 철학의 뿌리가 튼튼하였다. 결국 자아에 대한 이해를 통해 자신의 독자적인 소질을 발전시켰기 때문에 결국 명성을 날리는 세계적인 화가가 될 수 있었고 예술사에 남는 위대한 인물이 되었다.

사람은 누구나 자신의 능력을 인정받고 칭찬받기를 원하는 심리가 있다. 그러나 실제로는 이러한 소망을 가지기 전에 나를 믿는 자신 감은 얼마나 되는지 생각해야 한다. 자신감이 충만한 사람은 다른 사람에 의해 쉽게 좌우되거나 현혹되지 않고 흔들리지 않는다. 모든 사람을 만족시키는 사람은 존재하지 않는다는 사실을 꼭 명심해야 한다. 어떤 일을 할 때 타인의 의견에 너무 개의치 말고 자기 내면의 원칙을 고수하는 사람이 되어야 한다.

예수님은 세례 요한과 관련하여 말씀하시면서 무리를 향해 "너희가 무엇을 보려고 광야에 나갔더냐 바람에 흔들리는 갈대냐"라고 말씀하셨다. 갈대는 작은 바람에도 흔들리는 꺼져가는 심지 같은 나약한 식물로 심지가 곧지 못하고 이리저리 휩쓸리는 사람을 비유할 때 주로 사용하는 말이다. 예수님의 이 질문은 요한이 하나님의 사역을 감당하는 데 있어서 뿌리를 깊게 내린 소나무와 같이 흔들리지 않는 사람이었다는 것을 나타내는 말이다. 세례 요한은 헤롯이 매우 불쾌해하며 위협을 해도 요동하거나 약해지지 않았다. 또 사람들이 갈채를 보낼 때는 능력 있게 실교하고 사람들이 불쾌해할 때는 약해지는 그런 사람도 아니었다. 그는 세상의 유혹과 핍박에도 아랑곳하지 않고 오직 하나님의 종으로 자신의 사명만 생각하며 충성스럽게 하나님을 섬겼다. 바로 이것이 하나님이 기뻐하시는 뿌리 깊은 바른 신앙의 모습이다.

　하나님께서 우리에게 원하시는 신앙은 작은 유혹에도 흔들리는 갈대의 신앙이 아니라, 세상의 거센 바람에도 흔들리지 않는 소나무와 같이 뿌리 깊고 튼튼한 푸른 신앙이다. 하나님은 어떤 세상의 유혹과 핍박에도 아랑곳하지 않는 신앙, 세상 사람들의 박수갈채와 야유, 찬성과 반대에도 흔들리지 않는 뿌리 깊은 소나무와 같이 생생하고 푸른 신앙을 원하신다. 그러므로 세례 요한의 이런 신앙을 본받아 예수 그리스도 안에서 믿음의 뿌리를 깊게 내린 소나무와 같은 신앙과 인생관을 소유함으로 세상 풍파에 흔들리지 않고 튼튼한 재목과 그릇이 되었으면 한다.

믿음으로 넓은 마음을
갖고 사는 사람

인간은 다른 사람에게 어떤 일을 부탁했을 때 상대로부터 거절을 당하게 되면 마음에 상처받고 기분이 상하게 되며 실망하게 된다. 거절 당하는 일이 반복되면 좌절과 비관과 자기 상실감에 빠진다. 이런 상황이 인간을 무기력하게 만드는데, 이것을 '학습된 무기력'이라고 한다.

'학습된 무기력'은 미국의 심리학자 마틴 셀리그만이 1967년 소를 이용하여 실험한 연구에서 나온 말이다. 그는 버저가 붙어 있는 우리 안에 소를 가두고 버저가 울리면, 소에게 전기 충격을 가하였다. 우리 안에 갇힌 소는 전기 충격을 피하려고 이리저리 뛰어다니며 탈출을 시도했지만 빠져나갈 방법이 없었다. 땅에 쓰러져 신음하며 배변 기능까지 상실하기를 반복하였다. 이런 고통을 여러 번 반복한 후, 셀리그만은 실험 과정을 바꿔 보았다. 탈출할 수 있도록 우리 문을 열어둔 채로 버저를 울리고 전기 충격을 가하지도 않았다. 하지만 소들은 도망치지 않고 오히려 전기 충격을 가하기도 전에 땅에 쓰러져 신음하며 떨기 시작하였다. 소들은 얼마든지 도망갈 수 있었지만, 이전에 체험했던 절망적인 경험이 도망가는 것을 포기하고 무기력하게 한 것이다.

위의 실험에서 보는 것과 같이 '학습된 무기력'은 자신을 새롭게 바꾸려는 시도를 하지 못하는 결정적인 원인이 된다. 다시 말하면 여러 차례 도전과 실패를 거듭하게 되면 사람들은 자신감을 잃고 자기 능력에 대하여 의심하며 무기력하게 된다. 성공을 추구하던 열정이 모두 사라져버린 것이다. 이런 무기력의 경험자들은 기존에 있던 모든 제한이 사라져도 자신이 설정한 성공의 기준에서 안주해 버린다. 새로운 목표에 대한 도전은 꿈도 꾸지 못한다. '학습된 무기력'으로 만들어진 부정적인 심리는 자아를 높이고 어떤 일에 도전하고자 하는 마음에 스스로 걸림돌을 놓게 된다.

또 다른 예를 들어보자. 1968년 멕시코 올림픽에 100미터 단거리 경기에 출전한 미국의 짐 하인스는 참가자 중에서 일등으로 결승점을 통과하였다. 기록 전광판에 9.95초라는 기록을 확인한 그는 양손을 펼치고 무엇인가 혼잣말을 중얼거렸다. 한 기자가 하인스를 인터뷰하며 그때 무슨 말을 중얼거렸는지 물었다. 하인스는 "의학계에서 인간은 100미터 달리기를 10초보다 결코 빠르게 달릴 수 없다고 단언했지만, 결승점을 통과하는 순간 기록이 9.95초라는 것을 확인했고, 의학계가 정한 10초라는 한계선은 언제든지 뛰어넘을 수 있는 열려 있는 문이었다는 것을 깨달았다"라고 하였다.

자신의 재능과 기술을 인정하지 않고 자신을 한계에 가두게 되면, 자기에 대해 기대도 하지 않게 되고, 그 어떤 도전도 하지 않게 된다. 이런 부정적인 심리는 어떻게든 자신을 후퇴하도록 만든다.

비탈길에 있는 공을 아래로 굴리는 건 어렵지 않다. 공은 굴러 내려갈수록 가속도가 붙어 더 빨리 내려간다. 반대로 비탈길 아래에 있는 공을 위로 올리려면 엄청난 힘이 필요하다. 우리 인생도 마찬가지이다. 사람은 이 세상에서 성공하려고 노력하는 것이지 쇠퇴하려고 노력하는 사람은 없다. 노력하지 않고 가만히 있으면 저절로 쇠퇴한다. 그러므로 나 자신을 그냥 내버려두지 말아야 한다. 자신의 나태함과 약점과 안일함과 욕망에 무관심하여 내버려두지 말고, 수시로 자신을 살피고 성찰할 때, 자신이 가지고 있는 감추어진 잠재력이 발휘될 수 있고, 마음의 문을 긍정적으로 넓게 열어 놓을 때 성공의 문과 행복의 창이 열리게 되는 것을 잊어서는 안 된다.

사도 바울은 "고린도인들이여 너희를 향하여 우리의 입이 열리고 우리의 마음이 넓어졌으니"(고후 6:11)라고 하였다. 이것은 고린도 교회를 향한 바울의 깊고 넓은 사랑을 표현한 것으로 바울이 고린도 교회 성도들의 모든 것을 받아들일 수 있는 너그럽고 신뢰하는 마음을 가졌다는 뜻이다. 이 말씀에서 너그러움과 신뢰성 있는 마음은 하나님의 은사이며 예수님을 믿는 성도들이 꼭 가져야 하는 마음과 신앙의 미덕이다. 우리는 마음이 완악하여질 때 미움, 시기, 분노, 분쟁이 가득하게 된다. 바울은 또한 고린도 교인들에게 "보답하는 마음으로 너희도 마음을 넓히라"라고 권면하였다. 그 이유는 바울의 뜨거운 사랑을 받으면서도 그들의 마음속에는 그 사랑을 수용할 자리가 없었기 때문이다. 그리스도인은 마음을 넓게 하고 온유한 마음을 겸비해야 한다. 그것이 하나님이 원하시는 마음이고 하나님이 주시는 복을 온전히 받아 누릴 수 있는 마음이며, 성공으로 가까워지는 마음이다. 그러므로 우리 모두 믿음으로 넓은 마음을 갖고 사는 사람이 되었으면 한다.

믿음으로 요동하지 않는
결단과 의지를 가진 인생관

어느 날 한 목수가 도지사의 의자를 수리하게 되었다. 그런데 그 목수의 일하는 모습과 마음이 너무나 철저하고 세밀하게 일하는 것을 지켜보던 누군가가 그 까닭을 물어보았다. 그러자 목수가 대답하기를 "솔직히 말하자면 언젠가는 제가 이 의자에 앉게 될 날이 있을 거라는 생각에서 조금이라도 편안하게 만들어 놓으려는 것입니다"라고 하였다. 참으로 놀랍고도 신기한 것은 후일 그 목수가 도지사 자리에 올라 바로 그 의자에 앉아 일을 하게 되었다는 것이다.

힉자들 사이에 인간의 자유의지에 대한 이론이 다양하다. 하지만 인간의 성공과 실패, 부와 가난은 그 사람이 하나님을 향한 믿음과 마음과 의지에 달려있다는 것만은 확실하다. 즉 인간이란 한낱 물 위에 떠가는 지푸라기처럼 나약한 존재가 아니라 파도를 거슬러 올라가 자신이 목적하는 곳에 도달할 수 있는 생명 그 자체라는 것이다. 이는 인간의 삶이 믿음과 자유의지와 용기에 달려있다는 것이다. 실제로 인간의 자발적인 의지에 절대적인 구속을 가할 수 있는 것은 이 세상에 존재하지 않는다. 선행도 우리의 의지에 따른 것이고, 심지어 악행조차도 의지가 없다면 행동으로까지 발전되지는 않는다. 직장생활이나 사회생활, 가정생활, 조직생활 등 이 모든 것은 자신의 자유의지로 선택하는 것이다. 그뿐만 아니라 모든 행동은 '인간의 의지는 자유롭다'라는 확신을 전제로 선택하는 것이다. 만일 이런 확신이 부정된다면 법이나 제도, 도덕이나 규범은 의미가 없을 것이다. 의지를 올바른 방향으로 향하게 할 것인가, 아니면 그릇된 방향으로 향하게 할 것인가는 한 사람에게 부여된 신앙 양심의 문제이다. 습관이나 유혹이 인간을 지배하는 것이 아니라 인간이 습관이나 유혹을 지배하는 것이다.

프랑스의 종교철학자 라므네는 한 방탕한 젊은이에게 말하기를 "젊은이는 지금 자신의 삶을 스스로 결정해야 할 중대한 시기에 와 있다네. 만일 이 기회를 놓치게 되면 자네 손으로 파놓은 무덤 속에서 관 뚜껑 위에 얹힌 무거운 돌덩이를 밀어내지도 못하고 신음하게 될 걸세. 사람이 의지로 살아가는 습관은 습관 중에서도 가장 손쉬운 습관이라네. 그러니 뿌리 없이 부질없는 생활은 이제 청산하고 한번 열심히 살아야겠다는 의지를 갖도록 하게"라고 충고하였다.

자선사업가 찰스 벅스턴도 자신의 결의를 지켜나갈 의지만 확고하다면 무슨 일을 하든 성공할 것이라는 믿음을 가지고 있었다. 그는 아들에게 말하기를 "너도 이젠 오른쪽으로 갈 것인가, 왼쪽으로 갈 것인가를 판단할 수 있는 나이가 되었다. 그러므로 이제는 인생을 어떻게 살아야 할 것인지 마음을 굳게 가지고, 그 강한 의지를 증명해 보여야 한다. 만일 그렇게 하지 못한다면 너는 게으름에 사로잡혀 되는대로 살아가는 무능한 악습과 좌절에 젖어버리고 말 것이다. 게으른 생활에 빠져들면 거기에서 벗어나기란 대단히 어렵단다. 젊었을 땐 대부분 멋대로 하고 싶어 한다. 그렇지만 현재의 내가 이렇게 만족스러운 생활을 누리게 된 것은 바로 그때 과감하게 생활의 자세와 철학을 바꾸었기 때문이다. 너도 부지런히 노력하고 의지를 굳건히 해서 삶의 지향점을 찾아 밝은 앞날을 만들기를 바란다. 지금 당장 결의를 가지고 첫발을 내딛게 되면 언젠가는 오늘의 현명한 선택을 두고 평생토록 감사하게 될 것이다."라고 하였다.

마르틴 루터는 "희망은 강한 용기이며 새로운 의지이다. 성공하는 데는 하나님을 향한 믿음과 말씀, 강한 용기와 새로운 의지가 필요하다. 그것들은 희망을 품을 때 갖추어진다. 강한 용기와 새로운 의지를 간직하고 싶거든 희망을 소유하라"고 하였다. 선한 의지는 지혜로운 왕처럼 인간을 복되고 행복한 길로 이끌어준다.

"나의 영혼이 잠잠히 하나님만 바람이여 나의 구원이 그에게서 나오는도다"(시 62:1)라고 하였다. 이 말씀은 다윗이 압살롬의 반역으로 인해 요단 동편으로 피신하였을 때 지은 시이다. 당시 다윗의 상황은 매우 절박하였다. 반역자들은 다윗을 제거하기 위해 총공세를 준비하고 있었던 상황이었기에 그는 답답하고 곤핍하고, 큰 두려움이 그의 마음을 엄습하였다. 그래서 다윗은 그러한 심정을 "내 마음이 약해질 때 땅끝에서부터 주께 부르짖으오리니"(시 61:2)라고 하면서 자신이 땅끝에 처하여 있다고 표현하기도 하였다.

하지만 다윗은 요동하지 않았고, 두려움에 떨며 우왕좌왕하지 않았다. 그는 오직 하나님을 바라보고 믿고 신뢰하였다. 하나님이 자신을 보호하시며 구원하실 것을 믿어 의심치 않았다. 그래서 그는 상황이 매우 절박하였지만 "나의 영혼이 잠잠히 하나님만 바란다"라고 한 것이다. 아무리 강심장을 가진 사람이라도 죽음의 위협을 받게 되면 두려워하며 요동하기 마련이다. 비록 겉으로는 표현하지 않는다고 해도 그 마음은 심하게 흔들리게 마련이다. 그러나 다윗은 그런 요동이 없었고, 하나님만 바라보며 견고하였다. 이는 다윗이 하나님을 절대 믿고 의지하며 신뢰하였기에 가능한 일이었다.

이러한 사실이 보여주는 것처럼 진정한 그리스도인은 위기의 순간에도 잠잠히 천지 만물을 창조하신 하나님만 바라는 사람이다. 그러므로 우리는 믿음으로 요동하지 않는 결단과 의지를 가진 인생관을 가지고 성공적인 삶을 살아가길 바란다.

삶의 자세를
100% 바꾼다면

'침팬지의 어머니'로 불리는 세계적인 동물학자 제인 구달은 어릴 적부터 유독 동물을 좋아하였다. 하루는 닭이 어떻게 달걀을 낳는지 궁금해 어른들에게 물었으나 아무도 제대로 알려주지 않았다. 그래서 직접 알아보기로 하고 닭을 쫓아가서 둥글고 하얀 알을 낳는 모습을 무려 4시간 동안이나 지켜보며 관찰하였다. 제인은 고등학교를 졸업하고 좋아하는 동물을 마음껏 연구하려고 하였지만 이를 통해 돈을 벌 수 있는 방도가 떠오르지 않았다. 하는 수 없이 먹고 살기 위해 돈을 벌기로 결심하고 어머니의 추천대로 비서 자격증을 취득한 뒤에 사무직으로 병원, 대학, 회사 등에서 일을 하게 되었다. 그러나 생계만을 위해 일했던 그곳에서 그녀는 전혀 보람과 의미를 발견하지 못하였다. 그녀는 쳇바퀴 같은 하루를 반복하며 그저 아프리카로 떠나 동물을 연구할 기회가 찾아오기만을 꿈꾸었다.

그러던 어느 날, 제인에게 아프리카에 갈 좋은 기회가 생겼다. 케냐로 이주한 친구가 아프리카로 그녀를 초대한 것이다. 1957년, 아프리카로 떠난 제인은 케냐 국립자연사박물관 관장이자 고생물학자 루이스 리키 박사의 비서 겸 제자로 일하면서 동물에 대해 많은 것을 배웠다. 그러나 살아 있는 동물을 연구하고 싶은 꿈과 계획에 관한 갈증은 만족되지 않았다. 이를 알아본 루이스는 제인에게 탄자니아 밀림에서 침팬지의 생활을 연구하는 프로젝트에 참여할 것을 제안하였다. 제인은 뛸 듯이 기뻤지만 다른 많은 사람은 그녀에게 말하길 "아름답고 젊은 여자가 어떻게 그 험하고 살기 어렵고 지저분한 곳에 가서 침팬지와 지낼 수 있겠냐"라며 걱정하였다. 그러나 단 한 사람 제인의 어머니만은 예외였다. 그녀의 어머니는 "네가 진심으로 원하고, 노력하고, 기회를 붙잡고, 무엇보다 꿈을 포기하지 않는다면 길이 있을 것이다"라고 하면서 진심으로 격려하고 힘을 실어주었다. 용기를 낸 제인은 오로지 꿈을 위해 탄자니아 내 침팬지 보호 구역인 곰베 국립공원으로 떠났다.

그곳에서 제인은 관찰과 연구를 통해 침팬지가 도구를 사용하고, 채식뿐만 아니라 육식도 하고, 질투와 슬픔 등 여러 가지 감정을 느낀다는 것을 발견했다. 이처럼 성공적으로 연구에 열정을 다하고 집중해서 성과를 거두며 수십 년 넘게 아프리카에서 동물학자로 살아가던 제인은 50대에 들어선 후에 사회운동가가 되었다. 그는 여러 나라를 다니면서 침팬지의 사육 환경 개선 운동을 하다가 5년 후에는 국제 청소년 환경단체를 설립하여 인간과 동물, 자연이 모두 연결돼 있음을 알리고 지금보다 더 나은 삶의 터전을 만드는 데 앞장서면서 전 세계적으로 활발하게 운동을 진행하였다.

제인은 말하기를 "우리가 행동을 바꿔야 희망이 생기고, 모든 일에 집중하고 열정을 다하면 희망이 생길 것이다. 그리고 젊은 세대야말로 좋은 생각과 아름다운 생각으로 삶의 자세를 바꾸면 세상을 바꾸어나가는 위대한 인물이 될 수 있다. 우리 한 사람 한 사람이 더 나은 세상을 만들기 위해 노력하고, 연구한다면 세상을 바꾸는 놀라운 변화를 가져올 수 있다. 어둡고 우울한 세상을 햇빛과 같이 밝고 기쁜 희망의 세상으로 변화시킬 수 있다."라고 강조하였다. 침팬지 연구와 보호에 전념해 오늘날 '침팬지의 어머니'로 불리며 더 나은 세상을 만들기 위해 힘쓴 제인의 삶은 우리가 바라고 원하는 삶의 비전과 모델을 제시하였다.

그리스도인들을 박해하였던 사울은 예수님을 만나고 복음의 사도 바울로 변화되었다. 지옥에 갈 사람이 천국에 갈 사람으로 바뀌었고, 온 인류에게 복음을 전함으로써 온 세계를 구원과 희망으로 변화시켰다. 사도행전 9장을 보면 사울이 땅에서 일어나 눈을 떴으나 아무것도 보지 못하였다고 하였다. 즉 사울이 예수님의 영광의 빛을 바라본 이후 앞을 보시 못하는 시각장애인이 되었다는 뜻이나. 그렇나민 사울은 왜 이렇게 되었을까? 그것은 예수님께서 악을 행하던 그에게 특별한 깨달음을 주시기 위해서 행하신 표적이었다. 예수님을 만나고 성령으로 삶이 변화된 사울은 아나니아에게 안수받은 후 눈에서

비늘 같은 것이 벗어져 다시 보게 되었다.

　그렇다면 예수님께서 이 표적을 통해서 사울이 깨닫기를 원하셨던 것은 무엇일까? 그것은 바로 그가 육체적으로는 앞을 볼 수 있는 눈을 가진 자였지만 영적으로는 아무것도 보지 못하고, 깨닫지 못하는 자에 불과하다는 사실이었다. 즉 예수님께서는 사울 자신이 영적인 눈이 어두운 자임을 분명하게 깨닫게 하시기 위해서 앞을 볼 수 없게 만드셨다.

　예수님께서는 사울이 악하고 살인자인 자신의 영적인 모습을 깨달았을 때 비로소 진심으로 회개하고 하나님의 일꾼으로 거듭날 수 있다는 사실을 잘 알고 계셨다. 이 사건을 통해 사울은 삶의 자세가 100% 바뀌어 위대한 복음의 사도가 되었다.

　인생이란 아무리 악한 사람일지라도 성령으로 삶의 자세가 100% 바뀐다면 사도 바울과 같은 위대한 복음의 사도가 될 수 있다. 그러므로 우리는 그리스도 안에서 성령으로 거듭나서 바울처럼 예수님 복음의 흔적을 세상에 남기는 선한 인생을 살아갔으면 한다.

겉과 속이
100% 변하는 인생

나를 긍정적으로 바꾸고 성공적으로 이끌어가기 위해서는 나 자신을 기쁘게 받아들이고 '나다운 나'로 변화시키는 신념과 결단과 철학이 필요하다.

어느 가정에 데이지라는 소녀가 있었다. 그녀는 어렸을 때부터 예민하고, 부끄러움을 많이 느꼈다. 그녀는 보름달같이 둥근 얼굴 때문에 실제보다 더 뚱뚱해 보였다. 소극적인 성격 때문에 데이지는 바깥 활동 없이 집 안에만 머물러 있는 것을 즐겼다. 부끄러움이 많은 그녀는 사랑스러운 벗이 하나도 없다고 스스로 생각하였다. 성인이 된 데이지는 신실한 남성을 만나 가정을 이루게 되었다. 남편의 가족은 너그럽고 선하고 항상 밝았다. 그녀는 그들처럼 변하기 위해 노력했지만 쉽게 변하지 않았고, 남편의 가족들은 열등감이 많은 데이지에게 상처를 주지 않기 위해 항상 조심하였다. 그러나 그녀의 불안감은 더욱 커져서 현관 벨소리만 나면 깜짝 놀라 떨고 불안할 정도로 악화되었다. 자신을 실패자라고 생각한 그녀는 남편이 이러한 모습을 알게 될까 봐 두려워 모임이 있어 밖에 나갈 때는 일부러 즐거운 척을 하고 집에 와서 며칠을 괴로워하였다. 끝내는 더 살아도 아무런 의미가 없다고 생각하여 스스로 목숨을 끊을까도 생각하였다.

그 무렵 시어머니가 그녀의 손을 꼭 잡으면서 "다른 사람들처럼 살 필요 없다. 어떤 상황에서도 본연의 모습만을 유지하면 된다"라고 하며 용기와 꿈을 주어 데이지가 생각을 바꿀 수 있도록 도왔다. 순간 데이지는 자신이 그토록 괴로워했던 이유가 자신에게 어울리지 않는 모습으로 살려고 했기 때문이라는 사실을 깨달았다. 그녀는 "나는 하룻밤 사이에 바뀌었다. 본연의 내 모습을 찾기 시작하였다. 내 성격과 장점을 연구하여 나에게 어울리는 옷을 입고, 적극적으로 친구를 사귀고 동호회에도 참석하였다. 나는 나에게 조금 더 용기를 주기 위해 매번 스스로 다짐하기도 하였다. 어떤 상황에서도 본연의 내 모습을 유지하면 된다"라고 결심하였다.

모든 사람은 세상에 하나밖에 없는 80억 명 중에 단 하나뿐인 존재이기에 그만큼 특별하다. 그러므로 나 자신을 있는 그대로 인정하고 받아들여야 한다. 애써 꿋꿋한 척하지 말고, 문제의 상황을 직시하며, 누군가에게 느끼는 감정을 부정하거나 숨기지 않고, 진솔하게 자기감정과 마주해야 한다. 자신의 인생이 완벽하다고 가장하거나 완벽해질 것이라 기대할 필요도 없다. 불완전함을 인정해야 이면에 숨어 있는 긍정적인 면을 발견할 수 있다. 복잡한 삶 속에서 자신을 등지고 살아서는 안 된다. 그 결과 허무하고 쓸쓸한 방향으로 인생이 흘러가거나 개성과 자존감 없는 삶이 될 것이다. 완벽하지 않아도 지금의 내 모습은 훌륭하다고 자신을 인정할 때 비로소 본연의 내 모습으로 살게 된다.

물을 포도주로 변화시킨 예수님의 첫 번째 기적이 요한복음 2:1~11에 기록되어 있다. 예수님께서는 물로 포도주를 만드실 때 정결 예식용 항아리를 사용하셨다. 정결 예식용 항아리란 유대인의 정결 예식, 즉 손을 씻는 물이 담긴 항아리였다. 왜 예수님께서 굳이 유대인들이 정결 예식용으로 사용하는 돌 항아리 안에 있는 물로 포도주를 만드셨을까? 그것은 유대인들의 헛된 의식과 복음의 능력이 차이가 있음을 보여주시기 위해서였다. 손 씻는 그릇이 아무리 많아도 사람의 겉만 씻을 뿐 사람의 내면을 변화시키지는 못하고, 사람의 필요를 채워주지 못한다. 오직 겉만 번지르르할 뿐이다. 그러나 예수님의 포도주는 사람을 실제로 풍성하고 충만하게 할 뿐만 아니라 행복하게 만든다.

돌 항아리 속에 들어 있는 물은 어디까지나 물일뿐이다. 그러나 예수님은 물을 변화시켜 새롭게 하실 수 있다는 것을 보여주셨다. 예수님께서는 이 세상을 새롭게 하시기 위하여 오셨다. 우리의 껍데기만 바꾸기 위하여 오신 것이 아니라, 죄인이 변하여 의인이 되도록 하시기 위해 오셨다. 예수님의 말씀에 순종하기만 하면 우리의 속사람을 근본적으로 바꾸어 놓으신다. 하인들이 예수님의 말씀에 따라 순종했을 때 물이 변하여 포도주가 되었던 것처럼 새로운 사람으로서 인생을 다시 시작하고 싶다면, 나 자신을 하나님께 맡기고 말씀대로 순종하여 겉과 속이 변하는 새사람이 되는 복을 받으면 좋겠다.

인생을 멀리
바라본다면

인간이란 오늘보다 더 나은 내일의 삶을 기대하며 바라보는 존재이다. 비록 어렵고 힘든 고통 가운데 있을지라도 새로운 모습을 믿음으로 바라보며 인내했을 때 성공적인 삶을 살게 되는 경우를 종종 볼 수 있다. 그리하여 사람들은 변화된 삶을 살기 위해 끊임없는 기도와 간절한 소망과 부단한 노력과 열정을 바쳐서 오늘보다 더 나은 내일을 만들어 가는 존재이다.

　여기에 새로운 삶을 바라보며 믿음으로 인생을 멋지게 살아간 한 인물을 소개한다. 헝가리계 유대인인 조지프 퓰리처는 미국 이민자로 현대 신문의 틀을 성립시켰고, 퓰리저상을 만들어 신문 발전에 지대한 업적을 이룩한 위대한 사람이다. 가난했던 그는 17세에 미국에 와서 남북전쟁에 군인으로 참여했다. 전쟁 이후에는 짐꾼으로, 웨이터로, 청소부로 그가 할 수 있는 모든 일을 가리지 않았으며, 그 어떤 일조차 주어지지 않을 때는 거리의 노숙자로 생활하기도 하였다. 그러던 어느 날 그는 사탕수수 농장에 취직시켜주겠다는 사기꾼의 말을 듣고 생명같이 모아둔 얼마간의 돈을 모두 잃게 되었다. 어렵게 모은 돈을 잃게 된 퓰리처는 너무나 억울한 자신의 사정을 세상에 알리고자 신문에 투고하였다. 그의 글을 읽고 감동한 편집국장은 퓰리처가 글 쓰는 뛰어난 재능을 갖고 있다는 것을 발견하고 그를 기자로 채용하였다.

억울하게 사기를 당하여 직면한 어려운 상황이 생각지도 못한 새로운 삶을 열어가는 큰 축복과 희망이었다. 퓰리처는 기자로 일하면서도 정성과 성실로 최선을 다해 맡은 일을 수행했고, 그가 진심으로 최선을 다하는 모습을 보고 놀랍게도 신문사에서는 퓰리처에게 다시 편집장이라는 중요한 직책을 부여하였다. 성경의 "모든 것이 합력하여 선을 이룬다"라는 말씀처럼 그가 돈을 잃은 것은 그에게 엄청난 어려움과 고난이었지만, 낙심하지 않고 새로운 가능성을 보고 도전했을 때 그 일은 그의 인생을 새롭게 완전히 바꾸어 놓는 축복의 기회가 되었다. 편집장이 된 퓰리처의 도전은 거기서 멈추지 않았다. 그는 어떤 상황에서도 흔들리지 않는 믿음과 신념과 열정으로 열려 있는 새로운 삶을 향해 계속하여 꾸준히 나아갔다. 사람들은 새로운 삶을 열어가는 그의 도전과 열정을 높이 평가하였고, 절망을 희망으로 바꾸고 어려움을 승리로 바꾸는 위대한 의지의 사나이로 기억한다.

배움이 적었음에도 퓰리처는 미국 언론계의 큰 인물이 될 수 있었던 그 힘은 무엇일까? 그것은 그가 새로운 삶을 열어가려는 믿음과 용기와 신념과 함께 새로운 삶에 대한 새로운 자세와 꾸준한 노력을 게을리하지 않았던 것에서 시작된 힘이었다. 이런 사람이 바로 하나님이 열어주시는 새로운 삶을 믿음으로 멀리 바라보는 사람이다.

마르쿠스 아우렐리우스는 강조하기를 "인간에게 새로운 삶은 언제나 열려 있다. 새로운 분야를 개척하기 위해서는 항상 새로운 생각, 결단, 철학, 신앙을 가지고 미래를 향해 나아가야 한다. 이것이 바로 열려 있는 삶을 정복할 수 있는 마음의 자세이다. 이것이 기초가 되고 기반이 될 때 행복과 축복과 희망의 삶이 활짝 열리게 되는 동시에 현재와는 전혀 다른 행복이라는 세계 속에서 아름다운 삶을 살아가게 된다."라고 하였다.

고린도후서 4:16에는 "그러므로 우리가 낙심하지 아니하노니 우리의 겉 사람은 낡아지나 우리의 속사람은 날로 새로워지도다"라고 하였다. 여기에서 우리가 낙심하지 않는 이유는 우리는 하나님의 축복과 사랑으로 고귀한 사명과 직분을 받은 존재들이기 때문이다. 이사야 41:1에는 "민족들아 힘을 새롭게 하라"라고 하였다. 믿음과 기도와 말씀으로 힘을 새롭게 하여서 하나님이 우리에게 맡겨주신 직분을 감당하고 또 새롭게 열어주시는 기회를 소망 가운데 기대하며 사명을 다하는 존재들이 되어야 한다. 다윗은 "좋은 것으로 네 소원을 만족하게 하사 네 청춘을 독수리같이 새롭게 하시는도다"(시 103:5)라고 고백하였다. 이 말씀은 우리 모두에게 주시는 희망의 말씀이다.

  우리 그리스도인들은 세상에 있는 일시적인 풍요로움에 만족하지 않고 하나님 나라의 영광을 구하며 살아가는 사람들이기에 현실에서 여러 가지 고난과 환란이 다가온다 할지라도 하나님이 열어주실 새로운 기회와 시간을 기대하고 기다리며 살아가야 한다. 또한 우리는 현재의 삶이 어렵고 힘들어 헤쳐 나가기 불가능해 보인다고 할지라도 믿음으로 하나님께서 열어주신 새로운 세계를 멀리 바라보면서 중단없이 앞을 향하여 계속 달려가는 사람, 인생을 멀리 바라보는 사람이 되었으면 한다.

선한 사람은
어두움 속에서도

우리 인간의 삶은 유혹의 연속이다. 이곳저곳에 헤아릴 수 없이 많은 유혹이 사람들을 죄악의 길로 인도한다. 선하고 올바른 길을 가고자 할 때는 유난히 더 많은 유혹이 앞을 가로막고 실망과 좌절과 낙담을 주며 넘어뜨리려 한다. "만물의 마지막이 가까이 왔으니 그러므로 너희는 정신을 차리고 근신하여 기도하라"(벧전 4:7)라는 말씀과 "근신하라 깨어라 너희 대적 마귀가 우는 사자 같이 두루 다니며 삼킬 자를 찾나니"(벧전 5:8)라는 말씀은 죄악과 유혹이 많은 세상으로부터 어떻게 자신을 잘 지켜나갈 수 있는지를 교훈한다.

괴테는 그의 작품 『파우스트』에서 세상을 살아가는 동안 어두운 충동에 사로잡히기 쉬운 인간이 어떻게 죄악의 유혹을 물리치고 승리의 삶을 살 수 있는지를 깊이 있게 말하고 있다. 『파우스트』에서 히

브리어로 '파괴자'와 '거짓말쟁이'라는 뜻의 이름을 가진 악마 메피스토펠레스는 여러 가지 거짓으로 인간의 삶을 파괴하도록 설정된 인물이다. 메피스토펠레스는 인간 내면의 특성을 파악해서 상황과 시기에 따라 쾌락, 근심, 젊음, 지식욕 등 다양한 유혹으로 파우스트를 넘어뜨리려고 하였다. 그러나 수많은 방황과 시행착오 속에서도 내면에 선한 신념과 의지와 지조를 갖고 있었던 파우스트는 악마의 끊임없는 유혹을 물리치고 자신을 지켜 선한 길로 갔다. 어려움을 이겨내고 파우스트가 승리할 수 있었던 비결은 내면에 하나님의 성품인 선함을 갖고 있었기 때문이다. 『파우스트』에서 괴테가 말하는 선함은 자기 자신을 뛰어넘어 높은 가치를 실현하는 선을 의미하는데, 그런 선한 가치로 내면을 채우고 있는 사람은 어두움 속에서도 넘어지지 않고 올바른 길을 걸어갈 수 있다고 교훈하고 있다.

니체도 『차라투스트라는 이렇게 말하였다』라는 책을 통해 '인생이란 내면에 선함의 씨앗이 있어야 선하게 살 수 있고 또 그 선함을 세상에 선물할 수 있다'라고 인간 내면에 있는 선함의 중요성을 강조하였다. 그리고 '누군가에게 기쁨을 주면 자신도 기쁨으로 가득해지고 아무리 작은 일이라도 다른 사람을 기쁘게 할 수 있다면 우리의 손과 가슴에 기쁨이 가득할 것이다'라며 내면의 선함을 밖으로 표현하고 실천해야 함을 강조하였다.

오늘도 이 세상에는 온갖 더러운 것들과 탐욕과 어리석은 말 등 여러 가지 죄악의 요소들이 가득하여 우리의 삶이 하나님과 멀어지도록 만들고 있다. 그러나 이러한 끊임없는 세상의 유혹을 이겨내고 하나님의 자녀답게 살기 위해서는 우선 자기 내면에 숨겨져 있는 욕망과 악한 것들을 제어하고 다스릴 수 있어야 한다. 유혹은 참는 것이 아니라 이기는 것이기에 이겨낼 힘이 꼭 필요하다. 힘이 약해지면 다시 유혹의 미끼를 물게 되기 때문에 죄악의 어두움을 이기려면 반드시 내면의 힘이 필요한데, 이 내면의 힘은 예수 그리스도를 믿는 믿음의 힘과 성령의 힘이라 할 것이다. 이 힘과 함께 무엇이 올바른 길인지 명확히 알고 있을 때 그 어떤 유혹이 다가와도 이겨낼 수 있다.

사도 바울은 "너희가 전에는 어둠이더니 이제는 주 안에서 빛이라 빛의 자녀들처럼 행하라"(엡 5:8)라고 말하였다. 이는 그리스도인의 외적인 행동의 변화에 대해 교훈하고 가르치는 말씀이다. 하나님이 원하시는 그리스도인들이 실천해야 하는 삶은 한마디로 '빛의 자녀들처럼 행하며, 사는 것'이다. 우리는 세상 사람들이 볼 때 빛의 자녀들처럼 보여야 한다. 우리를 통해 세상 사람들이 빛을 볼 수 있어야 한다. 이 말씀은 "이같이 너희 빛이 사람 앞에 비치게 하여 그들로 너희 착한 행실을 보고 하늘에 계신 너희 아버지께 영광을 돌리게 하라"(마 5:16)라는 말씀과 뜻을 같이하는 말씀이다.

나시 말하면, 이 세상을 살아가는 그리스도인은 그리스도인다워야 하고, 사람다워야 하고, 선한 모습으로 살아야만 빛의 자녀로서의 사명을 다할 수 있다. 그러므로 우리 그리스도인들은 착함과 의로움과 진실함으로 빛 된 삶을 살아서, 세상 사람들이 그 빛을 보고 죽음의

길에서 생명의 길로 갈 수 있도록 인도하는 선한 길라잡이의 인생을
살았으면 한다.

이상을 실현하는 비결

훌륭한 인격자는 언행일치의 삶을 산다. 항상 성실하고 실천적인 언어생활에 힘을 기울이는 것이 훌륭한 인격자의 특징이다. 노예해방운동가 그랜빌 샤프가 어느 미국인으로부터 편지를 받았다. 편지를 보낸 사람은 샤프의 훌륭한 인격을 보고 감동하여 아들의 이름을 그와 똑같이 그랜빌이라고 지었다고 하였다. 이 편지를 본 샤프는 "아들에게 제 이름을 붙여주셨다니 영광입니다. 그렇다면 우리 집안 대대로 전해 내려오는 가훈도 가르쳐드리겠습니다. 그것은 사람들에게 존경받기를 원한다면 실속 있는 인간이 되도록 노력하라는 것입니다. 나는 아버지의 가르침으로 이런 가훈을 몸에 익히세 되있습니다. 아버지는 그것을 할아버지께 배웠다고 하셨습니다. 할아버지께서는 본래 강직한 분이셨고, 매사에 행동과 말씀이 일치하셨습니다"라고 회신을 보냈다.

주어진 일에 최선을 다하는 성실한 생활 자세와 철학과 실천은 인간으로서, 그리고 인격자로서 마땅히 갖춰야 할 자질에 해당한다. 성실한 생활 자세와 철학과 실천적인 사람은 말과 행동이 일치하지만, 그렇지 못한 사람은 결코 타인으로부터 존경받을 수 없고, 신뢰를 받을 수도 없다. 진실한 인격자는 사람이 있든 없든 어느 곳에서나 올바르게 행동한다.

　어느 초등학교 교실 앞에 사과 몇 개가 놓여있었다. 교실 앞을 지나가던 한 어린이가 아무도 없는 것을 확인하고는 몰래 사과 한 개를 집어 주머니에 넣었다. 잠시 후 또 다른 어린이가 지나갔지만, 그 어린이는 주위에 아무도 없는 것을 알면서도 쳐다보지도 않고 그냥 지나갔다. 이 모습을 숨어서 지켜본 교사가 사과를 가져가지 않은 어린이에게 묻기를 "애야, 아무도 보는 사람이 없는데도 넌 왜 그것을 가져가지 않았니?" 하고 물었다. 그러자 어린이는 대답하기를 "선생님, 보는 사람이 없다니요? 하나님이 보고 계시고, 제 모습을 두 눈과 양심이 보고 있었어요"라고 하였다는 것이다.

　이는 비록 작은 일이기는 하지만 양심과 인격의 중요함을 나타내는 적절한 예다. 양심이란 인격을 지켜주는 방패인 동시에 삶의 거울이다. 양심을 지키지 못하면 인격을 지킬 수가 없고, 평생 유혹의 늪에 빠지게 된다. 유혹에 굴복한 사람은 비열하고 불성실한 습관에 빠져버린다. 설사 나쁜 짓을 하고도 운 좋게 그 일이 발각되지 않았다고 해도 그런 사람은 인격자로, 신실한 사람, 선한 사람으로 볼 수 없다.

양심을 속이는 일이 되풀이되면 불안감에 사로잡히고 양심이 마비되어서 결국 타락하게 된다.

다윗은 "정직하게 행하며 공의를 실천하며 그의 마음에 진실을 말하며"(시 15:2)라고 하면서 마음에 진실을 말하는 자가 하나님의 장막과 성산에 거할 자격이 있다고 하였다. 즉, 다윗은 마음을 중요하게 생각하고 강조하였다. 다윗은 인간적으로는 부족한 점이 많았다. 하나님이 원하시지 않는 인구 조사를 하였다. 이것은 하나님의 능력보다 이스라엘의 군사력을 의지하는 불신앙적 행위였다. 지금까지 다윗과 이스라엘을 지켜주신 분은 여호와 하나님이셨는데, 다윗은 하나님의 은혜를 잊어버리고 인구 조사로 망령된 큰 죄악을 범하였다. 결국 다윗이 저지른 죄로 인해 약 7만 명의 죄 없는 백성들이 목숨을 잃게 되었다. 이 밖에도 다윗은 하나님 보시기에 크고 작은 잘못을 저지른 부족함이 많은 사람이었다. 하지만 다윗이 하나님께 택함을 받은 이유는 바로 한 가지, 진실한 마음 때문이었다.

다윗은 양을 치는 목동이었지만 일곱 형제를 제치고 이스라엘의 지도자로 기름 부음을 받았다. 하나님께서는 "다윗을 왕으로 세우시고 증언하여 이르시되 내가 이새의 아들 다윗을 만나니 내 마음에 맞는 사람이라 내 뜻을 다 이루리라 하시더니"(행 13:22)라고 하셨고, "여호와께서 사무엘에게 이르시되 그의 용모와 키를 보지 말라 내가 이미 그를 버렸노라 내가 보는 것은 사람과 같지 아니하니 사람은 외모를 보거니와 나 여호와는 중심을 보느니라"(삼상 16:7)라고 하셨다. 이 말씀은 다윗의 중심 곧 마음이 진실하다는 의미이다.

죄인은 당연히 죄를 범한 사람이다. 그렇다면 의인은 죄를 범하지 않을까? 그렇지는 않다. "만일 우리가 죄가 없다고 말하면 스스로 속이고 또 진리가 우리 속에 있지 아니할 것이요"(요일 1:8)라고 하였듯이 아무리 의인이라도 죄를 짓지 않는 완전한 사람으로 살 수는 없다. 우리는 다 알게 모르게 죄를 짓고 산다. 다윗과 같은 신앙의 위인도 죄를 범했는데 하물며 약한 인간인 우리야 어떻겠는가? 그러나 루터의 "새가 머리 위를 날아가는 것은 막을 수 없지만 둥지를 틀지는 못하게 하라"는 말처럼 비록 자신의 연약함으로 인해 죄를 짓게 되더라도 죄를 괴로워하고 죄를 이기려고 노력하며, 죄로부터 마음이 더러워지지 않도록 자신을 지켜야 한다.

이처럼 정직한 말과 행동이 인생의 이상을 실현하는 비결이며 하나님을 기쁘시게 하는 삶이다. 이 사실을 인식하고, 말과 행동을 일치시키는 참된 인격자의 삶을 살아감으로써 하나님께도 사람에게도 인정받고 존경받는 그리스도인의 삶이 되었으면 한다.

인생을 살아가면서 해야 할 것과
하지 말아야 할 것

옛 속담에 "길이 아니면 가지 말고, 말이 아니면 듣지 말라"고 하였다. 문자 그대로 해석하면 바른길이 아니라면 아예 가지를 말고, 옳은 말이 아니라면 듣지도 말아야 한다는 뜻이다. 이 말은 여러 가지 교훈을 담고 있다. 사람이 살아가면서 해서는 안 되는 일은 하지 말아야 하고, 진리와 정의가 아닌 윤리와 도덕적으로 옳지 않은 행동은 하지 말아야 한다는 것이다. 왜냐하면 백번을 말하고 천 번을 말해도 변함없는 사실은 "사람의 도리에서 벗어나는 그릇된 행동은 결국 삶을 실패로 이끈다"라는 것이다. 그러나 옳지 않은 길을 떳떳하고 당당하게 걸어가는 인생들이 있다. 이러한 사람들은 자기의 삶뿐만 아니라 타인의 삶도 멸망하게 할 뿐만 아니라 사회에도 악영향을 끼친다.

마르쿠스 아우렐리우스는 말하길, "올바른 일이 아니면 행하지 마라. 진실이 아니라면 말하지 마라. 그리고 스스로 욕망을 억제하라." 라고 하였다. 지나친 욕망은 탐욕이므로 자신이나 주변 사람들에게 부정적으로 작용하기 때문이다. 마르쿠스 아우렐리우스가 강조한 것은 진실과 정의와 참과 올바름에서 벗어나는 탐욕적이고 옳지 않은 일은 절대로 해서는 안 된다는 것이다.

탐욕적이지 않은 진실한 사람은 인간의 도리에서 벗어나는 길을 생각하지도 않고 가지도 않는다. 그런 곳에는 발을 담그지도 않고, 그런 부류의 사람들과는 가까이하지 않으며 어떤 상황에서도 정도를 벗어나지 않는다. 그래서 다윗은 "복 있는 사람은 악인들의 꾀를 따르지 아니하며 죄인들의 길에 서지 아니하며 오만한 자들의 자리에 앉지 아니하고 오직 여호와의 율법을 즐거워하여 그의 율법을 주야로 묵상하는도다 그는 시냇가에 심은 나무가 철을 따라 열매를 맺으며 그 잎사귀가 마르지 아니함 같으니 그가 하는 모든 일이 다 형통하리로다"(시 1:1-3)라고 말했다. 이 말씀은 올바르고 정의롭고 참된 진리의 길을 가는 사람이 받는 축복의 원리에 대해 이야기하고 있다. 또한 "악인은 쫓아오는 자가 없어도 도망하나 의인은 사자같이 담대하니라"(잠 28:1)라는 말씀은 바르지 못한 삶을 사는 사람과 의롭고 바른 삶을 사는 사람의 모습에 관해 설명하고 있다.

논어의 '헌문편'에서는 "누구에게나 상냥하고 친절하게 대하는 것은 잘못이다. 왜냐하면 마음이 의롭고 선량한 사람에게는 그에 맞는 친절로 대하는 것은 옳은 일이나, 부정한 사람이나 어리석은 사람에게는 엄중하게 잘못을 지적해야 한다. 이것이 정의로운 공평이다. 꾸짖어야 할 상대에게 친절하게 대하는 것은 상대방을 더욱 악하게 만들뿐이다."라고 하였다. 이 말은 사람답게 사는 사람과 그렇지 않은 사람을 똑같이 대하지 말라는 의미이다. 그 이유는 사람답게 사는 사람은 친절하게 잘 대해 주는 것이 마땅하지만 그렇지 않은 사람은 잘못을 올바르게 지도해야 한다는 것이다. 왜냐하면 잘못에 대해 충고받아야 할 사람에게 잘 대해 주는 것은 그 사람이 죄의 길, 실패의 길, 불행의 길, 멸망의 길로 가도록 내버려두는 것이기 때문이다. 그러므로 인간답게 바른길을 가는 사람에게는 칭찬과 격려를 아끼지 말고, 잘못된 길을 가는 사람은 바르게 가도록 인도해 주며, 가르침과 조언에도 불구하고 제멋대로 행한다는 사람과는 거리를 두는 것이 좋다. 이것을 마음속에 담아 실천한다면, 그 어떤 상황에서도 인생을 살아가는 데 큰 힘과 도움이 될 것이다.

　지혜의 왕 솔로몬은 잠언을 통해 걸어가는 인생길을 세밀하게 교훈하고 있다. "바른길로 행하는 자는 걸음이 평안하려니와 굽은 길로 행하는 자는 드러나리라"(잠 10:9). 여기서 바른길로 행하는 자란 누구에게 보여도 떳떳하고 분명하고 정당한 삶을 살아가는 사람을 말한다. 반대로 굽은 길로 행하는 자란 그들이 행한 일과 삶이 다른 사람들에게 공개되기를 꺼리고 은폐하거나 숨기려는 욕구가 강한 사람을 말한다. 그런데도 그들의 의지와는 상관없이 은밀하게 숨겨둔 그들의 죄악이 공공연하게 알려지고 노출되어 하나님과 사람들 앞에 책망받고 수치를 당하게 되는 것이 그들의 불행한 운명임을 말씀하고 있다. 죄악된 길, 가지 않아야 할 길을 가는 자는 밤낮으로 긴장과 초조, 불안함이 그들의 마음과 육신을 황폐하게 만들고 큰 고통 가운데 있게 한다. 그러나 인생을 떳떳하고 바르게 사는 사람은 자신의 모든 걸음이 공개되든 그렇지 않든 상관이 없다. 오히려 삶이 드러나게 되면 "이같이 너희 빛이 사람 앞에 비치게 하여 그들로 너희 착한 행실을 보고 하늘에 계신 너희 아버지께 영광을 돌리게 하라"(마 5:16)라는 말씀과 같이 하나님께 영광이 되고 세상의 빛이 되는 것이다.

이것이 바로 악인과 의인의 삶의 근본적인 차이다. 아무리 많이 가졌고 세상이 부러워할 정도로 큰 성공을 얻었다고 할지라도 불안과 초조함으로 가득찬 평안이 없는 삶을 살게 된다면 불행한 인생이다. 조금 적게 가지고 넉넉지 않은 가운데 살아간다고 할지라도 그의 인생이 옳은 길을 추구하여 달려왔고 바른길 행하기를 끝까지 지켜왔다면, 그 사람은 진정으로 축복받은 자요, 성공자이다. 그러므로 우리는 그릇되고 죄된 길에는 서 있지도 말고, 살아가지도 말아야 하며 혹시 우리 안에 숨겨진 죄의 모습이 있다면 철저히 회개하고, 그 죄를 십자가 앞에 내려놓고 자복하여 용서함을 받아야 한다. 그리하여 하나님과 사람들 앞에 부끄러울 것이 없고, 오히려 의롭고 선한 증거를 드러내고, 복되고 아름답고 훌륭한 인생을 살아가야 한다.

"바른길로 행하는 자는 걸음이 평안해지려니와 굽은 길로 행하는 자는 드러나리라"(잠 10:9)라는 말씀과 "악인은 쫓아오는 자가 없어도 도망하나 의인은 사자같이 담대하니라"(잠 28:1)라는 말씀을 늘 마음에 새기고 실천해서 진정 평안하고 참된 그리스도인의 삶을 살았으면 한다.

사람의 마음을
움직이는 것

다른 사람의 인생관과 삶을 바꾸기 위해서는 그 사람에 대한 이해나 설득보다도 감정적으로 함께 느끼는 공감이 절대적으로 필요하다. 그렇다면 사람을 변화시키기 위하여 공감과 함께 가장 필요한 것이 무엇일까? 아리스토텔레스는 그의 저서 『수사학』에서 진정한 의미에서 다른 사람의 행동을 바꾸기 위해서는 '로고스', '에토스', '파토스'가 필요하다고 강조했다.

'로고스', '에토스', '파토스'는 무엇인가? '로고스'는 논리의 철학을 말한다. 논리만으로 사람을 설득하기는 어렵다고 하지만 논리적으로 말도 안 되는 생각으로 사람들의 동의를 얻기는 어렵다. 다른 사람을 설득하고 싶다면 주장이 이치에 맞아야 하는 것은 당연하고도 중요한 요건이다. 그러나 논리만으로 사람이 움직이는 것은 아니다. 토론할 때 논리로 상대를 이기는 것이 중요하지만, 만약 사회생활에서 논리의 힘으로 상대를 이기려 한다면, 상대는 겉으로는 따르는 척하겠지만 마음으로는 반발심을 갖게 되어 진심으로 따르거나 돕지는 않게 된다. 다른 사람의 마음과 행동을 움직이기 위해서 논리는 필요조건이지 충분조건은 아니다.

이러한 이유로 아리스토텔레스는 윤리를 의미하는 '에토스'가 필요하다고 하였다. 아무리 이치에 맞는 말이라 해도 그 말을 하는 사람의 도덕성을 의심받는다면, 사람들의 힘을 끌어낼 수 없다. 사람은 도덕적으로 믿을 수 있는 사람, 사회적으로 가치 있는 일을 하는 사람을 위해 자신의 재능과 시간을 사용하고 싶어 하는 존재다. 그러므로 아리스토텔레스는 바로 이 부분을 중요시하는 에토스가 사람을 움직이기에 효과적이라고 강조했다.

'파토스'는 패션(passion), 즉 열정을 가리킨다. 본인이 신념을 갖고 열정을 드러내며 말할 때 비로소 타인이 공감할 수 있다. 미국의 흑인 해방 운동을 이끈 마틴 루터 킹 목사가 만약 의욕이라고는 눈곱만큼도 찾아볼 수 없는 얼굴로 마지못해 흑인과 백인의 인종차별 철폐의 꿈을 호소했다면, 그의 의지는 절대로 사람들의 마음을 움직이지 못했을 것이다. 그는 '파토스' 즉, 열정을 가슴에 안고 미래를 외쳤기 때문에 세상을 바꿀 수 있었다. 이렇게 '로고스', '에토스', '파토스'가 바로 아리스토텔레스가 제시한 다른 사람들을 움직이기 위한 효과적인 세 가지 요소이다.

역사상 리더십에서 말의 중요성에 최초로 주목한 사람은 아리스토텔레스의 스승인 플라톤이다. 플라톤은 저서『파이드로스』에서 말이 리더십에 미치는 영향에 관해 철저하게 고찰했다. 책 제목인『파이드로스』는 소크라테스의 제자 이름이다. 플라톤은 이 저서에서 그의 스승인 소크라테스와 제자 파이드로스가 벌이는 토론으로 리더에게 요구되는 말의 힘이 어떤 것인지를 보여주었다. 매우 흥미롭게도『파이드로스』에서는 리더에게 '레토릭', 즉 말로써 사람을 설득하는 변론이 필요하다는 파이드로스의 주장을 소크라테스가 비판하면서 "진실에 이르는 길은 진심이 담긴 대화밖에 없다."라고 설득하는 구성으로 이루어져 있다. 소크라테스는 교묘한 말솜씨로 사람을 움직이는 기술은 사람의 마음을 나쁜 길로 홀리는 것이라며 레토릭을 속임수라고 일갈했다.

스피치가 중요한 사회적 역할을 하는 미국과 유럽 사회의 지식 계층에서 스피치 기법은 당연히 지녀야 할 교양으로 인식된다. 맹목적으로 그들의 문화를 따를 필요는 없으나, 리더의 위치에 서 있는 사람이라면, 다른 사람들의 마음을 움직이기 위해 로고스, 에토스, 파토스가 필요하다는 아리스토텔레스의 주장과 그 과도한 사용이 위험을 초래할 수도 있다는 소크라테스의 주장을 모두 알아두는 것이 필요하다.

그러나 우리가 주목할 중요한 말씀은 다른 사람의 마음을 움직이기 위해서는 그 어떤 것보다도 성령의 힘이 필요하다는 사실이다. 사도행전 2:14은 베드로를 중심으로 열두 사도가 처음으로 유대인들에게 복음을 전파하기 시작한 장면이 등장한다. 그들은 성령 세례와 성령 충만을 받은 후 그동안 은거하던 생활에서 탈피하여 유대인들을 향해 담대하게 복음을 증거하기 시작했다. 베드로는 죽음이 두려워 주님을 세 번이나 부인했던 사람이고, 또 다른 제자들도 예수께서 붙잡히실 때 모두 예수를 버리고 도망갔으며 예수께서 십자가에서 돌아가신 후에는 유대 종교 지도자를 두려워하여 숨어있었다.

이런 베드로와 제자들이 이제는 예루살렘 한복판에서 소리를 높여 복음 즉, 예수님의 구원을 외쳤다. 예수님은 일찍이 제자들에게 "내가 너희에게 어두운 데서 이르는 것을 광명한 데서 말하며 너희가 귓속말로 듣는 것을 집 위에서 전파하라"(마 10:27)라고 명령하셨고, 사도들은 드디어 성령의 힘으로 담대하게 복음을 외치기 시작한 것이다. 이러한 제자들의 변화는 성령의 힘과 역사로 가능한 일이었다. 이렇게 성령을 받은 베드로와 제자들이 복음을 전할 때 삼천 명이 감화받아서 회개하는 역사가 일어났고, 앉은뱅이가 일어나는 치유의 기적이 일어났으며, 사람들이 자기의 재산과 소유를 팔아 서로의 필요를 따라 나눠주는 나눔의 역사가 일어났다.

사람의 마음을 변화시키는 것은 논리가 아닌 성령의 초자연적인 힘으로 비롯된다. 성령이 임하실 때 예언하고, 환상을 보며, 꿈을 꾸는 놀라운 기적들이 임하게 된다. 그러므로 주님의 증인으로서 사명을 받은 그리스도인들은 항상 성령 안에서 기도하고, 성령과 함께 깊은 교제를 나누며 살아가야 한다.

<시>　　　봄의 소나무처럼 아름다운 신앙

자비하신 아버지 하나님!
선한 사람과 악한 사람에게 똑같은
햇빛으로 은총을 베푸시니
영원히 찬양과 경배를 받으소서

악한 사람을 징벌하시기보다
온전한 마음으로 관용을 베푸시어
향기로운 제단이 되게 하시오니
영원히 주님의 성총을 찬미하게 하소서

하늘이 높고 땅이 넓은 것은
주님의 뜻이 사람들로 하여
서로 사랑하고 존중하며 천국을 이루게 하심이오니
넓고 크신 하나님의 사랑을 찬양하게 하소서

아!
아침에 떠오르는 햇빛 속에서
하나님의 넓은 은총과 축복이
항상 임하게 하소서!
아멘

맑고 밝은 희망의 새 아침의 기도

오, 주여!
아침마다 간구하오니 선한 일을 베풀게 하소서
사람에게 당신의 뜻을 전하게 하소서

시냇가에 흐르는 생수로
가난한 영혼들이 마시고 넘치게 채우소서
아름답고 풍성한 삶의 초장으로 인도하소서

비록 나의 손은 빈손일지라도
천지 만물을 창조하신 당신께 기도합니다
하늘의 축복을 기도의 권능으로 사랑하는 이에게 베푸소서

오늘도 내일도 영원토록
예수님 닮은 마음으로 하게 하소서
아침에 떠오르는 태양처럼 희망과 기쁨을 가득히 안겨주소서

오, 주여!
나의 이 기도 들어 주시오니 주님을 찬양합니다
아멘

<시>   새벽에 아무 바람 없이 희망을 주는 나의 친구들

깊은 잠 깨어나 나의 삶을 위한 기도를 창조주 하나님께 드린다
문을 열고 하나님이 주신 일터의 현장으로 나선다
수많은 사람이 각기 오늘의 빵을 향해 분주히 발걸음을 옮긴다
어떤 사람은 두 발로, 어떤 사람은 자전거로, 어떤 사람은 자동차로
부지런히 달린다
얼굴에 미소가 있는 사람도 있고, 우울한 표정으로 길을 나선 사람도
있다

아무런 바람이나 대가도 없이 행복을 주는 친구들이 있다.
누구일까?
그들은 바로 이름 모를 새들과 까치들
추운 겨울도 무더운 여름도 변함없이 일찍 일어나
사람들을 향해 그들의 아름다운 소리로 노래하면서 반겨준다

나는 그들의 신비한 소리를 들으면서 마음속 깊은 곳으로부터
감사와 고마움을 느낀다
새들아 까치들아 추운 겨울 어디서 자고 무얼 먹고 나와
사람들에게 행복을 주는가
그들이 나의 손에 와서 안긴다면 따뜻한 품에 품고
그들의 언 몸을 녹여주며

따뜻한 물 한 잔과 빵 부스러기라도 먹여 주고 싶다

그렇게는 못해도 그들을 향해 속삭인다
"새들아 까치들아 고마워.
아름다운 소리로 이른 아침에 희망을 주니 참 고마워.
우울하고 번민에 가득 찬 사람들에게는
노래의 위로와 소망을 주는 새들아 까치들아 고맙구나.
추위를 이기고 승리하는 새들아 까치들아!"

한 가슴으로 감사의 말을 그렇게 전한다

새벽에 아무 바람 없이 희망을 주는 나의 친구들

제2부

인생은
여름의 소나무처럼

여름 소나무는 무더운 여름 장맛비에 흠뻑 젖어
하늘을 향해 고개 들고 마음껏 소나무 향기 내고
푸른 잎으로 행복을 준다.

선량한 마음으로
사랑을 베풀 때

선량한 사람들의 삶에서 위대한 인물이 탄생한다. 철학자들은 '선량이란 세상에 아름다움을 선물하는 것'이라고 하였다. 선량한 사람들에게는 항상 부드러우면서도 아름다운 마음이 있고, 선량한 마음은 우리에게 용기와 희망과 꿈을 가져다주고 사람들에게 열정을 느끼게 한다. 그래서 괴테는 "하늘에는 별, 달, 해가 있어서 아름답다. 지상에는 꽃과 나무가 있어서 아름답고, 공중에는 새들이 아름다운 소리를 내기에 아름답다. 이렇게 아름다운 자연을 보면 자연히 선량한 마음을 갖게 된다."라고 하였다.

　미국의 저명한 작가 헨리는 "사람의 일생에 가장 귀한 세 가지가 있다. 첫째는 선량한 마음이며 둘째도 선량한 마음이고, 셋째도 선량한 마음이다."라고 하였다. 그렇다면 선량한 마음이란 무엇일까? 선량한 마음은 보답을 바라지 않고 베푸는 것을 의미한다. 이는 영원히 변하지 않는 따뜻한 마음이며 다른 사람을 돕는 하나님이 주신 선하고 착한 마음이다.

　다른 사람에게 선을 베푸는 것은 자신에게 베푸는 것과 같고, 사랑을 베푸는 일에 인색하지 않아야 비로소 다른 사람의 사랑을 받을 수 있다. 선량한 사람은 기꺼이 다른 사람을 도우며 소중함과 감사를 아는 따뜻한 사람이다. 선량한 사람은 작은 일에 구애받지 않고 이해득실을 따지지 않는다. 어떤 일을 할 때도 다른 사람의 위치에서 생각하기 때문에 개인뿐만 아니라 인류 사회의 발전을 위해 크게 도움이 된다. 선량한 사람이 내미는 두 손에는 따스한 온기가 있고, 얼굴에는 항상 미소를 띠고 있다. 만약 인생을 하나의 무대에 비유한다면 선량은 무대 위에 울려퍼지는 심포니 오케스트라의 감동적인 음악 선율과도 같다.

　어느 철인은 말하기를 "선량은 일종의 자신감이며 정신이자 원대한 식견이고 지혜다. 그리고 사막에서 시원하게 솟아나는 샘물과도 같다"라고 하였다. 선량한 마음을 가진다면 우리는 항상 강물과 거울처럼 맑고, 산속의 샘처럼 깨끗하고 순수한 인생이 된다.

　스코틀랜드에 한 농부가 살고 있었다. 그는 가난해도 마음씨가 곱고 선량해서 기꺼이 다른 사람을 돕는 사람이었다. 어느 날 그가 농경지에서 일하고 있을 때 어디선가 갑자기 살려 달라는 울음소리가 들려왔다. 그는 즉시 농기구를 던져 놓고 재빨리 소리가 들리는 쪽을 향해 달려갔다. 도착해서 주위를 살펴보니 어떤 소년이 호수에 빠져서 나오지 못하고 허우적거리고 있었다. 그는 서둘러 소년을 구출해 살려주고 안전하게 집까지 데려다주었다.

이틀 후 매우 화려한 마차가 농부가 사는 집 앞에 와서 멈췄다. 그리고 고상하고 우아한 신사가 마차에서 내려 점잖고 예의 바르게 자신을 소개하였다. 알고 보니 그 신사는 농부가 구해준 소년의 아버지였고, 농부에게 감사를 전하기 위해 온 것이었다. 신사는 아들을 구해준 보답으로 농부에게 두둑한 사례를 하려고 돈 봉투를 들고 왔다. 그러나 농부는 계속 거절하며 정중히 "제가 아들을 구한 것은 보답받기 위해서가 아니라 마땅히 사람으로서 해야 할 도리를 다했을 뿐입니다"라고 말하며 정중히 거절하였다. 서로 '드리겠다', '받지 않겠다'라고 옥신각신 주고받는 사이에 농부의 아들이 집에 들어왔다. 그의 아들을 본 신사는 다음과 같이 말했다. "그러면 좋습니다. 당신이 제 아들을 구해주셨으니 저도 당신의 아들을 위해 무언가 도움을 주겠습니다. 우리 협상을 합시다. 부디 제가 당신의 아들에게 좋은 교육을 받게 할 수 있도록 해주십시오. 만약 당신의 아들이 당신처럼 선량한 사람이라면 그는 장래에 분명 당신이 자랑스러워할 사람이 될 것입니다."

신사의 진심이 담긴 말에 감동한 농부는 그의 제안에 동의하였다. 신사는 신용과 명예가 있고 약속을 지킬 줄 아는 인물이었다. 그는 약속대로 농부의 아들을 학교에 보내 공부시켰다. 그리고 런던대학교 의대에 진학시키고 졸업할 때까지 학비를 지원하였다. 이 어린이는 훗날 영국의 유명한 세균학자가 되었다. 그가 바로 알렉산더 플레밍이다. 1928년에 그가 발명한 페니실린은 전 세계를 뒤흔들었다. 제2차 세계대전 동안 공인된 3대 발명품이 있는데 원자탄과 레이더, 남은 하나가 바로 페니실린이다. 페니실린은 오늘날까지 의학계에 없어서는 안 될 중요한 항생제이며, 플레밍의 페니실린 발명은 병으로 목숨을 잃게 될 많은 생명을 살리는 데 큰 공헌을 하였다. 이야기에 등장한 신사는 영국 상원의원을 지낸 랜돌프 처칠이었고, 그의 아들, 즉 플레밍의 아버지가 구해준 소년은 훗날 영국의 유명한 정치가이자 제2차 세계대전 기간에 영국 총리를 지낸 윈스턴 처칠이었다.

다른 사람에게 꽃을 건네면 나의 손에는 향기가 남기 마련이다. 선량한 농부가 구해낸 소년은 큰 영향력을 끼치는 위대한 인물이 되었고, 농부의 아들도 아버지의 선행으로 인해 고등교육을 받을 기회를 얻어 훗날에 세계의 의학 발전에 크게 공헌하는 인물이 되었다. 농부의 선량한 마음이 간접적으로 영국과 세계의 미래를 바꾼 것이다. 선량한 사람은 자신의 선행을 통해 다른 사람을 도울 뿐만 아니라 자기 자신도 성공을 이루게 된다.

선량은 마음속에 피어나는 아름다운 꽃이다. 선량한 마음은 영롱하게 반짝이는 꽃송이를 가지고 있어 따스한 햇살을 받으면 매력적으로 빛난다. 또한 인생의 발걸음을 더욱 경쾌하게 만들고 우리의 삶을 사랑과 따스함이 가득하도록 변화시킨다. 진실하고 선량한 마음으로 모든 사람을 대할 때, 진실함과 선량을 얻을 수 있음은 물론 깊은 축복과 사랑과 성공이 찾아올 것이다.

"하나님이 능히 모든 은혜를 너희에게 넘치게 하시나니 이는 너희로 모든 일에 항상 모든 것이 넉넉하여 모든 착한 일을 넘치게 하게 하려 하심이라 기록된바 그가 흩어 가난한 자들에게 주었으니 그의 의가 영원토록 있느니라 함과 같으니라"(고후 9:8-9)라는 말씀은 바로 재물을 흩어 가난한 자들에게 준 의가 영원토록 있을 것이라는 하나님의 약속이다. 이 말씀에서 의란 그리스도인의 선행과 구제 자체를 가리킨다. 자기의 재물로 가난한 자들을 구제한 선행은 하나님께서 영원토록 잊지 않으신다는 것이다. 하나님께서는 우리의 주홍빛 같던 죄는 모두 잊어버리시고 우리가 이웃에게 행한 선행은 아무리 작은 것일지라도 잊지 않으신다는 것이다. 이는 하나님의 크고 놀라우신 은혜이다.

하나님께서 우리의 선행을 잊지 않으신다는 말씀은 우리가 잊어버린 것도 하나님께서 반드시 갚아주실 것이라는 영적인 의미가 담겨있다. 물론 이 세상에서 모두 다 갚으신다는 뜻은 아니다. 하나님은 우리의 선행을 이 세상에 살 때 갚으시지만, 그렇게 하지 않으시더라도 영원한 하나님 나라에서 영광의 상급으로 갚으신다. 그러므로 우리는 선을 행할 때 더욱 최선을 다해야 한다. 선을 행하는 일에 대충하거나 소홀히 해서는 안 된다.

한 장의 사진을 찍을 때도 사람들이 기억히도록 최고 좋은 모습을 보이려고 노력하는 것이 우리 인간의 욕구인데 하물며 창조주 되시고 구원자이시며 우리의 선행을 친히 갚으실 하나님께서 기억하신다면 더욱 그 일을 피하거나 대충 할 수는 없는 것이다. 그러므로 최선을 다해 정성을 다하는 마음으로 선행을 베풀어야 한다. 그렇게 할 때 하나님께서 영원히 기억하신다.

"여호와께서 보시기에 정직하고 선량한 일을 행하라 그리하면 네가 복을 받고 그 땅에 들어가서 여호와께서 모든 대적을 네 앞에서 쫓아내시겠고 네 조상들에게 맹세하신 아름다운 땅을 차지하리니 여호와의 말씀과 같으니라"(신 6:18-19). 그러므로 이 사실을 믿으면서 날마다 어려운 이웃들에게 선량한 마음을 가지고 사랑을 베푸는 착한 이웃이 되었으면 한다.

하나님과 사람의
마음을 여는 열쇠

나 아닌 다른 사람을 생각할 줄 아는 마음은 인격자가 갖춰야 할 미덕 중 하나이다. 나보다 다른 사람을 더 생각하고 양보하고 배려한다는 것이 그리 쉬운 일만은 아니기 때문이다. 선처와 배려는 하나님께도 영광이 되고 인간관계에서는 서로를 원만하고 매끄럽게 이끌어주는 윤활유가 된다. 사려가 깊은 사람은 그만큼 매사에 신중하고 주위 사람들에게 신뢰를 주기 때문에 하나님께도 칭찬받고 세상 사람들에게도 좋은 평가를 받는다.

선처와 배려는 하나의 예의인 동시에 사랑이다. 예의 바른 태도는 그 사람이 지닌 능력보다 더 강한 영향력을 발휘하며 감동을 준다. 가식적인 예의는 곧 표가 나기 마련이지만, 진심으로 예의를 갖춰 사람들을 대한다면 사회적인 성공은 자연스럽게 따라오기 마련이다.

우리는 세상을 살아가면서 흔히 첫인상이 중요하다고 한다. 깨끗한 머리와 얼굴 모습, 부드럽고 따뜻하고 예의를 갖춘 바른 태도와 공손한 말투, 겸손한 자세는 상대에게 좋은 인상을 심어줄 수 있다. 그러나 무례하고 경솔한 태도와 지나치게 자신만만한 태도는 오히려 불신감을 불러일으킨다. 예의보다 더 중요한 것이 능력이라고 믿는 것은 잘못되고 경솔한 생각이다. 예의 바른 태도로 상대를 대하고 맡은 일에 최선을 다하여서 항상 겸손하고 나 아닌 다른 사람에 대한 배려를 아끼지 않는다면 스스로 자신을 알리려 노력하지 않아도 다 알아주게 되어 있다. 마음 깊은 곳에 자리 잡은 그 사람의 본질은 언젠가는 제 모습을 드러내기 마련이다.

사랑으로 선처하고 배려하는 마음은 하나님의 마음과 인간의 마음도 열게 하는 열쇠다. 진심으로 다른 사람을 배려하려면 친절함과 통찰력, 그리고 지혜가 필요하다. 그러나 형식적이고 가식적인 배려는 하지 않는 것이 차라리 낫다. 친절과 배려가 몸에 익지 않은 사람이 억지로 하려고 하면 부자연스러워서 금방 나타나기 때문이다.

『허영의 시작』을 쓴 영국의 작가 윌리엄 새커리는 "사회에서 요구하는 것은 학식이나 덕행이 아니라 예의범절이다"라고 하였다. 예의는 상대에 대한 정중함과 상냥함과 겸손한 자세에서 시작된다. 공손한 말과 자세는 다른 사람에 대한 감정을 드러내는 일종의 자기표현이다. 물론 싫어하는 사람에게까지 공손하기란 그리 쉬운 일은 아닐 것이다. 그러나 사회는 또 다른 내가 모여서 이루어지는 것이므로 자기의 감정을 있는 그대로 다 표현할 수는 없다. 때로는 자기의 감정을 다스리고 접어둘 수 있는 여유도 필요하다. 다른 사람에 대한 성의 있는 대접은 본심에서 우러나와야 가치가 있다. 성실함이 결여된 예의는 있을 수 없다.

모범적인 삶은 물과 같아서 불순물이 섞이지 않을수록 투명하다. 인간의 행동도 마찬가지다. 내가 행복해지려면 다른 사람의 행복을 먼저 생각하고, 다른 사람의 마음을 해치는 행동은 가급적 삼가는 것이 좋다. 늘 감사하는 마음으로 다른 사람을 배려할 때 내 마음에도 기쁨이 차오른다.

"선지자의 이름으로 선지자를 영접하는 자는 선지자의 상을 받을 것이요 의인의 이름으로 의인을 영접하는 자는 의인의 상을 받을 것이요"(마 10:41)라고 하였다. 나보다 다른 사람을 배려하고, 선처하며, 영접하고, 환대하는 자들이 하나님께 상을 받게 된다는 하나님의 약속이다.

하나님은 구약 시대에 선지자들을 잘 섬긴 사람들이 그 선지자로부터 축복받은 사실을 알려주셨다. 아브라함을 경외한 블레셋의 아비멜렉은 아브라함의 기도 덕분에 하나님의 진노 대신 태의 열매를 얻는 축복을 받았고, 선지자 엘리야와 엘리사를 환대했던 가정들은 양식이 떨어지지 않는 부의 축복을 받았으며, 죽은 줄 알았던 아들이 다시 살아나는 축복을 받았다. 그뿐만 아니라 예레미야에게 호의를 베푼 에벳멜렉은 모든 관원이 바벨론의 포로가 되어 끌려갔음에도 예레미야 덕분에 포로 신세를 면하는 복을 받았다.

다른 사람을 배려하고 환대하고 선처할 때 평안의 축복을 받게 된다. 왜냐하면 늘 하나님의 평안이 그 가정에 임하기를 기도해 주기 때문이다. "또 그 집에 들어가면서 평안하기를 빌라 그 집이 이에 합당하면 너희 빈 평안이 거기 임할 것이요 만일 합당하지 아니하면 그 평안이 너희에게 돌아올 것이니라"(마 10:12-13)라고 하였다. 가정이 평안한 것은 큰 축복이다.

마태복음 10:42에서 "또 누구든지 제자의 이름으로 이 작은 자 중 하나에게 냉수 한 그릇이라도 주는 자는 내가 진실로 너희에게 이르노니 그 사람이 결단코 상을 잃지 아니하리라 하시니라"라고 하였다. 사실 찬물 한 그릇은 대단한 것은 아니다. 그러나 무더운 팔레스타인의 기후에서 한 그릇의 냉수란 곧 생명력 넘치는 극진한 대접이다. 이처럼 별것 아니게 보일지라도 받는 사람에게는 귀중하고 소중하게 받아들여질 수 있다. 이것은 대접하는 물질의 크고 작음의 문제가 아니라 대접하는 사람의 정성과 배려의 중요함을 말하는 것이다.

그러므로 이렇게 다른 사람을 사랑으로 환대하고 대접하고 선처할 때 완악한 마음이 열리고 포악한 사람이 감동하고 더 나아가 하나님의 마음도 열게 한다는 사실을 기억하고 우리는 서로 냉수 한 그릇이라도 대접하고 너그러운 마음으로 선처하며 따뜻한 마음으로 배려하는 그리스도인이 되었으면 한다. 이것이 그리스도인의 기초적인 정신이고, 예수님의 마음이다.

인간을 가치 있게 만드는
한 사람의 힘

프랑스의 전설적인 외과 의사로서 의료 역사에 기록되고 있는 앙브루아즈 파레는 불굴의 의지와 강한 인내력을 보여준 사람이다. 그는 1510년에 태어나 1590년까지 의료계에 많은 변화를 가져다주었으며 역사에 남는 인물이 되었다. 그는 가난한 이발사의 아들로 태어났다. 집안 형편 때문에 자식을 학교에서 공부시킬 수 없었던 부모는 뭔가 배우는 게 있기를 바라는 마음으로 그를 학식 있는 목사 집의 하인으로 들여보냈다. 그러나 파레는 한시도 쉴 새 없이 일을 해야 했기에 도저히 공부할 시간이 없었다.

그러던 중 하루는 유명한 외과 의사가 마을에 와서 목사의 친구에게 방광결석 제거 수술을 해주었다. 우연히 그 광경을 곁에서 지켜보게 된 파레는 그때부터 의사라는 직업에 커다란 관심과 매력을 느끼고 의사가 되겠다는 꿈과 결심을 갖게 되었다. 그 후 목사의 집을 나

온 파레는 어느 이발소 외과 의사의 심부름을 해주는 보조 일을 하게 되었다. 당시는 이발소에서 간단한 치과 시술이나 혈액 채취를 겸하던 시절이었다.

그곳에서 4년 동안 경험을 쌓은 파레는 다시 파리로 가서 해부 및 외과수술을 전문으로 가르치는 학교에 다녔고, 얼마 후 프랑스군 군의관으로 임명되었다. 당시는 전쟁 중이라 병원마다 부상병들이 넘쳐나던 시절이었다. 그런데 문제는 수술기법이 발전하지 못하여 전쟁터에서 총상을 입은 군인들이 총상 때문이 아니라 군의관의 잘못된 치료법으로 죽는 경우가 허다했다.

군의관들은 출혈을 막는답시고 펄펄 끓는 기름으로 상처를 닦거나 뜨겁게 달군 쇠로 환부를 닦기도 했고, 수술 부위를 절단해야 할 경우에도 뜨겁게 달군 칼을 들이대는 등 지금 생각하면 끔찍하고도 무서운 상식 이하의 방법을 썼다. 파레도 처음에는 다른 군의관들과 같은 방법으로 부상병을 치료했다. 그런데 부상병들이 너무 고통스러워하는 것을 보고 더 순화된 방법을 사용하게 되었다. 이 당시는 본격적인 마취제가 사용되기 시작한 1847년보다 약 300년 전이었다. 파레는 자신만의 수술법을 개발하였고, 자신이 만들어서 쓰던 연고를 부상병들에게 사용하여 큰 성과를 이루었고, 환자들의 고통을 줄여주었다. 물론 이 과정에서 혹 잘못되지는 않을까 걱정을 했으나 결과는 훌륭하고 만족스러웠다. 병사들은 파레가 병원에 나타나기만 해도 구세주를 만난 것처럼 환호하며 그에게 의지했다. 스페인과 교전 중 스페인군의 포로가 되었을 때는 적군 장교를 치료해주고 풀려난 적도 있을 만큼 용감하고 인정과 사랑이 많은 위대한 의사였다.

이렇게 파레는 진일보한 총상 치료법으로 수많은 생명을 구할 수 있었고, 그 공로를 인정받아 왕의 주치의로 임명되기까지 했다. 그는 항상 겸손하였고 훌륭한 인격의 소유자였다. 한 공작이 머리 부상을 치료해준 것에 감사를 드렸을 때 "나는 붕대만 감았을 뿐이고 하나님이 상처를 낫게 하셨습니다."라고 하였다는 것이다. 파레는 대부분의 의학적 성과를 독학으로 일궈냈고 결코 흔들림 없이 자신의 신념을 지켜나간 의지의 사람이었다. 이처럼 참으로 훌륭한 사람은 남의 평가에는 그다지 개의치 않는다. 오직 성심성의껏 자기의 의무와 책임, 사명을 다하고 이로써 세상을 이롭게 하였다면 그것을 자랑과 기쁨으로 여기고 만족한다.

영국의 의사이자 생리학자로 1578년에 태어난 윌리엄 하비는 혈액이 체내를 순환하고 있다는 사실을 최초로 발견한 인물이었다. 하지만 그가 자신의 학설을 공표하기까지는 무려 8년이 넘는 긴 시간이 필요했다. 그가 그토록 신중하게 발표한 것은 그 학설이 당시 학계의 맹렬한 반대에 부딪히리라는 것을 예상했기 때문이었다. 그리고 드디어 "혈액순환설"을 한 권의 논문으로 발표했을 때, 그를 기다리고 있었던 것은 예상했던 대로 비판과 비난의 소리뿐이었다. 그의 학설은 잠꼬대 혹은 미친 소리로밖에 받아들여지지 않았다. 하비의 학설을 지지하는 사람은 한 사람도 없었다. 그의 귀에 들려오는 것은 모욕과 경멸과 반대뿐이었다. 의사 일도 제대로 할 수 없었고, 친구들도 대부분 그의 곁을 떠나버리고 말았다. 그는 신성한 의학의 권위에 정면으로 도전한 패륜아 취급을 받았다.

모진 시련이 닥쳐왔으나 하비는 결코 자신의 소신을 굽히지 않았다. 그리하여 25년이라는 긴 세월이 흐른 뒤 그의 학설은 과학적으로 실증된 진리로서 널리 인정받게 되었다. 이처럼 한 사람의 생각과 윤리적인 가치와 존엄성은 죽음을 생명으로, 절망을 희망으로, 고통을 편안함으로 바꿔놓았다.

"그런즉 한 범죄로 많은 사람이 정죄에 이른 것같이 한 의로운 행위로 말미암아 많은 사람이 의롭다 하심을 받아 생명에 이르렀느니라 한 사람이 순종하지 아니함으로 많은 사람이 죄인된 것같이 한 사람이 순종하심으로 많은 사람이 의인이 되리라"(롬 5:18-19). 사도 바울은 '한 사람의 범죄로 인해 많은 사람이 정죄에 이르렀고 한 사람 아담의 불순종으로 인해 많은 사람이 죄인이 되었다. 반면, 한 분 예수 그리스도의 의의 행동으로 많은 사람이 의롭다 하심을 받아 구원을 얻고 영원한 생명에 이르렀고, 한 분 예수 그리스도의 순종으로 많은 사람이 의인이 되었다'라고 하였다.

한 사람 아담의 범죄와 불순종으로 모든 인류가 죄인이 되었다. 사망 권세 아래 죽어갔으며 하나님과 영원히 분리되는 영원한 죽음까지 당하게 되었다. 반면, 한 분 예수 그리스도의 의로우신 십자가 사역과 죽기까지 하나님 아버지의 뜻에 순종하신 결과 많은 사람들이 의인으로 인정받고 영생을 얻게 되었다.

이러한 사실은 우리 개개인의 존재 가치에 대하여 생각해 보게 한다. 사실 우리 개개인은 아담이나 예수님처럼 전 인류에게 영향을 끼치는 것은 아니지만 나름대로 주변에 많은 영향을 끼치며 살아간다. 그러한 면에서 한 사람 한 사람은 우리가 간과할 수 없는 중요한 존재이다. 다수결의 원칙에 익숙한 사회 아래에서 현대인들은 다수만을 중요하게 여기는 경향이 있다. 그러나 기억해야 할 것은 집단은 결국 개인으로부터 시작한다는 사실이다. 교회나 사회나 한 사람의 존재로부터 시작되는 것이고, 한 사람의 행동으로 집단이 큰 영향을 받게 된다.

한 사람의 신앙으로 인해 가정 전체가 바뀌기도 한다. 한 사람이 예수를 믿음으로써 가정 전체가 복음의 가정이 될 수 있다는 사실을 기억해야 한다. 이처럼 한 사람으로 인해 많은 사람에게 유익이 되게 해야 한다. 한 사람으로 인해 많은 사람이 고통을 받는 일도 많다. 살인, 도적질, 사기, 횡령 등 한 사람의 죄로 인해 수많은 사람이 불행에 빠지는 경우가 수도 없이 발생한다. 그러나 우리 그리스도인들은 나로 인해 많은 사람이 하나님을 찾고 하나님께 감사하도록 만들어야 한다. 거룩한 생활로 사람들에게 감화를 주고 그리스도의 진리를 실천하고 보여줌으로써 빛과 소금 같은 사람이 되어 올바른 세상, 신바람나는 세상, 희망이 가득하고 살기 좋은 세상을 이루어가는 선한 삶을 살아갔으면 한다.

최고봉으로
높이시는 하나님

섬너 레드스톤은 하버드대학교 많은 학생에게 존경받는 사람으로서 2008년에 미국의 유명한 경제 잡지 「포브스」가 선정한 억만장자의 대열에 들어섰다.

레드스톤은 어렸을 때 영어 단어 스펠링을 암기하는데 천부적인 재능을 가지고 있었다. 다른 사람이 말한 단어의 스펠링을 그는 완벽하게 말할 수 있었다. 그의 어머니는 매우 기뻐하며 그를 모든 행사와 대회에 참가시켰다. 늘 그렇듯이 어느 암기대회에 참가하였고, 순조롭게 결승까지 진출하였다. 결승전 전날 저녁, 그는 이미 승리의 환상에 젖어 있었다. 그러나 결승전에서 음절 하나를 빼먹는 사소한 실수를 저지르고 말았다. 어머니는 아들이 우승하지 못했다는 것을 알고 실망하고 낙심하였다. 어머니의 실망하는 모습을 본 레드스톤은 무슨 일이 있어도 반드시 최고봉에 오르겠다고 다짐하였다.

그때부터 그는 매일 아침 굳은 결심을 하고 열정적으로 공부를 하였다. 그는 오로지 최고봉에 오르겠다는 생각으로 공부에만 집중하였다. "하늘은 스스로 돕는 자를 돕는다"라는 말처럼 졸업식 날 레드스톤은 그 학교의 300년 역사상 가장 높은 점수를 받았다. 그리고 학교에서 장학금을 받아 하버드 대학교에서 공부할 수 있는 얻기 힘든 기회를 얻었다. 하버드대를 졸업한 후에도 그의 열정과 노력하는 정신은 그를 끊임없이 발전시켰다. 기회를 얻은 그는 한 오토바이 영화관 사장으로 시작해서 대담하게 사업을 확장해나갔고 몇 년 되지 않아 천문학적 수익을 내는 미디어 회사의 대표가 되었다.

레드스톤은 한 번의 실패에서 큰 교훈을 얻고 무엇을 하든지 최고를 목표로 해야 한다는 신념과 철학을 갖게 되었다. 그때부터 항상 최고를 이루겠다는 생각은 그의 머릿속에 깊이 뿌리박혔다. 훗날 학교에서 공부할 때나 사업을 할 때도 항상 이러한 결심을 품고 최고가 되기 위해 노력하였다.

수많은 경쟁 분야에서 승리자와 단순한 참여자의 차이는 매우 미세하다. 경쟁하는 1등과 2등은 비록 명성에는 사소한 차이밖에 없지만, 그들이 누리는 명예와 지위는 큰 차이가 있다. 항상 최고가 되겠다는 신념을 갖고 이를 실현하기 위해 노력하는 사람만이 비로소 최고가 되고 최후의 승리를 얻을 수 있다. 1등은 기억하지만 2등을 기억하는 사람은 드물다. 공부할 때나 일을 할 때 어쩌면 1등이 되지 못할 수도 있다. 그러나 1등이 되겠다는 마음가짐으로 자신을 다듬고 항상 최선을 다하며 노력해야 한다. 철학자들은 "인간은 스스로 상상하는 것보다 잘 할 수 있다"라고 하였다. 자신을 믿는 믿음과 실천이 있다면 인생은 질적으로 크게 향상되고 발전하고 성공하게 될 것이다.

"주께서 환상 중에 주의 성도들에게 말씀하여 이르시기를 내가 능력 있는 용사에게는 돕는 힘을 더하며 백성 중에서 택함 받은 자를 높였으되 내가 내 종 다윗을 찾아내어 나의 거룩한 기름으로 그에게 부었도다"(시 89:19-20)라고 하였고, 24절에 "나의 성실함과 인자함이 그와 함께하리니 내 이름으로 말미암아 그의 뿔이 높아지리로다"라고 하였다.

하나님께서는 다윗을 지명하여 그에게 기름을 붓도록 사무엘에게 지시하셨다. 하나님은 숨겨진 것 같은 목동 다윗을 찾아내어 하나님의 일꾼으로 세우시고 높이셨다. 하나님은 원하시는 사람을 직접 찾아서 높이시고 일꾼으로 세우신다. 하나님의 일꾼이 된다는 것은 철저하게 하나님의 권한에 속한다는 진리이다.

그러므로 정말 하나님의 일꾼으로 쓰임 받아 귀한 일을 하기를 원한다면 하나님의 마음에 합한 사람이 되어야 한다. 다윗이 하나님의 일꾼으로 부름을 받은 것도 그가 하나님의 마음에 합한 자였기 때문이다. 세상 사람들은 아무도 다윗을 주목하지 않았고 그는 마치 땅속에 감춰진 보화와 같은 존재였다. 하지만 하나님은 그를 찾아내시고, 크게 높이셔서 일꾼으로 세우시고 놀라운 일을 행하게 하신 것이다. 우리가 하나님의 일꾼이 되기 위한 준비가 되어 있고, 하나님의 마음에 합한 자가 되면 하나님은 우리를 정확히 찾아내셔서 높이시고 최고봉으로 사용하신다. 이 사실을 기억하고 신앙과 인격으로 준비하는 그리스도인이 되었으면 한다.

삶의 가치를
결정하는 일

미국의 작가이자 성공학 강사 데일 카네기는 "어떤 일에 열중하기 위해서는 그 일의 가치를 굳게 믿고, 자신에게 그것을 성취할 힘이 있다고 믿고, 적극적으로 그것을 이루겠다는 마음을 가져야 한다. 그러면 낮이 가고 밤이 오듯이 저절로 그 일에 열중하게 된다"라고 하였다.

하나님이 인간에게 주신 일도 사명이다. 사람들은 종종 불평하고 자신이 하는 일이 전부 사소하고 보잘것없는 일이라고 생각한다. 자기 일을 다른 사람들의 일과 비교하면서 자신이 시간을 낭비하고 있다고 무책임하게 생각하는 성향이 있다.

하버드 대학교의 샤하르 교수는 일을 대하는 관점을 생계를 위한 수단, 사업, 사명감으로 구분하였다. 첫째, 일을 단순히 임무 혹은 생계를 위해 돈을 버는 수단으로 생각하는 사람은 자신의 가치를 실현하기 매우 어렵다. 그들은 매일 출근하면서도 진심으로 회사에 가고 싫어서가 아니라 먹고 살기 위해서 마지못해 출근한다. 그들이 기대하는 것은 월급 외에 퇴근이나 휴가밖에 없다. 아마도 많은 사람이 이에 공감할 것이다. 둘째, 일을 사업으로 생각하는 사람은 재산을 축적하는 데 관심을 가질 뿐만 아니라 권력과 명성 같은 사업의 발전 전망에 관심을 기울인다. 그들은 항상 승진할 기회를 기다리며, 될 수 있는 한 빨리 승진해서 많은 월급을 받기를 기대한다. 셋째, 일을 사명으로 생각하는 사람은 일 자체가 그 사람이 추구하는 목표가 된다. 일을 사업의 관점으로만 생각한다면 승진과 이익을 얻을 수 있을지도 모른다. 그러나 이는 일을 하는 최고의 목표는 아니다. 월급이나 직위도 중요하지만 일을 사명으로 삼은 사람은 자발적인 내면의 추구로 기꺼이 일을 하게 된다. 자신이 그저 남에게 부려지는 것이 아니라 일에 대한 강한 열정과 사명, 그리고 정성을 가지고 자신의 가치를 끊임없이 실현한다. 그것이 바로 자신에 대한 일종의 만족이며 행복의 원천이고, 부유함의 기초이며 원리이다.

대만의 유명한 기업가 왕융칭은 어렸을 때 집안이 너무 가난해서 학교에 가지 못하고 일찍 장사에 뛰어들었다. 당시 16세였던 그는 외진 골목에 작은 가게를 빌려 쌀가게를 열었다. 그러나 당시 그곳에는 30여 개의 크고 작은 쌀가게들이 오랫동안 이미 자리를 잡고 있었기에 개업하였지만 찾아오는 손님이 거의 없었다. 왕융칭은 경쟁에서 살아남기 위해 반드시 자신만의 장점을 갖추고 다른 가게들과는 다른 무언가가 있어야 한다고 생각하였다. 고민 끝에 그는 고객에 대한 서비스를 높이고, 고객의 입장을 최우선으로 생각하기로 하였다. 당시 대만의 농촌은 수공업을 유지하고, 시설이 낙후되어 있어 수확한 벼를 길에 늘어놓고 햇볕에 말린 다음 탈곡을 하였다. 그러다 보니 모래알이나 작은 돌 등의 이물질이 섞여 들어가 골라내기가 쉽지 않았다. 그래서 당시 쌀가게에서 판매하는 쌀은 기본적으로 쭉정이와 겨, 모래알, 작은 돌이 섞여 있었다. 쌀을 파는 가게나 소비자도 모두 이를 당연하게 생각하였다.

하지만 왕융칭은 다른 사람들이 당연하게 생각하는 일에서 성공의 핵심을 찾아냈다. 그는 소비자들에게 더 좋은 쌀을 판매하고 싶다는 생각과 사명으로 고생과 수고를 마다하지 않고 동생들과 함께 쌀 속에 섞여 있는 이물질을 골라냈다. 이렇게 한 결과 왕융칭이 판매하는 쌀은 한 등급 높은 품질을 유지하게 되었고, 고객들의 호평을 받게 되었다. 그는 여기서 멈추지 않고 어떻게 하면 고객들이 편리할 수 있을까 생각하다가 쌀을 손님의 집까지 배달해주는 서비스를 시작하였다. 그리고 이 역시 고객들의 큰 호응을 얻었다. 그리고 1년 후 어느 정도 가게가 성장하여 왕융칭은 고객들에게 더 신선한 쌀을 제공하기 위해 고민하다가 직접 정미소를 운영하여 최고의 쌀을 생산하게 되었고 그의 사업은 점점 확장되어 대만의 갑부가 되었다.

결국 우리가 일을 하는 이유는 오늘보다 더 나은 내일의 삶과 즐거움을 위해서다. 강한 사명감을 느끼고 있을 때 일 자체의 즐거움이 넘쳐난다. 일을 하면서 즐거움을 느끼는 사람이야말로 진정으로 행복한 사람이며, 사명적인 사람이다. 성숙한 사람은 진실한 즐거움이 일에서 비롯되며 진정한 행복은 일에서 체험할 수 있다는 사실을 알고 일을 통해 개인의 가치를 실현하고 일을 통해 부유한 삶을 실현할 수 있다는 사실을 잊어서는 안 된다. 일은 인생의 가치를 실현하는 하나의 과정이며 일의 질은 삶의 질을 결정한다. 일의 효과에 대해 사람들 간에 큰 차이가 발생하는 주요 원인은 일을 대하는 태도에 있다. 그리고 이는 일의 경지를 결정한다. 일을 대하는 자세가 좋을수록 성공도 더 쉽게 다가온다.

"그러므로 나는 사람이 자기 일에 즐거워하는 것보다 나은 것이 없음을 보았나니 이는 그것이 그의 몫이기 때문이라 아, 그의 뒤에 일어날 일이 무엇인지를 보게 하려고 그를 도로 데리고 올 자가 누구이라"(전 3:22). 지혜의 왕 솔로몬은 현재 나에게 주어진 일에 최선을 다하는 것이 인생의 본질적 허무를 극복하는 가장 확실한 길이라고 하였다.

솔로몬이 말하고자 하는 바는 인생이란 내일을 보장할 수 없고, 한 치 앞도 예측할 수 없지만, 이러한 상황 가운데 처한 사람이 삶을 가치 있게 살고자 한다면 주어진 순간순간, 하루하루 자신에게 주어진 일들에 최선을 다하면서 참된 의미를 찾아갈 수 있다는 것이다. 허무주의나 염세주의적인 생각을 하는 사람들은 인생이 어차피 허무하고 헛된 것이니 인생을 아무렇게나 자포자기의 심정으로 살아도 된다고 말한다. 그렇게 사는 자세는 절망과 배고픔과 가난을 가져올 따름이다. 그러나 하나님께서 우리에게 주신 현재의 시간을 감사함으로 받아들이고 주어진 현실 안에서 최선을 다하는 삶을 사는 것이 그 허무를 극복하는 길이며 인생을 의미 있고 가치 있게 사는 것이며 진리이다.

"그러므로 내 사랑하는 형제들아 견실하며 흔들리지 말고 항상 주의 일에 더욱 힘쓰는 자들이 되라 이는 너희 수고가 주 안에서 헛되지 않은 줄 앎이라"(고전 15:58)라고 바울은 말하였다. 하나님이 천금 같은 시간을 우리에게 주신 것은 가치 있고 귀한 일에 사용하라고 주신 것이다. 우리에게 주어진 1분, 1초를 하나님과 이웃을 사랑하고 섬기고 우리에게 주어진 일에 최선을 다한다면 그 자체가 아름답고 귀하고 가치가 있다. 이것이 바로 인생의 허무를 극복하는 길이며 인생의 참된 가치를 발견하는 길이다. 그러므로 하나님께서 우리에게 맡기신 일, 사명을 깨달아 그 모든 일에 최선을 다하는 삶을 살았으면 한다.

인간에게 주어진 일에
성실하게 임할 때

마르쿠스 아우렐리우스는 "올바른 생각, 사회적인 행동, 거짓 없는 바르고 진실한 말, 그리고 일어나는 모든 일은 이미 예정된 것이며 진리임을 깨닫고 선하고 즐겁고 긍정적으로 받아들여야 한다"라고 하였다. 그런 까닭에 매사를 선하고 즐겁고 긍정적으로 받아들이는 마음가짐을 갖기 위해 주어진 일에 온 마음과 뜻과 힘을 기울여야 한다. 그럴 때 아름답고 성공적인 인생을 살 수 있다.

　선하고 아름다운 인생을 살아가기 위해서는 올바른 생각을 해야 한다. 생각이 바르지 못하면 절대 올바른 삶을 살아갈 수 없다. 인간의 모든 행동과 삶은 생각의 영향을 받는다. 그러므로 생각하는 대로 행동하게 되는 것이다. 그래서 어떤 생각을 하느냐 하는 것은 그 사람의 삶에 있어서 매우 중요하다.

사회적인 행동이란 사회생활을 하면서 하는 모든 행동을 뜻하는 것으로 직장생활, 사람들과의 관계와 소통 등을 의미한다. 세상을 살아가면서 사회생활을 잘하기 위해서는 사회적인 행동을 잘해야 한다. 직장에서든 사회에서든 사람들과 화평하고 원만하고 덕 있게 지내기 위해 예절과 법을 잘 지키고, 원활한 소통을 통해 따뜻한 인간관계를 잘 이어가야 하는 것이다. 그래야 내가 하는 일에 큰 도움이 되고, 바라는 것을 이루게 되고, 보람과 행복이 있는 만족스러운 삶을 살아가게 된다.

사람들과의 관계에서 믿음과 신뢰를 잘 쌓기 위해서는 진실하고 정직해야 한다. 사람은 누구나 정직한 사람에게 믿음이 가고 신뢰가 가기 마련이다. 그런 까닭에 습관적으로 거짓말을 해서는 안 된다. 그것은 믿음을 실추시키는 일이고, 나를 망치는 일이다. 신뢰를 잃어버리면 실패한 것이다. 그리고 무슨 일이든 기쁘고 즐겁게 받아들이는 자세가 필요하다. 무슨 일이든 기쁘고 즐겁게 받아들이면 긍정의 에너지와 다이돌핀(Didorphin)과 바이탈리티(Vidality)가 생겨 힘을 불어넣어 줌으로써 자신이 하는 일을 더 잘하게 도와준다.

중국 명나라 홍자성이 쓴 책『채근담』에 "내 마음을 살펴서 항상 원만함을 얻을 수 있다면 세상은 저절로 아무런 흠이 없는 세계가 될 것이고, 내 마음이 언제나 너그럽고 평화롭다면 세상 사람들에게서 저절로 사나운 마음이 사라질 것이다"라고 하였다. 자신의 마음을 살펴서 원만하게 하면 흠이 없게 되고, 마음이 평온하면 사나운 마음이 없어져 매사를 올바르게 생각하게 되고, 사회적인 행동도 잘하게 되며, 정직하게 말함으로써 믿음과 신뢰를 주게 되고, 늘 즐거운 마음가짐으로 생활함으로써 자신은 물론 주변 사람들에게도 좋은 영향과 에너지를 주게 된다. 예로부터 지금까지 성공적인 삶을 살았던 사람들은 하나같이 마음을 잘 살핌으로 흠이 없게 하고, 온 힘을 다해 긍정적으로 만들었다. 즉, 그들은 어떤 상황에서도 스스로 바르고 즐겁게 함으로써 자신이 하는 일을 성공적으로 이루어 냈고 길이 빛나는 인생이 될 수 있었다. 보람 있고 행복한 인생, 성공적인 인생을 살고 싶다면 마르쿠스 아우렐리우스의 말처럼 온 마음과 정성과 힘을 다해 올바른 생각, 사회적인 행동, 거짓 없는 말, 즐거운 마음을 갖도록 힘써야 한다.

한 귀인이 왕위를 받으려고 떠나기 전에 자기 종들을 불러 일을 맡기고 떠난 이야기가 누가복음 19:12~27에 기록되어 있다. 13절에 귀인은 "그 종 열을 불러 은화 열 므나를 주며 이르되 내가 돌아올 때까지 장사하라"라고 하였다. 만일 사람이 왕권을 얻게 된다면 기쁘게 잔치하고 돈도 흥청망청 쓰며 그동안 하던 일에 관심을 쏟지 않을 것이다. 왕이 되었으니 재산을 늘리는 일은 적당한 관리인에게 맡기고 마음이 들떠 오직 왕권을 받는 일에만 신경을 썼을 것이다. 그러나 귀인은 종들에게 한 므나씩 나눠주며 장사하라고 하여 자신이 영광스러운 왕권을 얻게 되었지만 빈틈없이 자기의 일을 관리하였다.

이 귀인은 성실하신 예수님을 가리킨다. 예수님은 선하신 일을 이루시기 위해 시간을 조금도 허비하지 않으셨다. "내 아버지께서 이제까지 일하시니 나도 일한다"(요 5:17)라고 하시면서 복음을 전하는 일을 쉬지 않으셨다. 십자가에 달려 돌아가시면서도 구원의 일을 그치지 않으셨다. 예수님께서는 3년의 공생애 동안 뜻과 마음과 정성을 다해 일하시고, 승천하시기 전에 제자들에게 "하늘과 땅의 모든 권세를 내게 주셨으니 그러므로 너희는 가서 모든 민족을 제자로 삼아 아버지와 아들과 성령의 이름으로 세례를 베풀고 내가 너희에게 분부한 모든 것을 가르쳐 지키게 하라 볼지어다 내가 세상 끝 날까지 너희와 항상 함께 있으리라"(마 28:18-20)라고 하셨다. 이는 귀인이 종들에게 열 므나를 주며 장사하라고 명한 것과 같다. 그러므로 우리는 예수님이 맡기신 사명을 완수하기 위해 최선을 다하는 생활을 해야 한다. 게으르거나 불성실하여 예수님이 맡기신 사명을 완수하지 못한다면 받은 한 므나를 그대로 주인 앞에 내놓은 게으른 종과 같이 책망받게 될 것이다. 예수님은 오늘도 우리에게 한 므나를 주시며 사명을 다할 것을 명하신다. 예수님을 본받아 하루하루를 허비하지 않고 주어진 일에 성실하고 충성되게 일하는 그리스도인이 되었으면 한다.

순수하고 풍요로운 정신으로
인생을 산다면

이 땅을 살아가는 모든 인생은 기쁠 때나 슬플 때나 고통스러울 때조차도 하루하루를 귀중하고 소중한 마음으로 생각하며 살아갈 때 행복을 느낀다. 에리히 프롬은 "모든 생명은 자신을 표현하고 성장하면서 살아가게 된다. 그러나 사람이 좌절과 절망을 겪게 되면 생명을 향하던 에너지는 붕괴되어 안타깝게도 파멸로 향하는 에너지로 바뀌게 된다."라고 하였다. 그래서 건강하고 생명력 있는 인생을 살기 위해서는 오늘의 삶을 그날그날 점검하고 내 생각과 마음을 항상 주의 깊게 고찰해 봐야 한다. 인간이 건강하게 날마다 성장해 나가는 삶을 살기 위해서는 무엇보다 마음이 순결하고 의지가 확고하며 정신이 건전하고 풍성해야 한다고 괴테는 조언한다.

인간이란 꿈을 품고 그 꿈을 이루어가기 위해 노력하는 존재들이다. 그러나 세상을 살면서 그 꿈을 이루어가기가 참으로 어려운 게 사실이고, 현실이다. 그래서 목표를 세우고 노력해서 결과를 얻기보다는 노력 없이 '한 방'을 노리는 사람들이 많아졌다. 과정과 노력 없이 한 번에 상황을 역전하여 벼락부자가 되기를 바라는 것이다. 일전 한 푼 남기지 않고 가상화폐, 부동산, 주식에 투자하고 심지어 도박과 사기도 주저하지 않는다. 그렇게 복권 한 장으로 희망과 좌절을 오고가는 삶을 살아간다. 어렵고 힘든 삶을 극복하기 위하여 스스로 몸부림치는 모습이긴 하지만 그렇다고 박수하며 응원해 줄 수는 없고, 더욱이 이러한 삶은 건설적이고 창조적이고 순수한 삶과는 거리가 매우 멀다고 하겠다.

삶이 어려운 시대를 살아가는 우리에게 괴테는 『젊은 베르테르의 슬픔』이라는 작품을 통하여 인간이란 어떤 존재인가에 대해 다시 한 번 생각해 보게 한다. 비평가들은 자극적인 소재로 이목을 끌려는 의도가 있었다고 혹평하기도 했지만, 괴테는 "순수한 감정과 뛰어난 통찰력을 지니고 있으면서도 몽상에 사로잡혀서 삶의 방향을 잃어버리고, 파멸로 향해 가는 한 젊은이를 통하여 절망과 좌절 속에 있는 사람들에게 희망과 새로운 삶의 의지를 주고 싶었다"라고 작품을 쓴 이유에 관해 설명하였다. 몽상에 사로잡히면 자기만의 삶을 살아갈 수 없다. 자신을 일으켜 세울 수도 없다. 나이를 먹어도 여전히 미숙한 삶을 살게 된다.

독일의 철학자 쇼펜하우어도 "생각과 정신이 풍요로워질수록 내면의 공허한 공간이 줄어든다."라고 말하면서 행복한 삶을 살아가려면 순수하고 풍요로운 정신이 중요하다고 강조하였다. 실존철학가인 니체 또한 누구나 정신적으로 부자가 될 수 있다며 "성실하고 정직하며 예의 바르고 긍정적인 풍성한 정신을 가진 사람이 진정한 부자다"라고 정신적 풍요로움의 중요성을 강조하였다.

지혜로운 사람은 삶에 문제가 생길 때 해결책을 외부에서 찾지 않고 자기 자신에서 찾는다. 내면을 풍요롭게 하여 삶의 문제를 극복해 나가기에 공허함과 허탈함이 들어설 자리가 없는 것이다. 삶이 고달플 때일수록 헛되고 거짓된 생각을 멀리하고 순수하고 건설적이며 풍요로운 정신을 마음속 깊이 뿌리내려야 한다. 풍요로운 정신이란 의외로 아주 작고 소박한 것이다. 작은 것에 감사하는 마음, 누군가에게 건네는 친절한 인사, 아름다운 자연에 감탄하는 것과 같이 내가 오늘도 실천할 수 있는 일들이다. 그러므로 주저하지 말고 내 마음이 풍요로워지는 것들을 찾아 너그러움과 감사함으로 자기 내면을 채워 나가야 한다. 그렇게 할 때 비로소 내 존재는 진정한 의미를 찾게 된다.

오래전 부산 충무동 노점에서 떡 장사하는 집사님이 계셨다. 집사님은 북한에서 피난을 나오신 분으로 길가에 앉아서 장사하셨지만, 거지나 지게꾼, 어린이가 지나가면 떡값을 받지 않고 떡을 나눠주시는 마음이 풍요롭고 선한 집사님이셨다. 이 집사님은 세상에서는 비록 가난하셨지만 순수하고 풍요로운 정신을 갖고 살아가는 삶의 본이 되신 분이셨다. 집사님의 자손들은 성직자가 되고, 교회의 기둥과 같은 제직이 되는 놀라운 축복을 받고 빛나는 인생을 사셨다.

사도 바울은 "우리 주의 은혜가 그리스도 예수 안에 있는 믿음과 사랑과 함께 넘치도록 풍성하였도다"(딤전 1:14)라고 하였다. 바울은 믿음과 사랑은 주의 은혜라고 말한다. 은혜는 하나님이 주시는 것으로 믿음과 사랑의 뿌리다. 또한 예수 그리스도로 말미암아 은혜가 가득 넘치게 되면 불의와 악과 욕심으로 가득찼던 마음이 믿음으로 채워지고 미움으로 가득했던 마음이 사랑으로 차고 넘치게 되고, 절망의 마음이 희망으로 바뀌게 된다.

우리 삶에 은혜가 흘러넘칠 때 우리는 지난날의 모든 잘못된 정욕을 십자가에 못 박고 믿음과 사랑으로 넘쳐나는 새로운 삶의 존재로 변화되어 아름답게 된다. 하나님이 주시는 믿음 안에서 순수하고 풍요로운 정신만 가지고 산다면 우리는 모두 은혜의 물결 안에서 기쁨과 감격과 감사와 찬양이 넘치는 새로운 삶을 살게 될 것이다. 이러한 삶이야말로 예수 안에서 순수하고 풍요로운 삶이고 인생이라고 할 것이다.

쉼 없이 부지런한 사람

인간에게는 누구나 하나님으로부터 주어지는 인생의 몫이 있다. 나를 둘러싸고 있는 환경의 영향을 무시할 수는 없으나 긍정적인 생각과 의지를 가지고 노력하며 신중하게 마음의 여유를 갖는다면 인생은 보람 있고, 즐거워진다. 그럴 때 인간은 행복하다. 그리고 인간이 산다는 것의 진정한 의미로서 '얼마나 살았는가'보다 '어떻게 살았는가'를 더 중요시하는 것은 인생의 의미나 가치 차원에서 중요한 기준이 된다. 중국의 어느 황제는 "단 한 명이라도 일하지 않고 빈둥거리거나 게으르게 사는 사람이 있다면 그를 대신한 누군가가 굶주림과 추위에 떨고 있을 것이다."라고 하였디.

나폴레옹이 세인트 헬레나 섬에 유배되었던 시절의 일화이다. 하루는 나폴레옹이 지위가 높은 어떤 사람과 길을 가고 있는데 앞에서 무거운 짐을 지고 힘겹게 걸어가고 있는 사람들이 있었다. 가던 길이 막히니 동행했던 지위가 높은 사람이 짐을 지고 가는 사람들에게 빨리 길을 비키라고 호통을 쳤다. 그러자 나폴레옹은 "저들은 지금 저들에게 맡겨진 고된 일을 충실하고 성실하게 하고 있는 중입니다. 그러니 나무라거나 재촉하지 마시고 우리가 비켜 갑시다."라고 하였다는 것이다.

허탈감, 무력감, 게으름의 노예가 되지 않고 끊임없이 무언가를 추구하면서 목표를 세우고 성취감을 느낄 때 우리 몸 안에 다이돌핀(didorphin)과 엔도르핀(endorphin)이 생성된다. 즐거운 인생을 산다는 것은 어렵지 않다. 가치 있고 유용한 일에 자신을 던져 혼신의 힘을 다하고 거기에서 만족을 느낄 때 즐거운 생애와 인생이 된다.

땀을 흠뻑 흘리면서도 승리를 향해 몸을 던지는 운동선수의 환한 미소는 고귀하고 위대하다. 권투 시합을 보면 서로 때리고, 맞고, 피 흘리고, 땀 흘리며 싸우다가 승자와 패자가 결정된다. 승자는 그만큼 땀 흘리고, 맞으면서 연습하고 노력했기 때문에 승자가 되는 것이다. 마라톤의 경우 선수들이 42.195킬로미터를 뛰는데, 이는 자그마치 107리가 넘는 거리이다. 말이 쉽지 여간 어려운 일이 아니다. 그런데도 완주하는 선수들의 끈기 있는 모습을 보게 된다.

일 년 단위로 농사를 짓는 농부들을 생각해 보자. 봄여름을 아무 일도 하지 않고 한가하게 보낸 사람은 가을에 할 일이 없다. 겨울에는 먹을 것이 없어 춥고 배고프고 굶주려 처량한 신세가 된다. 그러나 춥고 고통스러운 겨울이 영원히 지속되는 것은 아니다. 늘 그렇듯이 봄은 자기 차례를 건너뛰는 법이 없다. 겨울은 가기 마련이고 봄은 어김없이 찾아오기 마련이다. 우리 인생에도 사계절이 있다. 지금은 비록 춥고 고통스럽다고 하더라도 열심히 노력하다 보면 오늘보다 내일이 나아질 것이다. 이는 어떻게 마음먹고 결심하고 다짐하느냐에 달려 있다. 노력하는 자에게 기회란 항상 열려 있는 법이지만 게으른 자에게는 현실이 지옥이고, 미래 또한 지금과 다를 것이 없다.

우리 모두에게는 상상을 초월할 정도로 엄청난 잠재 능력이 있다. 다만 그것을 모르고 있을 뿐이다. 자기 자신도 미처 깨닫지 못했던 그런 능력은 자신의 본분에 맞게 일에 몰두할 때 가장 훌륭하게 발휘된다. 사람이 아무리 머리가 좋고 재능이 뛰어나다고 하더라도 일하고 노력하고 연구하지 않고는 아무것도 이룰 수 없다. 일찍이 벤저민 프랭클린은 "100년을 살 것처럼 일하고, 내일 죽을 것처럼 기도하라"라고 하였다. 이제껏 게으름과 타성에 젖어 인생을 허비하였다면 지금이라도 늦지 않았다. 성실하고 열심히 일하고 최선을 다해 노력해 한 나의 삶에서 하나님의 축복으로 채워지는 삶을 살기를 바란다.

부지런한 개미들은 여름 내내 쉼 없이 떼로 몰려다니며 겨울에 먹을 양식을 충실하게 모으는 모습을 볼 수 있다. "게으른 자여 개미에게 가서 그가 하는 것을 보고 지혜를 얻으라 개미는 두령도 없고 감독자도 없고 통치자도 없으되 먹을 것을 여름 동안에 예비하며 추수 때에 양식을 모으느니라 게으른 자여 네가 어느 때까지 누워 있겠느냐 네가 어느 때에 잠이 깨어 일어나겠느냐"(잠 6:6-9)라고 교훈하고 있다. 이 말씀은 개미처럼 부지런하게 인생을 산다면 하나님께서 그 삶을 풍성하게 채워주신다는 말씀이다.

필자가 존경하는 그리스도인 사업가가 있다. 8남매의 막내로 태어나 넉넉지 않은 가정환경에서 성장한 그는 어려운 시기에 서울대와 서울대 대학원에서 공학 박사학위를 받았다. 그 이후에 여유 자금 없이 회사를 설립하였다. 그는 눈이 오나 비가 오나 추우나 더우나 사시사철 반드시 새벽을 깨우는 신앙과 신념으로 하나님 앞에 나가 기도로 하루의 삶을 시작했다. 기적적인 번창과 발전으로 오늘날에 와서는 2천 명이 넘는 직원과 함께 사업에 대성하여 기업의 대표로서 한국경제에 큰 보탬이 되고 있다. 그의 특징은 쉼 없이 달리고, 부지런하게 일하며 진실하게 삶을 살아가는 것이 모든 실업인에게 모범이 되고 있다. 그뿐만 아니라 어려운 이웃의 생명을 살리기 위해 부지런히 살기 때문에 매출액의 80%에서 90% 이상을 해외 선교와 국내 선교에 돕고 있다.

그는 소박하고 검소하게 삶을 살아가면서 회사 내 예배실에는 오르간과 피아노를 갖추고 부활절, 감사절, 성탄절 예배를 드리면서 하나님께 영광을 돌린다. 쉼 없이 달리며 부지런히 일하고 새벽 단잠을 깨워 무릎 꿇어 기도하는 그의 삶의 모습을 보시고 하나님께서는 헤아릴 수 없는 축복으로 채우셨다. 베풀고 나누어도 부족함 없는 그의 성스러운 삶을 하나님은 넘치도록 채워주셨다. 그에게는 딸과 아들을 주셨고, 그 아들이 결혼하여 이란성 쌍둥이를 얻는 자손의 복을 더하셨다. 쉼 없이 부지런한 자에게 채워주시는 하나님의 축복은 인간의 생각 너머에 있다.

"자기의 일을 게을리하는 자는 패가하는 자의 형제니라"(잠 18:9)라고 하였다. 아무리 힘들고 어렵다고 하더라도 그 일을 하나님이 맡기신 것으로 알고 즐겨 실천한다면 그것은 고역이 아니라 하나님이 우리에게 주신 선물이며 복을 누리는 것이라 할 수 있다. "그러므로 나는 사람이 자기 일에 즐거워하는 것보다 더 나은 것이 없음을 보았나니 이는 그것이 그의 몫이기 때문이라 아, 그의 뒤에 일어날 일이 무엇인지를 보게 하려고 그를 도로 데리고 올 자가 누구이랴"(전 3:22)라고 하였다.

많은 믿음의 사람들은 해야 할 일에 최선을 다했고 성실과 열심을 다해 그 일을 감당하였다. 그들은 마지못해서 그 일을 했던 것이 아니라 마치 광부가 금광에서 금을 캐내듯 열정을 다해 기쁨과 감사함으로 감당하였다. 그들은 빈틈없이 자기에게 주어진 일을 감당했고 수고하였다. 이들이 이처럼 온갖 수고로 매일매일을 살아갔던 것은 그것이 바로 하나님께서 허락하신 축복의 텃밭을 일구어가는 것이라 믿었기 때문이다. 그러므로 쉼 없이 충성된 마음으로 빈틈없이 오늘을 부지런히 살면 우리의 빈 그릇을 채워주시는 하나님의 축복을 받게 될 것이다.

생각이 사람을 만든다

인간에게 있어 생각이란 매우 중요하다. 인생은 생각하는 대로 이루어지고, 좌지우지되기 때문이다. 그래서 어떤 생각을 하고 사느냐가 매우 중요하다.

미국의 시인이자 사상가인 랄프 왈도 에머슨은 "그 사람이 하루 종일 생각하고 있는 것, 그것이 그 사람이다"라고 하였다. 이는 생각이 매우 중요함을 의미한다. 또한, 미국의 자기 계발 동기 부여자이며 목사인 노만 빈센트 필은 "사람은 자신이 자기를 생각하고 있는 대로가 아니라, 생각 그 자체가 그 사람이다."라고 하였다. 다시 말해, 사람은 자기 생각에 따라 행동과 의지가 완전히 하나가 되어 움직인다는 것을 의미하는 것이다. 프랑스의 시인 폴 발베리는 "생각하는 대로 살지 않으면 사는 대로 생각하게 된다."라고 하였다. 생각이 없으면 원시인, 하등동물과 똑같다는 것이다. 이 말의 요점은 인생은 선한 생각, 옳은 생각, 좋은 생각, 의의 생각으로 살라는 것이다. 이렇게 생각하고 실천한다면 결국엔 그렇게 살게 된다는 의미이다. 이런 삶이야말로 적극적이고, 긍정적이고, 생산적인 삶을 사는 최선의 멋진 삶이다. 에머슨과 필, 그리고 폴 발레리가 말한 것처럼 생각은 곧 그 사람 자체이다. 그런 까닭에 분별없이 말하고 행동하는 것은 조심해야 한다.

마르쿠스 아우렐리우스는 황제에 오르기 전 청년기에 노예 출신의 스토아 철학자인 에픽테토스의 『담론』을 탐독하기를 즐겼다. 그 결과 스토아 철학자의 반열에 올라서게 되었다. 마르쿠스 아우렐리우스는 황제로서 수많은 재난을 겪었다. 동쪽으로는 파르티아 제국이, 북쪽에서는 게르만족이 거듭 침략해 와서 그는 로마제국의 황제 중 가장 많은 시간을 전쟁터에서 보냈다. 이처럼 나라가 위태로운 시기에 지도자가 되는 것은 쉽지 않다. 무거운 짐을 등에 지고 산 정상을 맨발로 오르는 것보다 더 힘들고 고달픈 일이다. 마르쿠스 아우렐리우스의 위대함은 격변기를 극복하고 자신의 삶을 성공적으로 이끈 것에 있다.

그는 "우리의 인생은 생각에 의해 만들어진다"라고 하였다. 그는 자신이 경험했던 많은 고난을 극복하며 로마의 위대한 황제로 거듭났다. 그가 인생을 성공적으로 살 수 있었던 것은 바르고 선하고 정의롭게 살기 위해 노력하고 실천했기 때문이다.

"내가 보고 생각이 깊었고 내가 보고 훈계를 받았노라"(잠 24:32)라고 하였다. 사람의 생각은 곧 그 사람 인생의 설계도이다. 그런 까닭에 생각을 선하게 하고 바르게 살아야 한다. 그렇게 살 때 행복과 성공과 부를 거머쥘 수 있게 된다. "내 속에 근심이 많을 때 주의 위안이 내 영혼을 즐겁게 하시나이다"(시 94:19)라고 하였다. 생각이 많다는 것은 말할 수 없는 고민에 빠진 상태를 의미한다. 우리가 세상을 살아갈 때 이런 경우를 많이 만난다. 어떤 문제를 만나서 이러지도 저러지도 못해 고민에 고민을 거듭하는 것이다. 그런데 바로 그러할 때 하나님께서는 어느 사이엔가 우리 마음속까지 찾아오셔서 마음을 붙드시고 위로와 평안을 베풀어주신다.

"무릇 시온에서 슬퍼하는 자에게 화관을 주어 그 재를 대신하며 기쁨의 기름으로 그 슬픔을 대신하며 찬송의 옷으로 그 근심을 대신하시고 그들이 의의 나무 곧 여호와께서 심으신 그 영광을 나타낼 자라 일컬음을 받게 하려 하심이라"(사 61:3)라고 하였다. 고민에 휩싸여 있던 우리의 마음을 하나님의 말씀을 통하여 또는 성령의 확신과 갖가지 은혜를 통하여 전혀 새로운 마음으로 바꾸어 주시는 것이다.

진정한 그리스도인이라면 반드시 이 체험을 하게 되어 있다. 왜냐하면 하나님은 우리의 외적인 환경이나 형편뿐만 아니라 내면의 모습, 우리 심령의 모든 것을 다 감찰하시고 붙드시는 분이기 때문이다. 그 사랑이 얼마나 크고 세밀한지 우리의 작은 부르짖음과 입술의 탄식으로 나오는 지극히 작은 부르짖음까지도 놓치지 않고 들으신다. 하나님은 우리 마음속 깊은 곳까지 찾아오신다. 그래서 우리 속에 깊이 자리 잡은 슬픔의 때를 벗기시고 기쁨의 옷을 입히시며, 번민과 갈등의 굴레를 벗기시고 평안과 안식을 주신다. 이러한 은혜의 하나님, 축복의 하나님을 찬양하고, 감사하며 항상 선하고 좋은 생각으로 매일을 살아서, 선하고 아름다운 성취를 이루어 가는 부족함 없는 일생의 삶이 되었으면 한다.

불행한 운명을
행복으로 바꾸는 사람

세상을 살아가면서 배고픔과 가난을 경험하기도 하며 일이 뜻대로 되지 않는 좌절을 경험할 때도 많이 있다. 사람들은 원하는 대로 일이 진행되지 않을 때 자신에게든 타인에게든 원망과 불평 불만을 한다. 그럴지라도 우리는 오늘을 믿음으로 이겨내고 매일의 기쁨과 행복을 바라보면서 하나님께 기도한다면 오병이어의 축복과 같은 기적을 손에 쥐게 된다.

　어느 시골 작은 마을에 사는 세 식구가 있었다. 이들은 너무나도 가난해서 며칠 동안 아무것도 먹지 못하고 물로 배를 채울 때가 많았다. 먹지 못하여 아들이 나뭇가지처럼 야위어 가는 모습을 보고 부모는 어쩔 수 없이 아이를 데리고 길거리에 구걸하러 나갔다. 그러나 온종일 구걸을 해도 먹을 음식을 나누어 주는 사람은 하나도 없었다. 아들이 배고파 죽어가는 모습을 보면서 다급해진 부모는 무릎을 꿇고 하나님에게 아들을 구해 달라고 기도하였다. 가난한 세 식구를 불쌍하게 생각한 하나님은 천사를 보내어 그들에게 한 사람당 하나씩 소원을 들어주도록 하였다. 어린아이의 어머니가 천사에게 "저는 빵 한 상자를 원합니다. 우리 아들을 배불리 먹이고 싶어요."라고 울면서 간청했고, 눈을 떠보니 소원대로 정말로 빵 한 상자가 나타났다. 아버지는 처음에는 신기하게 생각했지만, 나중에는 화를 내며 아내가 바보 같아서 이렇게 소중한 기회를 싸구려 빵에 사용해버렸다고 불평을 늘어놓았다. 소원을 묻는 천사에게 매우 화가 난 아버지는 이런 싸구려 빵은 필요가 없으니, 이 바보 같은 여자를 어리석은 돼지로 만들어 달라고 하였다. 말이 끝나자 신기하게도 빵은 사라졌고 아내는 냄새나는 돼지로 변해 있었다. 깜짝 놀란 아들은 눈앞의 돼지를 바라보고 슬피 울면서 돼지는 필요 없으니 다시 엄마를 달라고 천사에게 소원을 호소하였다. 아이의 말이 끝나자 정말로 돼지는 다시 어머니로 돌아왔다. 이것을 본 천사는 어쩔 수 없다는 듯이 "당신들은 불평하느라 더 좋은 것들을 가질 기회를 모두 잃어버렸소. 나는 이미 당신들의 소원을 모두 들어주었소."라고 말하고는 사라져버렸다. 이렇게 세 식구는 아무것도 얻지 못한 채 또다시 길거리에서 구걸할 수밖에 없었다.

졸업한 지 얼마 되지 않은 대니는 자신이 심혈을 기울여 만든 작품을 가지고 유명한 광고회사에 면접을 보러 갔다. 대니는 마지막 순서라 긴장한 가운데 자기 차례를 기다리며 직원에게 따뜻한 물 한 잔을 부탁하였다. 그런데 그에게 물을 가져다주던 직원이 실수로 그만 물을 엎질렀고 그 물이 대니의 작품에 쏟아져 버렸다. 물에 젖은 작품을 본 대니는 순간 절망과 좌절이 되었다. 하지만, 이 불운한 상황은 누구를 원해도 소용이 없다는 것을 깨닫고, 잠시 호흡을 가다듬은 후에 직원에게 종이와 필기구를 가져다 달라고 부탁하였다. 그는 즉시 백지 위에 자기 작품을 다시 묘사하기 시작하였다. 그리고 다른 종이에는 작품이 젖어버리게 된 상황을 간략히 서술하였다. 곧이어 시작된 면접에서 대니는 긍정적인 마음으로 최선을 다했고 수많은 면접자 가운데 최종적으로 합격이 되는 기쁨을 얻게 되었다. 훗날 면접관은 면접에서 보여준 작품의 창의력을 높이 평가하며 더욱이 훌륭한 것은 불행한 일이 발생했는데도 불평하지 않고 가능성을 생각하고 긍정적으로 대처한 일이었다며 대니를 칭찬하였다.

살아가면서 어려운 일이 닥쳤을 때 그 상황을 불평 불만하기보다는 믿음과 감사로 생각하고 기도와 찬송으로 대처하는 것은 매우 중요한 삶의 원리이다. 이런 마음과 신앙은 불행한 운명도 행복으로 바꾸어 놓는다. 믿음의 사람은 불행한 운명도 행복으로 변화시킬 수 있는 힘이 있다.

시편 37:1에서 다윗은 "악을 행하는 자들 때문에 불평하지 말며 불의를 행하는 자들을 시기하지 말지어다"라고 교훈하였으며, "자기 길이 형통하며 악한 꾀를 이루는 자 때문에 불평하지 말지어다"라고 권면하였다. 악인들이 잘되고 형통한 것을 볼 때 사람들은 불평하고 질투하기 쉽다. 그리고 그 반대로 의인이 어려움을 당하거나 고난을 당할 때 사람들은 하나님의 공의로우심을 의심하기도 한다. 그러나 세상이 불공평해 보이고 모순되어 보인다고 할지라도 여전히 하나님은 공의의 하나님이시고, 크신 사랑과 섭리로 세상을 다스리신다. 다만 모든 사람이 구원받기를 원하시기에 정하신 시간까지 악인들의 행위에 즉각적으로 벌하거나 채찍을 가하지 않으시고 오래 참고 기다리시며, 죄인에게도 회개할 기회와 시간을 주시는 것이다.

그러므로 세상이 불공평해 보이거나 이해되지 않는 일들이 생기는 것도 하나님의 원대하고 선하신 목적이 있음을 깨닫고 그것으로 인하여 불평하거나 원망하거나 투기하지 말고 다만 우리는 감사함으로 기도하고, 믿음으로 인내하여 불행한 운명도 행복으로 바꾸는 믿음의 사람들이 되었으면 한다.

스데반의 관용을 본받아서

인생을 살아가면서 베푸는 관용은 큰 사랑인 동시에 미덕이다. 이 세상 모든 사람이 너그러운 관용의 마음을 갖는다면 세상은 조화롭고 아름다운 꽃과 같을 것이다. 관용은 '완벽한 사람은 없다'라는 사실을 인정하는 것에서 시작된다. 이는 자신과 다른 관점을 가진 사람의 존재를 인정하고 타인의 잘못을 용서하는 것이다. 관용적인 너그러운 마음을 가진 사람은 이해득실을 마음에 두지 않고 사소한 일을 일일이 따지지 않는 마음이 넓고 큰 사람이다. 관용은 소심함이 아니라 백 줄기의 강을 받아들이는 바다처럼 도량이 넓은 것이다. 그러므로 넓고 큰 사람이 되기 위해서 반드시 성경 속의 스데반이 가졌던 넓은 마음의 관용을 가져야 한다.

"한발 물러나면 더 넓은 세상을 볼 수 있다"라는 말에서 관용의 중요성을 배울 수 있다. 다른 사람이 하는 말이 마음에 들지 않는다고 논쟁을 벌이며 마음속에 계속 담아두고 있다면 피곤함과 불쾌함이 우리의 삶을 짓누르게 될 것이다. 그렇게 된다면 삶 속의 기쁨과 아름다움을 느낄 시간이나 체력이 남아 있지 않게 된다. 관용은 물처럼 온유해서 서로 간의 일시적인 적대감을 서서히 해소하고 소멸시킨다.

예수님은 말씀하시기를 "온유한 자는 복이 있나니 그들이 땅을 기업으로 받을 것임이요"(마 5:5)라고 하였다. 그만큼 온유한 마음인 관용은 인생을 살리는 힘이 있다. 거친 시대 속에 겪은 온유와 관용의 예를 이야기하고자 한다.

터키와 헝가리의 1차 전쟁에서 헝가리의 장군 케난은 전쟁에 패하여 터키 장군 오디신의 포로가 되었다. 오디신은 케난을 밧줄로 묶어 채찍질하며 소와 함께 밭을 갈게 하고 쉼 없이 일을 시켰다. 잘 때도 비인격적으로 분뇨가 가득한 외양간 기둥에 묶어놓고 자게 하였다. 케난은 심한 인격적 모욕을 당했고, 이는 말로 형용할 수 없을 정도였다. 그러나 그는 희망을 버리지 않았다.

포로로 잡힌 그가 비인간적인 삶을 살고 있다는 사실을 알게 된 가족들은 그를 구출하기 위해 여러 차례 협상하였지만 오디신은 상상하기 힘들 정도로 높은 배상금을 요구하였다. 결국 그의 아내는 모든 보석과 땅을 팔고, 친구들에게 논을 꾸어서 배상금을 모아 그를 데려왔다. 그러나 집으로 돌아온 케난은 정신적으로, 육체적으로 받은 상처가 너무 커서 큰 트라우마에 시달렸다.

그가 집으로 돌아온 지 4개월째 되었을 때 2차 전쟁 소집 명령이 내려졌다. 이 소식을 들은 케난은 굳은 결심과 뜻을 가지고 가족의 만류에도 불구하고 전쟁에 나갔다. 다시 전쟁에 나가 말에 오른 케난은 마치 다른 사람이 된 것 같았다. 그는 전쟁에서 아무것도 두려울 것이 없었고 적진으로 뛰어들어 목숨을 걸고 싸웠다. 그의 소원은 자신을 능욕했던 터키 장군 오디신을 포로로 잡아 오는 것이었다.

결국 헝가리가 승리하였고, 터키의 장군 오디신은 헝가리의 포로가 되어 케난을 만났다. 오디신은 포로로서 깊은 절망과 공포를 느꼈다. 오디신은 생각하기를 "분명 케난은 나에게 복수를 할 것이다. 그러나 절대 용서를 구하거나 살려 달라고 하지 않으리라." 하고 마음을 다잡았다.

그러나 케난은 오디신에게 "내가 복수할 것으로 생각하겠지만, 하나님께서는 이 세상을 사랑하고, 원수를 너그러이 용서하고 사랑하라고 하였다. 만약 내가 당신이 그랬던 것처럼 대하면 나도 인간성과 도덕성이 없는 당신과 똑같은 사람이 되는 것이다. 이는 아무런 의미가 없다. 하나님은 사랑이시다. 그러니 나는 당신을 간절히 기다리고 있을 가족들에게 안전하게 돌려보낼 것이다. 내가 지금 할 수 있는 충고는 앞으로 어려움을 겪는 사람을 선하게 대하고 그들에게 최대한 자비와 관용을 베풀며 인생을 살라는 것이다."라고 하였다.

오디신은 풀려났지만 조금도 기쁘지 않았다. 집으로 돌아가는 길에 그는 큰 소리로 울면서 "엄한 형벌이나 모진 고문을 당하고 큰 고통을 받을 것이라고만 생각했는데, 지금에 와서 그보다 더욱 고통스러운 후회를 하게 될 줄 누가 알았겠는가" 하고 통곡하였다.

케난의 마음은 예수님의 마음이었다. 예수님께서는 십자가에 못박혀 돌아가시면서도 저들을 용서해 달라고 하나님께 기도드리셨다. 예수님을 본받은 인물이 바로 성경 속의 스데반이다. 포악한 사울의 군사들이 스데반을 성 밖으로 밀치고 돌을 던지며 참을 수 없는 고통을 주었다. 스데반은 온몸에 피가 강물처럼 흐르는 죽음 앞에서 무릎을 꿇고 "주여, 이 죄를 저들에게 돌리지 마옵소서."라고 기도하며 순교하였다. 이 모습을 본 사울은 무언가 양심에 고통을 느꼈을 것이다. 이런 관용과 순교를 본 사울은 이후에 복음을 전하는 사도 바울로 변하였을 때 온 세상에 예수를 전하고 죽을 생명을 천국으로 인도하는 위대한 사명을 더 깊이 감당할 수 있었다. 우리도 예수님과 스데반이 보여주었던 사랑과 관용의 모습을 본받아 예수의 흔적을 남기는 복된 그리스도인이 되었으면 한다.

주어진 일에 만족하며 충실할 때

발명왕 토머스 에디슨은 말하길 "나는 일생 하루도 일을 쉰 적이 없다. 왜냐하면 모든 즐거움과 기쁨이 일 속에 있기 때문이다"라고 하였다. 이 말과 같이 에디슨은 그가 하는 모든 일을 일로 생각하지 않고 즐거움과 행복과 기쁨으로 생각했기 때문에 전구 하나를 발명하는데 1,999번이나 실패가 있었지만 포기하지 않고 끝까지 노력하여 결국에는 성공하였다. 만일 에디슨이 일을 단순히 돈벌이 수단으로만 생각하였다면 그는 천 가지가 넘는 위대한 발명을 하지 못했을 것이다. 그렇지만 에디슨은 자신이 말한 것과 같이 일 속에서 즐거움과 기쁨과 행복을 느꼈기 때문에 수많은 도전의 결과로 얻은 위대한 발명을 통하여 인류의 큰 공헌을 할 수가 있었다.

위대한 곤충학자 장 앙리 파브르는 말하길 "단 1분간도 쉴 수 없이 일할 때처럼 행복한 일은 없다. 일하는 것, 이것만이 현재 내가 살고 있다는 증거이자 즐거움이다."라고 하였다. 그는 가난한 어린 시절을 보냈지만, 곤충 연구에 뜻을 두고, 온 힘을 기울여 곤충을 관찰하고 연구한 결과 곤충학의 대가가 되었다. 파브르에게 있어서 일이란 행복과 즐거움 그 자체였고, 일함으로써 그는 자신의 존재 가치를 높일 수가 있었다.

　　백화점의 왕 존 워너 메이커도 말하길 "인간들은 어떻게 하면 성공할 수 있는지 알고자 수없이 노력한다. 그러나 성공의 방법과 비결은 그다지 어렵지 않고, 의외로 매우 단순하며 사람들 삶의 가까이에 있다. 그것은 바로 내가 할 일이 비록 작은 일일지라도 힘을 다하여 성실히 맡은 일을 감당하는 것에 있다."라고 하였다. 성공한 모든 사람은 나 자신이 할 수 있는 일들을 게을리하지 않고 꾸준히 성실히 해나갈 때 성공했음을 볼 수 있다. 존 워너 메이커 역시 가난하게 살았지만, 위대한 꿈이 있었기에 그는 청소하는 일을 비롯하여 자신에게 주어진 모든 일을 기쁘고 성실하고 감사하게 하였고, 더욱이 신앙인으로서 믿음을 가지고 즐거움과 감사로 일을 하였다. 그는 친절과 성실로써 고객들을 돕고 안내하여 고객들로부터 많은 칭찬을 받았다. 그러자 백화점 경영신에서는 그를 총지배인으로 발령을 냈고 마침내 그는 백화점 사장이 되었다. 존 워너 메이커는 작은 일에도 전력을 다하여 노력하며 친절과 성실을 삶에 있어서 가장 중요한 덕목으로 삼고 살았기에 인류로부터 존경을 받는 사람이 되었다.

마르쿠스 아우렐리우스는 말하길, "당신의 직업이 아무리 보잘것 없는 작은 것일지라도 관심과 애정을 갖고 온 정성을 다하여 그것에 만족하라"라고 하였다. 참으로 진리이며 옳은 말이라 할 수 있다.

일은 사람이 먹고사는 문제의 해결 수단이면서 동시에 내 자신을 깊이 성찰하고 나를 나답게 만드는 사명이기도 하다. 이 사명감을 가지고 일을 한다면 일은 즐거움을 주고 성취감을 안겨 주게 된다. 그리고 워너 메이커와 마르쿠스 아우렐리우스의 말처럼 비록 보잘것없는 작은 일일지라도 마음과 정성과 최선을 다해 일하면 미래에 크게 성공할 수 있는 발판과 기회를 얻게 마련이다. 그러므로 일을 할 때 감사하면서 기쁘고 즐겁게 해야 한다. 그럴 때 어렵고 고달픈 일도 즐겁고 기쁘게 할 수가 있다. 비록 하찮은 일일지라도 정성과 애정을 다하여 일한다면 참으로 멋있는 미래의 결과가 우리 속에 주어진다.

나는 대학 시절에 재정이 넉넉지 않아서 학생들이 빵이나 자장면 먹는 것을 보면 몹시 부러워하며 배고픈 나날을 보냈다. 그러던 어느 날 대학 2학년 때 학교에 근로장학생 모집이 있었다. 나는 교실을 청소하는 근로장학생을 신청했다. 담당과장님께서 앞을 못 보는데 어떻게 청소하겠냐고 하셔서 체육 시간에 농구 골대 앞에서 골인시킨 믿음을 가지고 열심히 하겠다고 설득하여 결국 교실 청소를 맡게 되었다. 수업이 모두 끝나면 청소도구를 가져다가 충실하게 청소하고 걸레질까지 열심히 하였다. 때로는 고맙게도 친구들이 청소를 도와주었다. 그들이 저녁을 사 달라고 요청하면 기쁜 마음으로 만두도 사주고, 빵도 사주었다. 그래서 성실히 일한 대가로 돈을 받았지만, 수중에 남는 돈은 많지 않았다. 그러나 충실하게 일하는 것을 인정받아서 그다음 학기에도 장학금을 받게 되어 점자책을 만드는 데 도움을 받을 수 있었다.

다윗은 "또 내가 기름진 밀을 그들에게 먹이며 반석에서 나오는 꿀로 너를 만족하게 하리라 하셨도다"(시 81:16)라고 하였다. 이 말씀은 이스라엘의 '순종'을 전제로 한 말씀이다. '기름진 밀'이란 최상품의 밀을 가리키는 말로 축복의 상징을 나타내는 말이다. 하나님께서는 충실하고 성실하고 믿음으로 순종하는 자들에게 최고의 것을 선물로 주신다는 것이다. 또한 이는 순종하는 하나님의 자녀들에게 하나님이 육체적, 영적인 모든 은혜와 하늘의 기쁨도 주신다는 함축적인 말씀이기도 하다.

하나님의 말씀에 순종하고 하나님이 주신 일을 기쁘고 충실하게 할 때, 하나님께서는 모세에게 "너를 세계 모든 민족 위에 뛰어나게 하실 것이라"(신 28:1)라고 하셨다. 또한 "네가 들어와도 복을 받고 나가도 복을 받을 것이니라"(신 28:6)라고 축복하셨고, "여호와께서 너를 머리가 되고 꼬리가 되지 않게 하시며 위에만 있고 아래에 있지 않게 하시리니"(신 28:13)라고 교훈하셨다. 이 말씀은 충실하고 성실하게 맡겨진 일과 사명을 감당하는 자들에게 축복과 행복과 성공과 희망을 약속하신 말씀이다. 그러므로 우리는 주어진 일이 무엇이든 충실과 성실과 감사로 최선을 다하는 인생을 살았으면 한다.

인생의 행복이란

물질적인 생활이 갈수록 풍요로워지는 오늘날 수많은 사람은 행복을 기대하지만 현실은 그렇지 않다. 많은 사람이 삶에 무기력함을 느끼고 현재의 자신에 만족하지 못하고 있다. "만약 타임머신이 있다면 과거로 돌아가 다시 시작하고 싶다."라는 불행한 외침이 세상에 널리 퍼져가고 있다. 물질적으로 풍요하지만, 사람들이 이토록 불행한 이유는 무엇인가? 중요한 이유 중 하나는 자아를 상실했기 때문이다. 부모님의 기대, 선생님의 바람, 친구들의 조언, 심지어는 잘 알지도 못하는 사람에 의해 내 삶이 바다의 파도처럼 흔들리며 흔들리고 좌지우지된다. 나의 의지와 다르게 사는 삶 속에서 하루하루를 보람도 즐거움도 없이 살아간다면 그 사람은 결코 행복을 가질 수도, 느낄 수도 없다.

노르웨이에 입센이라는 유명한 극작가가 있었다. 그는 행복한 삶에 관하여 말하며 "만약 내가 행복하기 위하여 온 세상을 손에 넣는다고 해도 자아를 잃는다면 그것은 마치 시체 위에 왕관을 씌우고 진수성찬을 베푼 것과도 같다."라고 하였다. 그만큼 행복은 자아와 밀접한 관계가 있다. 행복은 매우 개인적인 감정의 하나이기 때문에 어떤 일을 하든지 나 자신의 감정과 생각이 행복하다고 느끼는 것이 매우 중요하다.

하버드 대학교에 훌륭한 강의로 많은 사람에게 칭송받는 탈 벤 샤하르 교수가 있다. 샤하르 교수가 대학을 막 졸업했을 때, 높은 연봉의 직장에서 일할 기회가 있었으나 그는 이것을 거절하고 평범한 교수로서 하버드 대학교에 남기로 하였다. 샤하르의 생각을 이해하지 못하는 사람들은 끊임없이 이유를 물었고, 그럴 때마다 그는 "사람들이 원하는 소망과 꿈은 자기가 하는 일에 만족과 행복을 느끼며 살아가는 것이다. 나는 오랜 기간 하버드대학교에 있으면서 행복과 만족을 느꼈기에 계속하여 모교에 남아 있기로 했고, 그 결과 나는 내가 원하고 좋아하는 것들을 실현하며 행복하게 살고 있다."라고 하였다. 이것은 바로 "자아를 알고 자아를 실현하는 것이 최고의 행복"이라는 샤하르 교수의 행복관을 보여주는 것이다.

우리는 사람들이 생각하는 성공, 즉 더 많은 재물과 더 큰 집, 호화로운 자동차를 얻기 위하여 살아가는 과정에서 정작 그토록 얻고자 하는 행복과는 점점 멀어지고 있다는 사실을 놓치고 살아갈 때가 많다.

하버드 졸업생인 짐은 초등학교에 들어가기 전까지는 매우 행복했으나, 초등학교에 들어간 후에는 좋은 성적을 거두고 공부를 잘해야만 좋은 직업, 만족할 만한 생활을 할 수 있고, 행복해질 수 있다는 부모님과 선생님들의 가치관에 따라 하루하루 정신없이 바쁘게 지내느라 삶에 즐거움은 전혀 찾을 수가 없었다. 그러나 좋은 대학에 들어가기만 하면 빛나는 미래가 펼쳐질 거라 믿었기에 열심히 공부하였고, 그 결과 하버드 대학교에 합격하게 된 짐은 무척이나 기쁘고 즐거웠다. 그리고 앞으로는 즐겁고 행복한 삶을 살게 될 것으로 생각하였다. 그러나 대학 입학 이후에도 부모님과 선생님은 그에게 더욱 많은 요구를 했고, 그렇게 짐은 또다시 대학 4년간 쉴 시간도 없이 오로지 성적과 졸업 후의 좋은 직장 얻을 일만을 위해 전념하여 살았다.

드디어 대학을 졸업할 때가 다가왔고 부모님이 원하는 대로 보스턴의 한 비즈니스 컨설턴트 회사에 높은 연봉을 받고 입사하여 이번만큼은 반드시 행복하고 즐거운 삶이 시작될 것으로 기대했으나, 행복을 위해 그토록 원하고 바랐던 고소득의 직장생활도 하루 12시간의 강도 높은 업무로 인해 행복한 생활을 하는 것은 다시금 물거품이 되고 말았다. 오랜 시간 최선을 다한 결과로 높은 연봉의 회사, 호화로운 집, 멋진 자동차 등 물질적인 만족은 모두 손에 넣었지만 짐은 정작 자신이 누구인지도 모른 채 자아를 상실해버리고 살았기에 자신은 조금도 행복하지 않다는 사실을 발견하였다.

사람은 다른 사람의 기대에 속박되지 않고 내가 누구인지 알고 자신을 지켜가며 살아가야만 행복하게 된다. 나는 이 세상에서 하나밖에 없는 유일한 존재이다. 하나님이 우리에게 생명을 선물로 주셨기 때문에 나 자신을 알고 가장 나다운 모습으로 하나님께 보답하며 사는 삶이 가장 행복한 삶이라고 할 수 있다.

성경에는 '지혜'에 관한 말씀이 여러 번 나온다. "지혜 없는 자같이 하지 말고 오직 지혜 있는 자같이 하여"(엡 5:15)라는 말씀은 나를 잘 알고 하나님의 자녀답게 또 하나님이 원하시는 뜻이 무엇인지 알고 그 뜻대로 살아가야 한다는 것을 말한다. "지혜 있는 자는 듣고 학식이 더할 것이요 명철한 자는 지략을 얻을 것이라"(잠 1:5), "지혜는 그 얻은 자에게 생명나무라 지혜를 가진 자는 복되도다"(잠 3:18)라고 가르치고 있다. 이처럼 잠언은 우리에게 끊임없이 지혜를 강조하였다. 우리는 예수님을 통하여 세상의 시작과 끝을 알며 우리들의 과거와 현재 또한 이 세상을 떠날 때 천국에 들어간다는 소망을 인식하고 있는 사람들이다.

그러므로 우리는 세월을 아껴서 하나님이 나를 이 땅에 보내신 이유를 알고, 자기 자신이 누구인지를 알며, 내가 가진 것과 진정으로 원하는 것이 무엇인지 깨달아서 믿음으로 지혜롭고 분수에 맞는 인생을 살아갈 때 그 삶이 바로 행복한 삶이라는 것을 잊지 않았으면 한다.

여름 소나무처럼 온전한 신앙
-꿈같은 행복 어디서 찾을까?-

꿈같은 행복 어디에 있을까?
바램으로 한숨 쉬며 행복을 찾아 나선 사람들
어디서 행복 나라의 정원을 만날 수 있으려나
산마루와 강변, 해변과 구름 나라까지 찾았지만
행복한 세상을 찾을 수는 없었다오.

내일을 향한 행복의 선물은
내 몸 안에서 찾은 보물이었으니
살아 숨을 쉬는 심장의 고동 소리에서
별과 달과 해를 볼 수 있는 눈빛에서
어디든지 자유롭게 오가는 발자취에서
맛있게 먹으며 노래할 입술에서 찾았다오.

하나님이 주신 축복이 아니라면
재물과 명예는 아무것도 아니니
나의 충만한 삶에 감사할 때
행복은 산에서 흐르는 샘물처럼 솟아나리라.

나를 살려준 소나무의 은혜

내가 대학을 졸업하고 장로회신학대학교에 입학하기 전 대학교 일 년 선배인 친구가 봉천동 난민 지역에 대지와 집 한 채를 샀다면서 졸업하면 기숙사를 나와야 하니까 같이 살자고 권유했다. 그 선배의 말이 일리 있다고 생각하여 졸업을 앞두고 나는 기숙사를 나왔다. 담도 없고 대문도 없는 허름한 선배 집에 사는 동안에 도둑과 강도가 들어왔었다. 선배가 "도둑이야!"라고 소리를 치니 도둑이 놀라서 옆에 있던 아령을 던지고 도망갔다. 만일 던진 아령에 맞았다면 나는 그 자리에서 생명을 잃을 수도 있었다.

대학 졸업 후 큰 꿈을 안고 상보회신학대힉교 신학대학원에 입학했다. 미국은 대학을 졸업하면 자립을 원칙으로 한다. 나를 도와준 곽안전(Allen Clark) 선교사에게 나는 대학 졸업 후 자립하겠다고 했다. 친구와 함께 학원을 해서 학비를 마련하겠다고 하면서 6개월분의 학비를 미리 받았다. 친구와 함께 대학 근처에 방을 얻고 친구는 수학과 국어, 나는 영어를 가르치기로 정하고 학생들을 모집했다. 그러나 학생들이 오지 않았다. 모든 것이 허사였다.

나는 장로회신학대학교 신학대학원에 입학해서 얼마 동안 봉천동에서 장로회신학대학까지 3시간 정도 걸려서 통학했다. 그때는 밥 한 그릇을 13원의 식권으로 먹을 때였다. 그 돈마저 없어서 아침은 삼립빵 한 개에 수돗물을 마신 적도 있었다. 점심시간에는 학교 뒤에 있는 아차산에 올라가서 소나무를 안고 "하나님! 세 끼 밥 먹는 게 불가능하다면 한 끼라도 먹게 해주시고, 졸업해서 어디서든 일하게 되면 내가 받은 10분의 1은 하나님께 드리고 10분의 2~3은 어려운 학생에게 장학금을 주겠습니다."라고 기도했다. 졸업 후에 나는 기도 대로 실천하여 젊은이 40명에게 장학금을 지급하여 지도자로 양성했다.

겨울에 움츠렸던 소나무가 봄의 따뜻한 태양 빛을 받아 물이 올라 손가락과 같이 솟아난 순과 물오른 소나무의 송기(속껍질)를 나는 수 없이 잘라 먹었다. "하나님! 소나무를 만나게 해주셔서 감사합니다. 소나무야, 고맙다! 배를 채워줘서 고맙다!"라며 말 못 하는 소나무를 향해 감사했다. 배고픔을 겪을 때 선배가 운영하는 회사에서 장학금을 주겠다는 연락받았다. 정말 감사해서 또 산에 올라가 소나무를 안고 감사했다. "소나무야, 고맙다." 먼 훗날 알게 된 사실이지만 소나무의 순과 송기는 보양식으로 한약방에서 약재로 쓰인다고 한다.

나는 가난했던 시절 소나무 순을 잘라 먹던 고마움을 생각하면서 책 제목을 '인생은 푸른 소나무처럼'이라고 정하게 되었다. 지금도 소나무를 볼 때마다 배고팠던 어려운 시절의 추억을 떠올리며 어려움 가운데서 지켜주신 하나님께 감사드리고, 소나무에게도 고마운 마음을 갖는다.

질서 안에서
존재하는 인간

만물 유서. 이 세상의 모든 사물에는 다 질서가 있다. 질서란 무엇이냐 사물의 정당하고 올바른 순서다. 우리는 만사에 질서를 지켜야한다. 질서를 지키는 것이 교양인의 당연한 자세요, 인간의 정당한 의무요, 국민과 성도의 올바른 도리이다. 옛날 그리스 사람들은 우주에서 질서의 원리를 발견했다. 우주는 일사불란, 정연하고 아름다운 일대 질서의 체계다. 수십억을 헤아리는 무수한 별이 저마다 제자리를 지키고 자기의 궤도를 돌면서 서로 충돌하지 않는다. 만일 여러 별이 서로 충돌하면 우주는 부서지고 천지는 파멸한다. 봄이 가면 여름이 오고, 여름이 가면 가을이 오고, 가을이 지나면 겨울이 되고, 겨울이 지나면 다시 봄이 된다. 춘하추동의 네 계절은 틀림없이 질서정연하게 오고간다. 낮이 지나면 밤이 되고, 밤이 지나면 다시 낮이 된다. 주야의 교대는 억만 년을 두고 조금의 착오도 없이 반복한다. 그래서 우리는 안심하고 살아갈 수 있다. 질서는 자연의 첫째가는 법칙이다. 인간 사회에도 마땅히 정연한 질서가 있어야 한다.

정치에는 정치의 질서가 있고, 경제에는 경제의 질서가 있으며, 도덕에는 도덕의 질서가 있고, 교통에는 교통의 질서, 가정에는 가정의 질서, 친구 간에도 질서가 있으며, 선후배 간에도 질서가 있고, 학교에도 질서가 있고, 단체에도 단체의 질서가 있으며, 군대에도 매우 강한 질서가 있다. 우리는 이것을 사회적 질서라고 한다. 사회적 질서란 우리가 당연히 지켜야 할 사회적 약속이요. 반드시 준수해야 할 행동 규범이다.

질서는 세 가지의 덕을 갖는다. 첫째로, 질서는 아름답다. 질서는 하나의 '미'인 동시에 무질서는 하나의 '추악'이다. 질서 정연한 행진을 보면 멋과 아름다움이 있다. 질서 있는 도시를 보면 참으로 질서정연하다. 무질서한 거리, 무질서한 행동, 무질서한 사회는 지저분하고 혼란하고 소란하다. 철학자 아리스토텔레스가 말하기를 질서는 미의 중요한 요소라고 했다.

둘째로, 질서는 하나의 '선'인 동시에 무질서는 하나의 '악'이다. 질서를 지키면 사고가 발생하지 않는다. 질서를 안 지키면 커다란 사고가 일어난다. 질서를 지키지 않아서 안타까운 목숨을 잃는 사고를 우리는 수없이 많이 보고 있다. 인생에서 큰 불행의 사고가 생기는 것은 질서를 지키지 않았기 때문이다.

셋째로, 질서는 우리 인간에게 자유를 가져오고 무질서는 부자유를 가져온다. 질서를 지키면 자유롭고, 자유로우려면 우리는 질서를 지켜야 한다. 거리마다 운전자들이 빨리 가려고 질서를 안 지키고 마음대로 운전하면 모든 차량이 막히고 얽혀서 어떤 차도 움직이지 못하고 대혼란이 생기고 만다. 질서를 잘 지켜야만 운행이 편리하고 자유로워진다. 철학자 존 듀이는 말하기를 "문명은 질서다. 문명이 발달한다는 것은 질서가 발달하는 것이다. 질서를 지키는 사회가 문명한 사회요 문명한 사회는 질서를 지키는 사회다. 인간의 의식 중에서 가장 중요한 의식은 질서 의식이다."라고 하였다. 이것이 존 듀이의 사상이다.

우리는 질서를 지키는 훈련을 쌓아야 하고, 질서를 지키는 것이 우리의 기본 습관이 되어야 한다. 우리는 질서 있게 줄을 서는 훈련부터 해야 하고, 모든 것을 제자리에 놓는 정돈의 습관부터 배워야 한다. 우리는 질서를 지키되, 외부의 경제적 압력에 의해서가 아니라 스스로 자율적으로 지켜야 한다. 이것이 당당한 문명인이요, 떳떳한 교양인이요, 자랑스러운 자유 시민이다. 이 세상의 모든 사물은 저마다 제자리가 있고, 제자리에 있을 때 아름답다. 제자리에 있지 않으면 아름답지 않다. 질서는 아름답고, 선하고, 자유로운 것이다. 무질서는 추하고, 악하고, 부자유한 것이다. 민주주의 사회는 국민 각자에게 고도의 책임감과 질서 의식이 있어야 한다. 사물이 존재한다는 것은 질서를 지키는 것이다. 사회가 발전한다는 것은 국민의 질서 의식이 강해지고, 질서의 도덕이 확립되는 것이다. 질서 사회의 '질서인'이 되는 것이 우리의 중요한 과제다.

인류의 죄는 아담과 하와가 질서를 지키지 않은 것에서부터 시작되었다. 질서는 주어진 원리에 순종하고 따르는 것이다. 사도 바울이 로마서 5:18~19에서 말씀하는 것과 같이 한 사람 아담의 불순종으로 죄가 들어왔고, 하나님의 말씀에 순종한 예수님으로 인해 구원의 역사가 이루어졌다. 질서는 하나의 순종이다. 하나님께서 하시는 말씀대로 질서를 지켜 따르고 순종하면 세상은 혼란하지 않고 아름답고 조화롭게 변화되어 갈 것이다.

제3부

인생은
가을의 소나무처럼

가을 소나무는 봄, 여름 지나고 성숙해져서 솔방울이
잣, 알밤과 함께 땅에 떨어지고, 단풍이 들 때도 변하지 않는
푸른 잎을 맘껏 자랑하며 기쁨을 준다.

오늘 부지런히 걷지 않으면
내일은 뛰어야만 한다

"오늘 걷지 않으면 내일은 뛰어야 한다"라는 깊은 교훈의 말이 있다. 만약 오늘 노력하지 않으면 우리는 다른 사람을 따라잡기 위해 내일은 뛰어야 한다. 실제로 뛰어도 따라잡기가 여간 힘들지 않다. 인생이라는 길에서 내가 발걸음을 멈추고 앞으로 나아가지 않을 때도 누군가는 끊임없이 쉬지 않고 달리고 있다. 어쩌면 그 사람이 지금은 내 뒤에 있을지 몰라도 발걸음을 멈추고 살펴보면 그는 이미 저 멀리 목표를 향해 앞서 달려가고 있을 것이다.

하버드의 교수들은 학생들에게 "공부를 마치고 사회라는 세상 속에서 살아갈 때 어떤 장소에서든지 칭찬과 존경을 받고 행복하게 살아가려면 하버드에 있는 기간에 햇볕을 쬘 시간이 없어야 한다."라고 가르쳤다. 하버드에 널리 퍼진 격언 중에 "추수를 끝내면 바로 가을 농사를 시작하라. 공부하고, 공부하고, 또 공부하라."는 말이 있다.

독립운동가 도산 안창호 선생은 말하기를 "큰일이건 작은 일이건 네가 하는 일에 정성을 다하라. 쉬지 말고 일하라."고 하였고, 데살로니가후서 3:10에서는 "누구든지 일하기 싫어하거든 먹지도 말게 하라"라고 말한다.

찰스라는 젊은이는 대학을 졸업하고 뉴욕의 한 소프트웨어 회사에서 일을 하고 있었다. 그러던 어느 날 그의 회사는 프랑스 회사에 합병되었다. 합병계약서에 사인하는 날, 회사의 경영을 맡은 새로운 사장은 "프랑스어 실력이 부족해 의사소통에 지장을 준다면 직위와 관계없이 회사를 떠나게 할 것입니다. 이번 주말에 프랑스어 테스트를 진행할 예정입니다. 테스트에 합격한 사람만 회사에 남을 수 있습니다."라고 선언하였다. 회의가 끝난 후 많은 사람이 급히 도서관으로 달려갔다. 그들은 이제야 프랑스어를 배워야겠다고 생각하였다. 반면, 부지런한 젊은이 찰스는 평상시와 다를 바 없이 곧장 집으로 돌아갔다. 동료들은 그가 일을 포기하였다고 생각하였다. 그러나 예상치 못하게 사람들이 가장 희망이 없다고 생각했던 찰스는 프랑스어 테스트에서 가장 높은 점수를 받았다. 찰스는 입사 후 업무상 프랑스인과 교류할 기회가 빈번해서 업무시간 외에 프랑스어를 부지런히 공부하였다. 게다가 프랑스어 공부를 꾸준히 지금까지 매일매일하고 있었기 때문에 결국 그의 노력은 높은 점수를 얻고 회사에 머물 수 있었다.

부와 성공과 축복은 안일함에서는 절대 오지 않는다. "지금 잠을 자며 흘리는 침은 내일의 눈물이 된다"라는 말이 있다. 오늘 노력하지 않으면 내일은 반드시 후회가 있게 마련이다. 기회와 근면은 쌍둥이와도 같다. 하나님께서는 근면한 사람에게 기회를 주고, 기회는 근면한 사람에게 더 오래 머무른다. 성공하고 행복하고 인생을 멋있게 살고 싶다면 주어진 오늘, 기도하면서 쉼 없이 목표를 향해서 걸어야 한다. 어느 하버드 박사 연구생은 말하기를 "토요일을 제외하고 저는 한 번도 공부를 쉰 적이 없습니다. 토요일 하루를 쉬는 것은 저의 학습 원칙입니다. 토요일 하루만 쉬면 체력을 회복할 수 있습니다."라고 하였다. 배움에 엄청난 시간을 투자하는 것이 하버드 학생들의 철학이다.

'오늘 우리가 헛되이 보낸 시간은 어제 죽은 이가 그토록 원하던 내일이었다'라는 교훈은 오늘을 낭비하면 내일은 후회해도 소용없다는 사실을 일깨워 주고 있다. 하나님은 공평하게 우리 모두에게 24시간을 주셨다. 매일 해야 할 일의 순서를 잘 안배하고 시간을 합리적으로 이용해서 오늘을 부지런히 걷고 노력해야 절대 후회할 순간이 오지 않는다.

잠언 10:4에 "손을 게으르게 놀리는 자는 가난하게 되고 손이 부지런한 자는 부하게 되느니라"라고 하였다. 부해지기를 원하면서도 수고를 싫어하기 때문에 풍성한 삶을 살 수 없게 된다. 소원과 생각만 있을 뿐 걷지 않고, 노력하지 않고 헛된 소원과 헛된 꿈만을 좇다가는 도적같이 임하는 궁핍 앞에서 망하게 된다. 어리석은 자는 오늘을 걷지 않고 늘 허탄한 꿈에 취해 있는 사람이다. 지혜로운 자는 부지런해서 오늘을 쉬지 않고 걷는다.

반면, 지혜로운 자는 항상 마음에 평안이 있다. 왜냐하면 하나님 앞에서 부끄러움이 없기 때문이다. 마음이 평안하여서 무슨 일을 해도 안정감이 생기고, 자기 일에 대해서 만족감을 얻는다. 그리고 평안한 마음으로 일을 하니 무엇을 해도 잘 되고, 잘 안 된다고 할지라도 낙심하지 않게 된다. 그뿐만 아니라 인생은 수고하고 뿌린 대로 거두기 때문에 커다란 물질적인 풍요와 안락도 누리게 된다. 그러므로 쉼 없이 꿈과 내일을 향해 오늘을 끊임없이 걷고 달려야 내일의 행복과 부와 성공이 나의 품에 안기게 된다. 그러므로 우리는 모두 오늘을 부지런히 걷고 달려서 원하는 목표에 도달하는 인생을 살았으면 한다.

약한 자를 넘어뜨리고
강한 자를 두려워하는 인간의 좌절

의지가 강한 사람은 곤경과 역경을 당해도 쓰러지지 않는다. 그들은 힘들고 어려운 시련을 겪을수록 강하고 용감해지며 적극적으로 전진하고 싸워나간다. 강인한 정신을 가진 사람은 절대 자기 능력을 의심하지 않는다. 그들이 실패를 두려워하지 않는 이유는 반드시 이길 것이라는 믿음과 강인한 정신 때문이다. 강한 자들은 끊임없이 장애와 고난과 좌절을 뛰어넘고 한 걸음씩 목표를 향해 다가간다.

'해리 포터' 시리즈를 모르는 사람은 아마 아무도 없을 것이다. 해리 포터의 저자인 조앤 케이 롤링이 하버드 대학교의 명예박사학위를 받는 자리에서 청중들을 향해 "모든 사람에게는 한 가지 공통점이 있다. 그것은 바로 좌절을 통해 더욱 현명해지고 강해진다는 사실이다. 사람은 고난과 좌절을 겪은 후 자기 삶을 더욱 확실히 파악하게 된다. 만약 고난이 우리를 괴롭히지 않는다면 자신이 얼마나 큰 에너지를 가졌는지 그리고 얼마나 다양한 시련을 겪어낼 수 있는지 진정으로 깊이 이해할 수 없다."라고 말하였다.

하버드를 졸업하고 자신의 사업을 시작한 사람들은 모두 좌절이나 고난이 삶의 단련이라는 사실을 깊이 깨닫고 있다. 그들은 자신 앞에 마주한 좌절에 불평하지 않고 오로지 땀과 노력과 열정으로 생명과 같은 피와 땀을 흘린다. 성공하는 사람은 강인한 품성을 기반으로 한 걸음씩 성공을 향해 나아간다. 살다 보면 행운과 축복과 성공은 강인한 믿음과 신념을 가지고 끊임없이 노력하는 사람에게 찾아 안기게 된다. 반대로 강인한 신념과 정신이 없는 사람은 설령 행운이 바로 옆에 있다고 해도 이를 놓쳐버리고 원망과 실의에 빠진다.

요리사를 아버지로 둔 소녀가 있었다. 그녀는 아버지에게 삶은 뜻대로 되지 않고 세상의 사람들은 너무 냉정하다며 항상 불평과 불만이 가득하여 말하곤 하였다. 그러자 아버지는 그녀를 주방으로 안내하여서 냄비를 3개 가져다 놓고, 첫 번째 냄비에는 당근을, 두 번째 냄비에는 달걀을, 세 번째 냄비에는 커피 가루를 넣었다. 그는 강한 불로 냄비를 끓이기 시작하였다. 아무 말도 없던 아버지는 약 20분이 지나자 불을 끄고 익은 당근과 달걀을 각각 접시에 담은 다음 마지막으로 커피를 컵에 담았다. 작업을 다 끝낸 후에야 아버지는 딸을 바라보며 눈앞에 무엇이 보이는지 물었고 딸은 "당근이랑 달걀 그리고 커피가 보입니다."라고 대답하였다. 아버지는 딸에게 당근을 만져보라고 하였다. 그녀는 당근을 만지면서 당근이 이미 푹 익어 부드러워졌다는 사실을 발견하였다. 이어서 아버지는 그녀에게 달걀을 두드려 보라고 하였다. 그녀는 달걀이 잘 익었다는 사실을 알게 되었다. 마지막으로 아버지는 딸에게 커피를 마시라고 하였다. 향기롭고 감미로운 커피 맛에 그녀는 미소를 지었다. 그러고는 머뭇거리며 아버지에게 이게 도대체 무슨 의미가 있는지 물었다. 딸의 질문에 아버지는 이렇게 대답해 주었다. "당근, 달걀, 커피는 모두 똑같은 끓는 물이라는 곤경을 맞이하였다. 그러나 그들의 반응은 각각 달랐다. 당근은 냄비에 넣기 전에는 가장 단단했지만, 끓는 물 속에서 부드럽게 변하였다. 달걀은 원래 깨지기 쉽고 얇은 껍질 속 내용물은 액체 상태였지만 끓고 나서는 단단해졌다. 마지막으로 커피 가루는 매우 독특하였다. 그는 끓는 물과 만나 물 자체를 변화시켰다. 너는 역경이나 곤경이 다가왔을 때 그것을 어떻게 맞이하겠니? 당근인가 달걀인가 아니면 커피일까?"

평생을 순풍에 돛단배처럼 순탄한 사람은 아무도 없다. 삶에서 좌절과 고난을 피하기는 어려운 것이다. 그렇다고 해서 절대 좌절과 고난에 놀라고 움츠러들어서는 안 된다. 오히려 이를 긍정적으로 대하고 이겨낼 방법을 냉정하게 생각해야 한다. 약한 사람은 좌절을 만나면 후퇴하거나 부정적으로 받아들이지만, 우리 그리스도인은 오히려 좌절을 긍정적으로 받아들이고 맞서서 용감하게 도전해야 한다. 그래야만 상황을 올바르게 판단할 수 있고 성공을 성취하게 된다.

약한 자를 넘어뜨리고 강한 자를 두려워하는 인간의 좌절

강인한 사람은 아무리 많은 고난이 닥쳐도 앞으로 나아가는 발걸음을 멈추지 않는다. 여러 차례 걸려 넘어지고 실패해도 강한 열정과 믿음을 갖고 포기하지 않는다. 평탄하고 평온하기만 한 인생은 없다. 성공하여 삶의 강자가 되고 싶다면 강인한 정신과 의지로 시련과 정면승부를 해야 한다.

야고보 사도는 "여러 가지 시험을 당하거든 온전히 기쁘게 여기라"(약 1:2)라고 하였다. 얼핏 보면 이것은 비논리적이고 비합리적인 요구로 여겨진다. 보편적으로 사람들은 시험과 고난의 때에 어려워하고 힘들어하기 마련이다. 그런데 야고보는 그것을 '온전히 기쁘게 여기라'라고 하였다. 그것은 시련받은 사람들이 기뻐할 수 있는 이유가 있기 때문이다. 다시 말하면, 고난과 시련을 통해 인내가 생기고 그 인내를 온전히 이룰 때 모든 것을 갖춘 완전한 인간이 되기 때문이다. 하나님께서 허락하신 고난과 시련은 인간에게 무익한 것이 아니며, 오히려 이것은 온전한 인간이 되기 위한 필수 과정이다. 이런 면에서 보면 여러 시험과 고난들은 모나고 부족함이 많은 성도를 원만하고 온전한 성도로 변화시키기 위한 하나님의 뜻이라고 할 수 있다. 사도 바울의 표현을 빌리면 성도들에게 닥쳐오는 모든 시험과 환난은 인내와 연단과 소망으로 이어지는 과정을 거쳐 성숙한 하나님의 자녀로 만드시기 위한 하나님의 섭리의 한 방편으로 성화의 과정이다. 이는 마치 보검(명검)이 수많은 담금질을 통해 만들어지고, 아름다운 도자기가 뜨거운 가마의 열을 거쳐 명품이 되고, 금광석이 제련의 과정을 지나야 불순물이 제거된 순금으로 탄생하는 것과 같다. 이렇듯 고난과 시련을 통과해야만 온전한 하나님의 사람, 온전한 그리스도인이 될 수 있는 것이다.

"그러나 내가 가는 길을 그가 아시나니 그가 나를 단련하신 후에는 내가 순금같이 되어 나오리라"(욥 23:10)와 "인내를 온전히 이루라 이는 너희로 온전하고 구비하여 조금도 부족함이 없게 하려 함이라"(약 1:4)라는 말씀처럼 절망과 좌절과 슬픔과 고난을 만날지라도 강한 믿음과 기도와 신앙으로 이겨내고 승리의 면류관을 가슴에 안는 그리스도인이 되고 모든 인간의 삶이 되었으면 한다.

나를 이끌어주는 멘토

고대 그리스의 이타이카 왕국의 왕 오디세이는 트로이전쟁에 출정하면서 사랑하는 아들을 가장 믿을 친구에게 부탁하였다. 그 친구는 오디세이가 전쟁에서 돌아오기까지 무려 10년 동안 친구이며 상담자로서 때로는 아버지와 같이 정성을 다해 왕자를 돌보며 도와주어서 훌륭한 인물로 키워냈다. 전쟁이 끝나고 왕궁으로 돌아온 오디세이는 훌륭하게 자란 왕자의 모습을 보고 크게 감탄하며 감동하였다. 오디세이는 왕자를 훌륭하게 키워준 친구에게 진심으로 감사하면서 칭찬과 격려를 아끼지 않았다. 왕을 대신하여 왕자를 잘 양육한 친구의 이름이 바로 '멘토'이다. 이때부터 멘토라는 이름이 세상에 알려지면서 '지혜와 신뢰로 한 사람의 인생을 이끌어주는 스승'이라는 뜻으로 쓰이고 있다.

이렇게 한 사람의 훌륭한 지도자로서 멘토는 자신의 지혜와 경험과 인격을 전해줌으로써 다른 사람이 성공적인 삶을 살아가도록 지도할 뿐만 아니라 로드맵, 즉 바른길로 나아갈 수 있도록 빛과 소금의 역할을 하게 된다. 멘토는 스승이면서 인생을 살아가는 데 있어서 '롤 모델'이 된다. 롤 모델을 우리 상황에 맞게 말하면 '인생 교과서' 라고도 할 수 있다. 성공한 사람 중에는 그들의 빛나는 삶이 있기까지 기댈 언덕이 되어주고 길라잡이가 되어주며 롤 모델이 되어준 인생의 멘토가 있었다는 사실을 알 수 있다.

나의 멘토는 이미 하늘나라 가신 안병욱 교수님과 선교사이신 곽안전 목사님이시다. 안 교수님은 평범하게 주고받는 대화 속에서도 항상 꿈과 희망과 용기를 주셨다. 나는 스승님의 고마움을 한 시도 잊을 수가 없다. 지금도 교수님을 생각하면 그리움의 눈물이 흐른다. 또 한 분 나의 멘토 곽안전 선교사님은 나의 모든 삶에 기초를 놓아주신 분이다. 내가 중·고등학교를 졸업하고 대학교, 신학교에 들어가는 나의 삶의 과정에 사랑의 멘토가 되어 주셨다. 훌륭한 멘토들이 계셨기에 오늘의 내가 있음을 고백하지 않을 수 없다.

말 못하고 보지 못하고 들을 수 없었던 헬렌 켈러의 가정교사였던 앤 설리번, 그녀는 세계적으로 널리 알려진 신앙이 좋은 훌륭한 멘토였다. 그녀가 훌륭한 멘토로서 전 세계에 깊이 각인된 것은 최악의 조건을 지닌 헬렌 켈러를 최고의 사람으로 만들어 낸 선하고 지혜로운 멘토였기 때문이다. 그녀는 강인한 인내심뿐만 아니라 세심한 배려와 사랑으로 헬렌 켈러를 완전히 다른 사람으로 기적적으로 바꾸어 놓았다. 설리번은 세계의 맹아, 농아 또 절망 가운데 있는 사람들에게 빛과 소금과 같은 희망의 롤 모델, 멘토가 되었다. 이처럼 한 사람의 훌륭한 멘토가 다른 사람에게 엄청나게 큰 영향을 끼친다는 것은 역사적인 사실 가운데서도 많이 나타난다.

고대 그리스의 철학자 소크라테스는 플라톤의 위대한 멘토였다. 플라톤은 자신의 스승인 소크라테스처럼 되고 싶은 꿈을 가슴에 품고 그 꿈을 이루기 위해서 스승의 가르침을 한시도 소홀히 하지 않고 노력하고 실천하며 공부에 전념하여 스승을 뛰어넘는 그리스철학의 위대한 거장이 되었을 뿐만 아니라 그도 또한 아리스토텔레스를 비롯한 수많은 제자와 사람들에게 멘토가 되었다. 그뿐만 아니라 공자는 맹자의 멘토였고, 뉴턴은 아인슈타인의 멘토였으며, 루소는 톨스토이의 멘토였고, 베토벤은 슈베르트의 멘토였다.

멘토의 중요성을 잘 알았던 마르쿠스 아우렐리우스는 다음과 같이 말하였다. "현명한 사람들의 행동을 이끄는 것이 무엇이며, 그들이 피하는 것과 추구하는 것은 무엇인지 살펴봐야 한다."라고 말했다. 마르쿠스 아우렐리우스의 말처럼 현명한 사람들에게는 보통 사람들을 초월하는 신비스러운 것이 있다. 다른 사람들이 현명하게 행동할 수 있도록 하는 것이 무엇인지, 남들이 싫어하는 것이 무엇인지, 다른 사람들이 추구하는 목적은 무엇인지 잘 살펴서 본보기로 삼는다는 것이다. 마르쿠스 아우렐리우스에게도 인생의 교과서가 있었다. 그는 노예 출신의 스토아학파 철학자인 '에픽테토스'이다. 그는 청년 시절 에픽테토스의 『담론』을 즐겨 읽으며 심취하였다. 그리고 훗날 스토아학파의 위대한 철학자가 되었다. 황제가 된 마르쿠스 아우렐리우스가 민생을 잘 살피는 성군이 되는 데 있어 큰 힘이 된 것은 바로 에픽테토스의 가르침에 힘입은 바가 크다. 그에게 에픽테토스는 빛과 소금 같은 멘토, 인생 교과서였다.

멘토는 어느 시대나 있었고, 누군가에게는 꼭 필요한 빛과 소금 같은 존재이다. 자신의 인생에 있어 훌륭한 멘토가 있는 사람도 있고 없는 사람도 있겠지만 만약 멘토가 없다면 멘토를 정하여서 그들이 했던 일들을 실천에 옮기는 삶을 살아야 한다. 훌륭한 멘토는 자신의 인생을 변화시키는 삶의 나침반이며, 최고의 스승이자 인생의 올바른 교과서이다.

지혜의 왕 솔로몬은 인생의 영적 나침판에 대해서 구체적으로 제시하고 있다. "지혜로운 자가 교훈을 받으면 지식이 더하리라"(잠 21:11)라고 하였고, "선한 지혜는 은혜를 베푸나"(잠 13:15)라고 하였다. 또 "지혜 있는 자는 듣고 학식이 더할 것이요 명철한 자는 지략을 얻을 것이라"(잠 1:5)라고 교훈하였다. 여기서 '지혜 있는 자'란 하나님의 말씀을 두려워하고 그것으로 삶의 지침을 삼는 사람을 뜻한다. 지혜 있는 사람들이 베푸는 교훈이란 무엇일까? 그것은 옳은 길을 가지 않고 잘못된 길을 가는 사람들을 교훈하여 그 길을 떠날 것을 종용하고 하나님을 경외하는 것이 지혜이며 명철임을 알도록 지도하는 교훈이다. 또한, 궁극적으로는 그들을 생명과 구원으로 인도하는 것을 말한다. 결과적으로 솔로몬은 이 귀한 교훈을 듣고 말씀에 순종하는 자는 하나님께서 큰 은혜를 베푸시고 그의 길을 형통하게 하신다고 강조하였다. 그러므로 우리에게 영원한 생명과 삶의 교과서가 된 예수님을 우리의 영혼과 생명의 롤 모델과 멘토로 삼고 하나님의 말씀을 지키며 복과 성공의 삶의 길로 나아갔으면 한다.

위대한 역사는 창의력에서

인류의 역사상 사람들은 창의력으로 이전에 없던 새로운 것을 만들어서 기적을 이루고, 위대한 역사를 이룬 것을 볼 수 있다. 그러면 창의력이란 무엇인가? 기존의 자원을 재배치하고 조합해서 기존가치보다 더 높은 가치를 얻는 수단이 창의력이다. 다시 말해, 창의력은 다른 사람이 하지 않은 일을 하고 다른 사람이 가지 않은 길을 가는 것, 용감하게 기존의 사고방식에서 벗어나서 새로운 세계를 개척하는 것이다.

세상의 발전이라는 흐름 속에서 더 넓은 발전 공간을 개척하고 끊임없이 향상하려면 믿음으로 창의력을 알고 이해해야 한다. 시간의 변화에 따라살수록 창의력이 중요해지고 있다는 사실을 발견할 수 있다. 세상의 모든 일이 창의력에서 시작되는 만큼 창의력은 인생을 살아가는데 필수적인 요건이다.

하버드 대학교 총장을 역임한 나단 퍼시는 "창의력은 일류 인재와 삼류 인재를 가르는 분수령이다."라고 하였다. 이 말은 굉장히 중요하다. 창의력이 있어야 시대를 두려워하지 않는 용감한 사람이 될 수 있고, 더 많은 가치를 창조할 수 있으며, 많은 역사를 이룰 수 있다. 세계 역사를 살펴보면 실제로도 용감하게 창의력을 발휘해 성공을 획득한 사람들이 많이 있다. 창의력 없이 오로지 종래의 규칙만 고수하고 과거의 경험이나 지식에만 의지하면 결국 뒤처지고 도태된다.

1991년 빌 게이츠가 뉴욕에 있는 코닥의 본사에 방문하여 코닥의 이사회 구성원들과 회의하고 있었다. 이 회의에서 당시 코닥의 대표였던 휘트모어는 잠이 들어버렸고, 코 고는 소리가 회의실 전체에 울려 퍼졌다. 당시 코닥의 연 수입이 189억 달러에 달했던 것에 비해 마이크로소프트는 약 12억 달러에 불과해 지금의 명성에 달하지 못했을 때였다. 두 기업의 규모 차이는 실제로 상당했고 당연히 휘트모어는 빌 게이츠를 눈여겨보지 않았다.

유서 깊은 회사의 대표들은 기업의 장기적인 생존과 지속적인 발전을 위해 어떻게 하면 핵심 업무를 대체하고 조정할 수 있을지 열심히 고민하게 된다. 그러나 지금까지 코닥의 대표를 역임한 사람들은 고심할 필요가 전혀 없었다. 조지 이스트먼이 발명한 감광 필름 덕분에 100년이 넘는 세월 동안 충분히 버텨올 수 있었기 때문이다. 하지만 디지털화의 물결이 사회 전체로 확산하면서 코닥의 대표들은 뒤늦게 시대의 변화를 깨닫게 되었다. 그러나 이미 때는 늦었고, 개혁과 함께 창조적인 개발로 혁신을 이루어 온 진취적인 회사들에 의해 밀려날 수밖에 없었다.

이것이 바로 시기적절하지 않은 낡은 규정을 지키기만 할 뿐 새로운 개혁은 생각하지 않은 결과에서 나온 비참한 교훈이다. 규칙을 용감하게 돌파하고 새로운 것을 창조해야만 비로소 성공을 얻을 수 있다. 새로운 것을 창조하려면 낡은 생각과 사고를 버리고, 다른 사람이 가지 않은 길로 나아갈 용기가 필요하다. 그리고 무엇이든지 처음으로 시도하는 정신이 필요하다.

일본의 상인 안도 모모후쿠는 전통적인 라면의 불편함을 깨닫고 대담하게 창의력을 발휘해 세상에서 처음으로 인스턴트 라면을 만들어 냈다. 프랑스의 공인 R. 브렝은 석유가 기름때를 제거하는 것을 본 후 창의성을 발휘해 드라이클리닝을 연구해 인류에 공헌하였다. 세상에서 무언가를 처음으로 시도하는 용기는 일종의 창조력인 동시에 인류에 대한 헌신이다.

레프 톨스토이는 말하기를 "학생이 학교에서 공부하고도 아무것도 창조하지 못한다면 그의 일생은 영원한 모방과 답습에 불과하다"라고 하였다. 그런 사람은 발전이 없는 사람이다.

많은 사람이 창의력은 지혜가 뛰어난 사람만이 가지고 있다고 생각하지만, 사실은 누구나 창의력을 가지고 있다. 단지 사람들이 지레 겁을 먹고 반대로 선택하거나 직접 부딪치기를 원하지 않는 것뿐이다. 우리의 일상에는 곳곳에 창의적인 영감이 넘쳐난다. 창의력은 우리 곁에 있어서 조금만 마음을 쏟고 생각해 본다면 누구나 놀라운 창의력을 발휘할 수 있다.

사무엘상 10:9에 "그가 사무엘에게서 떠나려고 몸을 돌이킬 때에 하나님이 새 마음을 주셨고 그날 그 징조도 다 응하니라"라고 하였다. 사무엘에게서 돌아서는 사울에게 하나님이 새 마음을 주셨다는 것은 무슨 뜻일까? 앞에서 이미 사울은 사무엘에게 기름 부음을 받았고, 이스라엘의 지도자, 즉 왕으로 세움 받았다. 또한, 사무엘은 세 가지 징조를 예언함으로써 사울에게 확신을 주었다. 그러나 사울의 마음은 혼란스러웠고, 과연 왕이 될 수 있을까 하는 염려가 그의 마음을 짓누르고 있었다. 그의 마음은 사무엘로부터 기름 부음을 받기 전과 크게 달라진 것이 없었다. 하나님의 일을 하기에는 준비되지 못한 마음을 가지고 있던 것이다.

그런데 하나님이 이러한 그의 마음을 이스라엘의 왕이 되기에 합당하도록 새롭게 바꾸어 주셨다. 사람들은 이러한 사울의 변화된 모습을 보고 얼마나 놀랐던지 사무엘상 10:11에 "기스의 아들에게 무슨 일이 일어났느냐 사울도 선지자들 중에 있느냐"라고 깜짝 놀라 서로 말할 정도였다.

이러한 사울의 변화 요인이 어디에 있었을까? 사울 자신에게 그 요인이 있었거나, 긍정적인 생각과 적극적인 사고방식이 사울을 변화시킨 것이 아니다. 사울 스스로는 도저히 바꿀 수 없는 마음을 하나님께서 창의력의 마음으로 바꾸어 주셨다.

인간은 스스로 아무리 원하고 노력한다고 해도 결코 자신을 변화시킬 수 없다. 흔히 사람들은 교육이나 연습을 통해 변화할 수 있다고 믿는다. 그러나 사람이 사람을 변화시키거나 사람이 자신을 스스로 변화시키는 것은 불가능하다. 인간은 자신을 변화시키는 데 전적으로 무능력하다. 인간은 스스로 아무리 노력해도 만물보다 심히 부패한 마음을 조금도 변화시킬 수가 없다. 그래서 인간의 부패한 마음, 인간의 뒤틀려진 본성은 오로지 창조주이신 하나님에 의해서만 변화가 가능하다. 믿음 안에서 살아갈 때 성령께서 창의적인 생각도 허락하시고 그 힘으로 나와 세상을 바꾸어 갈 수 있다.

우리는 이전에는 죄의 마음을 가지고 있었으나 이제는 변화되어 하나님 앞에 서 있으며 그로 말미암아 하나님의 일도 감당하고 있다. 이 모든 일이 창조주 하나님의 변화시키는 사역으로 된 것이다. 그러므로 우리는 천지 만물을 창조하신 하나님의 말씀을 깊이 묵상하는 중에 신비하고 놀라운 창의력의 힘을 공급받아서 나를 바꾸고 세상을 바꾸며 창조의 역사를 이루어가는 그리스도인이 되시기를 바란다.

얼굴과 입가의 웃음은 삶의 샘물

인생을 성공으로 이끌어 가는 비결과 요소는 무엇일까? 누구나 성공을 꿈꾸지만, 성공의 기준이나 잣대는 모두 다르다. 그래서 성공을 한마디로 단정 짓기는 어렵다. 차라리 인생의 행복이 무엇이냐고 질문한다면, '하루 세끼 거르지 않고 식사를 할 수 있으며, 아프지 않고 건강하게 장수하는 것이 행복이다'라고 대답할 수 있을 것이다. 또한 소박한 사람은 자녀가 잘 크고 건강하고 마음에 생각한 일들이 하나하나 이루어져 나가는 과정이 인생의 행복이라고 할 것이고, 조금 야망이 큰 사람은 사업을 벌여 부자가 되고 자녀들을 출세시키고 자신도 명예를 얻으면 그때서야 행복하다고 인정할 것이다. 인생에서 저마다 행복의 기준이 다르듯 성격 역시 인내심, 관용, 용기, 열정, 결단력, 신념 등에 따라 다르게 나타난다.

플라톤은 "타인의 행복을 바라는 일은 곧 자기 행복을 추구하는 것이다."라고 말했다. 다른 사람의 기쁨이 곧 나의 기쁨이고, 다른 사람의 불행이 곧 나의 불행이라는 말과 같은 뜻이다. 다시 말하면, 다른 사람을 도울 때 나 또한 기쁘고 언젠가는 그로부터 나도 도움을 받게 된다는 것이다. 결국은 남을 위하고 배려하고 선과 사랑과 자비와 관용을 베푸는 것이야말로 나를 위하는 길이고, 그것은 다시 고스란히 내게 되돌아온다는 것이다. 그것이 바로 인생의 성공인 동시에 행복이라고 할 수 있다.

사람 중에는 낙천적인 사람이 있는가 하면 많은 것을 가졌음에도 불행하다고 생각하는 비관적인 사람도 있다. 이런 사람은 스스로 불행을 만드는 사람이다. 낙천적인 사람은 무엇을 봐도 긍정적이고, 아름답고, 선하고, 좋은 면만 보고 기억하며 그대로 따라 하려고 한다. 아무리 구름이 하늘을 어둡게 가려도 그 위에 떠오르는 태양을 본다. 설령 지금은 빛이 비치지 않지만 잠시일 뿐, 언젠가는 구름이 걷히고 밝은 빛이 쏟아지리라는 것을 바라보면서 희망을 갖는다.

그런 성격의 사람들은 힘든 일을 해결할 때도 긍정적이다. 눈앞의 불행도 미래의 행복으로 바꾸는 능력을 지닌 사람들이다. 자신의 결점을 부끄러워하거나 감추려는 대신 고쳐나가려고 꾸준히 노력한다. 슬픔이나 재난을 만나면 용기를 내서 떨쳐버리려고 노력하고, 자신이 알고 있는 모든 지식과 지혜를 총동원해 극복하려고 노력한다.

영국 교회의 주교였던 제러미 테일러는 멋진 인격과 철학을 지녔다. 그는 이러저러한 일로 집과 재산 모두를 몰수당해 말그대로 거지가 되었다. 하지만 그가 지닌 최대 장점인 여유와 웃음과 기쁨만은 잃지 않았다. 그는 "비록 징수관들이 모조리 빼앗아 갔지만 그것은 아무 상관이 없다. 나에게는 예수님이 계시고, 사랑하는 아내와 자녀들 그리고 나를 믿고 아껴주는 친구들이 있다. 게다가 나에게는 건강과 용기도 있고 설교를 계속할 수 있는 기회가 있으니 그 이상 바랄 게 없다. 태양이 여전히 뜨고 지듯 달라진 것은 아무것도 없다. 그들은 비록 내게서 물질적인 것을 빼앗아 갔지만 신앙심과 양심과 행복만은 빼앗아 가지 못했다"라고 말했다. 그는 평상시와 다름없이 잘 자고 먹고 기도하고 감사하면서 하루하루를 살았다.

맑고 명랑한 성격은 하나님이 주셔서 타고나기도 하지만 신앙과 교양과 지성의 수양을 통해 바뀌고 계발되기도 한다. 인생을 행복하게 꾸려갈 것인지, 불행 속에서 허우적거리며 살아갈 것인지는 전적으로 자신에게 달려있다. 인간이란 각자의 신앙, 인격, 삶의 철학, 생각에 따라 양면성을 지닌다. 행복이냐 불행이냐 하는 선택의 귀로에 놓여있을 때 신앙철학과 의지로 행복을 선택하고 긍정적인 마음으로 모든 면에서 밝은 면을 보려고 노력하여 얼굴과 입가에 웃음을 띠게 된다면 그 행복은 내게로 오게 된다. 이것이 바로 제러미 테일러 주교가 보여준 웃음의 성공학이다. 웃음과 명랑함은 인생에 무한한 축복과 기쁨과 즐거움과 성공을 가져다주는 삶의 샘물 같은 요소이다. 웃음과 명랑함은 밝은 마음과 강인한 정신력과 인내력을 길러주고, 상처로부터 자신을 지켜준다.

한 정신과 의사는 늘 우울함과 무력감에 시달리는 환자에게 "이 세상에서 가장 좋은 약은 항상 웃음과 긍정적인 마음과 기쁨을 가지고 살려고 노력하는 것이다."라고 하였고, 지혜의 왕 솔로몬은 "쾌활하고 긍정적이고 기쁜 마음과 웃음이야말로 사람의 정신을 고양하는 최선의 약이다."라고 했다.

시편에 "그때 우리 입에는 웃음이 가득하고 우리 혀에는 찬양이 찼었도다. 그때 뭇 나라 가운데에서 말하기를 여호와께서 그들을 위하여 큰일을 행하셨다 하였도다"(126:2)라고 하였다. 이스라엘 백성에게는 꿈이 있었다. 하나님께서는 포로로 붙잡혀 조국을 떠나는 백성들을 향해 이사야와 같은 선지자들을 통해 반드시 돌아오게 하실 것이고, 회복시켜 주실 것이라고 약속하셨다. 그러나 시간이 지나고 상황이 변하자 회복에 대한 꿈으로 가득 찼던 그들의 마음은 초조하고, 불안하고, 슬픔이 가득했다. 낙심과 좌절에 주저앉았다.

이것은 마치 오늘날 꿈과 비전을 잃어버리고 현실에 주저앉아 살아가는 믿음이 약해진 그리스도인의 모습과 같다. 점차 열정과 기쁨과 감격이 사라지고, 꿈을 잃어버린 채 현실에만 매여 사는 안타까운 삶을 살고 있다. 희망이 없다고 생각하고 웃음과 즐거움을 잃어버린 것이다. 많은 그리스도인이 이렇게 하나님께서 주신 비전도, 첫사랑의 감격도, 평화와 기쁨도 잃어버리고 헛된 삶을 살아가고 있다.

이것이 바로 절망과 슬픔이다. 우리의 현실 속에서 이렇게 살고 있지 않은지 돌아볼 필요가 있다. 믿음도 비전도 꿈도 웃음도 기쁨도 없이 그 순간과 현실에만 매여 살고 있지는 않은지 성찰해 보고 믿음 안에서 우리가 잃어버린 꿈과 비전이 회복되고, 얼굴과 입가에는 아침에 떠오르는 태양처럼 하나님이 주시는 밝은 웃음이 가득할 때 곁에 있는 축복과 행복을 놓치지 않고 손과 가슴에 가득히 안을 수 있다고 확신하는 인생관을 가졌으면 한다.

내가 가진 것에
감사하고 만족할 때

인간의 욕망은 끊임없이 변하며 이를 통해 인간은 서서히 성장하기도 한다. 오로지 돈만 바라보는 사람이 있다면 끝없이 욕망을 추구하는 과정에서 영원히 만족할 행복감을 얻지 못한다. 인간의 행복이란 돈을 많이 버는 것, 많은 재물을 얻는 것이 아니라 진정으로 나에게 맞는 것을 얻는 것이다. 행복은 선택할 수 있고 선택하기에 앞서 진정으로 원하는 것이 무엇인지 내 자신의 내면을 들여다보아야 한다. 그럴 때 행복과 만족과 즐거움을 느낄 수 있기 때문이다. 철학자들은 행복이란 단지 어떠한 요구에 대한 만족만이 아니라 그것에 대해 깨닫고 이해하고 감사하는 것이라고 하였다.

행복학의 권위자 샤하르 교수는 "행복한 사람은 자신에게 즐거움과 의미를 가져다주는 것에 대한 목표를 가지고 있다. 그리고 이를 추구하기 위해 열심히 노력한다. 진정으로 행복한 사람은 스스로 의미가 있다고 생각하는 생활 방식 안에서 소소한 즐거움을 누린다."라고 하였다.

천지를 창조하신 하나님은 사람들을 행복하게 해주려고 6일 동안 여행을 하며 각각 상황이 다른 사람들에게 질문을 하였다.

첫째 날, 거지를 만난 하나님은 거지에게 "형제가 원하는 행복은 무엇이냐?"고 물었다. 굶주림과 추위에 시달리고 있던 거지는 "저는 배불리 먹고, 따스한 옷을 입고, 비바람을 막을 수 있는 장소가 있었으면 좋겠습니다"라고 하였다. 그러자 하나님은 음식과 옷과 집을 거지에게 주었고 그가 행복하고 감사하는 모습을 보았다.

둘째 날, 앞 못 보는 시각장애인을 만난 하나님은 시각장애인에게 "형제가 원하는 행복은 무엇이냐?"라고 물었다. 시각장애인은 대답하기를 "저는 부모 형제 친구의 얼굴을 보고 싶고, 하나님이 창조하신 하늘의 별과 달과 아침에 떠오르는 태양과 저녁의 아름다운 석양을 보고 싶고, 꽃도 보고 싶고, 아름다운 창조의 세계를 마음껏 자유롭게 보고 싶습니다."라고 하였다. 하나님은 앞을 볼 수 없는 그의 눈 대신 선명하게 볼 수 있는 눈을 주었고 그가 행복해하고 감사하는 모습을 보았다.

셋째 날, 다리가 불편해서 저는 사람을 만난 하나님은 "형제가 원하는 행복은 무엇이냐"라고 물었다. 그러자 그는 자신의 불편한 다리를 어루만지며 "저는 마음껏 뛰고, 축구도 하고, 마라톤도 하고, 농구도 할 수 있는 건강한 두 다리를 가지고 싶습니다."라고 하였다. 하나님은 그에게 건강한 다리를 주었고 그가 행복해하고 감사하는 모습을 보았다.

넷째 날, 말을 하지 못하는 농인을 만난 하나님은 그에게 "형제가 원하는 행복은 무엇이냐?"라고 물었다. 그러자 그는 손짓으로 이야기하기를 "저는 말하고 노래하는 즐거움을 누릴 수 있는 우렁찬 목소리를 가지고 싶습니다."라고 하였다. 하나님은 그에게 우렁찬 목소리를 주었고 그가 행복해하고 감사하는 모습을 보았다.

다섯째 날, 결혼하지 못한 나이 많은 형제를 만난 하나님은 그에게 "형제가 원하는 행복은 무엇이냐?"라고 물었다. 그러자 그는 말하기를 "저는 착하고 아름다운 아내와 귀여운 자녀를 원합니다."라고 하였다. 하나님은 그에게 착하고 아름다운 아내뿐만 아니라 귀여운 자녀도 주었다. 그리고 그가 행복해하고 감사하는 모습을 보았다.

여섯째 날, 상인을 만난 하나님은 그에게 "형제가 원하는 행복은 무엇이냐?"라고 물었다. 하나님의 질문에 상인은 매우 당혹스러웠다. 그는 하나님께 행복이 도대체 무엇이냐고 물었다. 그러자 하나님은 "정말로 모른다면 내가 직접 가르쳐 주겠다. 그렇지만 오늘 예정된 시간이 지나 내일 가르쳐주도록 하겠다."라고 대답하였다.

시간은 흘러 일곱째 날이 되었다. 잠에서 깨어난 상인은 아내와 자녀가 죽어 있는 것을 발견하였다. 집도 없어졌고, 그는 거지가 되었다. 게다가 한쪽 눈에 시력을 잃었고, 다리 한쪽을 절었으며, 말을 하지 못하는 농인이 되었다. 그때 하나님께서 "이제 행복이 무엇인지 알게 되었느냐?"라고 물으셨다. 그제야 깨달은 상인은 울며 나오지 않는 목소리로 대답하였다. "드디어 알았습니다. 원래 행복이란 늘 제 곁에 있었습니다. 그것을 잊어버리고 감사하지 못하고 불평만 하며 살았습니다."

　고독과 외로움을 겪어보지 못한 사람은 찬란한 인생을 알 수 없다. 다치고 병들어 보지 않은 사람은 건강이 복이라는 사실을 깨닫지 못한다. 사실 인생의 행복이란 내가 필요로 하는 그 무언가가 주어질 때 생겨나는 감정이다. 배가 고플 때 내 앞에 밥 한 그릇이 있다면 그것이 바로 행복이고, 쓰러질 정도로 피곤할 때 포근한 침대가 있다면 그것 또한 행복이며, 소리죽여 울고 있을 때 곁에 있는 누군가가 따스한 손길로 손수건을 건넨다면 이 또한 행복이다. 이처럼 행복에는 정의가 없다. 일상적으로 일어나는 사소한 일도 나를 감동하게 할 수 있다. 행복이란 모두 마음먹기에 달렸다.

　사람들은 항상 행복을 찾지만, 막상 행복이 무엇이냐는 질문을 받으면 쉽게 말하지 못한다. 어떤 사람은 돈이나 지위, 명예와 권력을 손에 넣어도 불행하다고 생각한다. 그러나 어떤 거지는 따뜻한 밥 한 그릇에 행복을 느낀다. 행복은 돈이나 권력, 명예에 의해 결정되는 것이 아니라, 사람의 마음에, 그리고 내가 추구하는 것에 달려있다. 사람은 자신에게 가장 중요한 것이 무엇인지 진심으로 깨달았을 때 절실해진다. 그리고 오랫동안 바라던 것이 곁에 조용히 다가왔을 때 느끼는 감사와 행복이야말로 가장 진실하고 인생을 즐겁게 한다.

영국의 시인이자 정치가 존 밀턴은 "나는 행복을 찾는 방법을 알게 되었다. 그것은 자신의 욕망을 만족시킬 방법을 찾는 대신 자신의 욕망을 억제하는 것이다."라고 하였다. 이렇듯 지나치게 많은 것을 바라고 끝없이 욕망하는 사람은 아무리 돈이 많아도 행복해질 수 없다. 그 이유는 자신에게 필요한 것이 무엇인지 알지 못하기 때문이다. 사람은 자신이 필요로 하는 것이 무엇인지 알아야 비로소 최선을 다해 추구할 수 있고, 그것을 얻었을 때 행복을 느낄 수 있다. 행복은 자신이 필요로 하는 것에 대한 이해이자 감사와 깨달음이다. 인생에서 추구해야 할 것이 무엇인지 깨달았을 때 비로소 복잡한 생각을 버리고 감사하고 기뻐할 수 있다. 미래의 길을 어떻게 선택해야 할지 막막할 때 걸음을 멈추고 나는 어떤 길을 가야 하는지, 그 길의 종점은 어디인지, 그리고 종점에서 나를 기다리고 있는 것은 내가 진정으로 원하는 것인지 기도하고 생각해 봐야 한다.

시편에 "주의 손이 나를 만들고 세우셨사오니 내가 깨달아 주의 계명들을 배우게 하소서"(119:73)라고 하였다. 다윗은 왜 창조주이신 하나님께 깨달음을 주시고 계명을 알게 해달라고 구하였을까? 복잡한 전자제품을 샀다고 가정하면, 제품을 구매한 사람으로서는 그 제품이 어떤 기능을 하고, 어떤 특성이 있는지 세부적으로 알지 못한다. 그래서 제작자는 소비자가 제품을 사서 효과적으로 제품을 사용할 수 있도록 사용 설명서를 제공한다. 그리고 이상이 생겼을 때, 이 설명서를 중심으로 무엇이 문제인지 간단히 점검할 수도 있다. 아마도 값비싸고 복잡한 제품일수록 이러한 설명서의 중요성은 더욱 커질 수밖에 없을 것이다. 그러므로 우리가 이 세상을 살아가면서 문제가 발생할 때, 어디로 가야 할지, 무엇을 해야 할지 모를 때, 어떠한 인생을 살아야 할 것인지 해답을 얻고자 한다면 우리의 창조주 하나님의 설명서를 봐야 한다. 그리고 그 설명서가 가르치는 대로, 이끄는 대로 살아가야 한다. 그것이 올바른 인생, 성공하는 인생을 살아가는 비결의 핵심이다.

천재와 보통 사람의 차이

세계적으로 유명한 영국의 화가 조슈아 레이놀즈는 말하기를 "어떤 사람이든 화가나 조각가가 될 수 있다"라고 하였다. 이는 사람이 이루고자 한다면 못 할 것이 없다는 뜻이다. 모든 것은 전심전력의 노력과 불굴의 의지와 근면, 성실에 달렸다.

　예를 들면 고명한 철학자 로크나 엘베시우스, 디드로 등은 한결같이 모든 인간은 저마다 천재의 가능성을 갖고 있다고 하였다. 그들은 "모든 인간은 그 타고난 재질에 있어서 평등하다. 그래서 어떤 사람이 할 수 있었던 일은 같은 환경이나 같은 목적을 추구하는 상황에서는 다른 사람도 능히 해낼 수 있다."라고 강조하였다. 물론 선천적으로 타고난 재능과 능력 없이는 아무리 노력한다 해도 제2의 셰익스피어나 뉴턴, 베토벤 그리고 미켈란젤로 같은 위대한 인물이 되지 못할 수 있다. 그러나 근면과 성실과 진실과 노력의 대가로 이루어진다는 것은 틀림없는 진리이다. 그리고 탁월한 천재일수록 반드시 쉼 없이 노력하는 사람이다.

영국의 해부학자이며 외과 의사인 존 헌터는 말하기를 "나의 정신 세계는 벌집과도 같다. 시끄럽고 소란한 것같이 보이지만 사실은 질서와 규칙에 따라 지배되고 있다. 그리고 부단한 노력의 결과로 자연이라는 풍성한 창고에서 지식이라는 양식을 거둬들일 수 있는 것이다."라고 하였다. 위대한 발명가나 예술가, 사상가 등 각 분야에서 이름을 떨친 사람들을 보면 대부분 지칠 줄 모르는 근면과 성실과 진실과 백 번이고 천 번이고 또다시 시도하여 뛰어난 창조력을 이루었다. 그리고 여기에 피와 땀과 눈물이 더해진 뼈를 깎는 노력으로 높은 하늘의 별을 따는 것과 같은 놀라운 성공을 이루게 된다.

영국의 정치가이자 작가 디즈레일리는 "인생의 성공 비결은 자신이 직면하고 있는 문제를 정복하는 데 있다. 그러기 위해서는 다만 끊임없이 노력하고 연구해야 한다"라고 하였다. 그의 말처럼 세상을 크게 움직인 사람들은 천재라고 불렸던 사람들이 아니라 노력하는 사람들이었다. 오히려 평범한 능력에도 불구하고 매사에 혼신을 다해 자기 일에 집중한 결과 지구상의 역사에 남는 위대한 인물들이 되었다.

아무리 재능이 뛰어난 사람이라도 끝까지 노력하는 자세가 부족하다면 재능은 미흡하더라도 끊임없이 노력하는 사람을 이길 수 없다. 이탈리아의 격언에 "천천히 걷는 자가 오래 가고 멀리 간다"라는 말이 있다. 이것이 진리다.

시편 25:21에서 다윗은 "내가 주를 바라오니 성실과 정직으로 나를 보호하소서"라고 하였다. 성실과 정직은 하나님의 대표적인 성품이다. 성실은 중도에 변함이 없이 일관된 자세를 보이는 것이고, 정직은 거짓이 없는 것을 말한다. 또한 성실과 정직으로 보호해 달라는 것은 하나님의 약속 말씀을 지켜 구원하여 달라는 의미로 이해할 수 있다. 하나님은 일찍이 다윗의 언약을 통하여 그를 지켜 보호하여 주실 것을 약속하셨다. 다윗은 바로 이러한 하나님의 언약을 말하며 성실과 정직으로 보호하여 달라고 간구한 것이다.

그런데 다윗이 이처럼 간구할 수 있었던 것은 다윗 스스로가 하나님 앞에서 성실하고 정직하였기 때문이다. 자기 자신은 하나님 앞에서 성실하지 못하고 정직하지도 못하면서 하나님께는 성실과 정직을 요구한다는 것은 어불성설이다.

다윗은 하나님 앞에서 성실하고 정직한 삶을 살았다. 물론 다윗도 그가 고백한 것처럼 인간적인 연약함으로 중대한 죄를 범하기도 했지만, 하나님 앞에서 거짓된 삶을 살지는 않았다. 다윗은 죄를 범하고 그의 죄를 책망하는 나단 선지자에게 자신의 죄를 솔직히 고백하고 회개할 정도로 정직하였다. 그리고 하나님에 대한 믿음에서도 한 번도 하나님을 배신한 일이 없었다. 하나님을 향한 다윗의 신앙은 한결같았다. 그의 성실과 정직을 하나님의 성실과 정직에 비교할 수는 없으나 적어도 그는 인간 중 누구와 비교해도 뛰어난 성실과 정직과 믿음과 인격을 갖고 있었다. 그래서 하나님도 다윗이 부르짖을 때면 어김없이 그를 구원하여 주셨다.

그러므로 천재와 보통 사람의 차이는 하나님을 향하여 얼마나 기도하고 성실과 정직으로 하루하루 나의 삶에 최선을 다해 사느냐에 따라 비교할 수 없는 하늘과 땅만큼의 차이가 난다. 그리스도인은 내 앞에 놓인 것이 불가능하게 보여도 높은 하늘의 별과 같이 영원히 신앙과 믿음과 성실과 진실을 다하여서 역사에 남는 위대한 인물이 되었으면 한다.

내가 있는 자리가
적절한지 성찰할 때

인생을 살아가면서 나에게 적절하게 맞고 합당한 일을 할 때 비로소 재능을 발휘할 수 있다. 성공하려면 외부로부터의 압박과 유혹을 이겨내고 나에게 합당하고 맞는 자리를 선택해야 한다. 다시 말하면, 자신에게 어떤 방식이 맞는지 알고 저마다 자기 발에 맞는 신발을 신어야 한다는 뜻이다. 사람은 몸에 맞는 옷을 입을 때에 편하고 맵시가 나고 아름다운 것처럼 신발도 발에 꼭 맞아야 편안하고 제대로 걸을 수가 있다.

강원도 깊은 산골에 앞 못 보는 시각장애인 자매와 조금 떨어진 곳에 농인 형제가 살고 있었다. 두 사람의 집은 농사를 크게 짓는 부유한 가정이었는데, 동네 사람들이 둘을 결혼시켜 살게 하자고 하였다. 시각장애인 자매와 농인 형제는 본인들의 의사와 상관없이 결혼하게 되었다. 앞 못 보는 자매는 말을 할 수 있지만 보지 못했기에 남편의 몸짓과 손짓, 눈짓, 행동을 전혀 볼 수 없으니 불편하고 답답하였다. 농인인 남편 역시 아내가 앞을 못 보니 의사소통이 되지 않아 암흑과 같았다. 앞 못 보는 자매는 고심하던 중에 깊은 밤에 몰래 빠져나와 도망하여서 그 당시 서울 수유리에 있는 맹아원에서 살게 되었다. 나는 대학 시절 그 맹아원에 가끔 가서 음악을 비롯한 여러 가지를 가르쳤었다. 그 자매는 나에게 말하기를 농인과 같이 결혼생활 할 때는 생지옥 같았는데 이곳에 와보니 천국이라고 하였다. 이는 몸에 맞지 않는 옷을 입고, 발에 맞지 않는 신발을 신는 것과 같이 주변 사람들에 의해 원치 않는 결혼을 하였기에 겪어야 했던 불행이었다.

지금의 자리가 과연 내가 원하는 것인지, 그리고 나의 재능을 발휘할 수 있는지는 나 자신만이 안다. 지금 하는 일이 발에 맞지 않는 신발이라면 그 일에 나를 맞춰야 할 필요는 없다. 나아가야 할 때는 창의적으로 발전시키며, 포기해야 할 때는 포기할 줄 알아야 한다. 중요한 것은 나에게 맞고 합당한 신발을 신어야 나에게 맞는 길을 걸어갈 수 있다는 것이다. 나에게 맞고 합당한 것을 잘 선택하여 많은 사람에게 유익을 주는 인생이 되어야 한다.

내가 잘 아는 신앙이 좋으신 권사님이 계셨는데, 딸과 손녀딸도 역시 신앙이 반듯하였다. 착실한 손녀딸이었지만, 시험 성적이 충분히 나오지 않아 원하는 대학에 진학할 수가 없게 되자 마침 어느 대학교에 정원이 미달한 성악과가 있어 그곳에 입학하게 되었다. 그러나 이 어린 자매는 노래에 취미도 소질도 없었다. 이로 인한 심한 스트레스로 인해 우울증에 걸렸고 결국 학교를 그만두고 미국으로 건너갔다. 이 상황이 바로 나의 발에 맞지 않은 신발을 신은 것과 같다.

사도 바울은 "오직 너희는 그리스도의 복음에 합당하게 생활하라"(빌 1:27)라고 하였다. 이는 그리스도인이 삼아야 할 삶의 표어와도 같은 말씀이다. 그렇다면 복음에 합당한 생활이란 어떤 생활일까?

첫째, 복음의 진리를 믿음으로 행하는 생활이다. 다시 말해서 믿음으로 행하는 것이 곧 복음에 합당한 생활이다. 동물은 본능으로 살고 믿지 않는 사람들은 이성으로 살지만, 그리스도인은 믿음으로 산다. 믿음으로 산다는 것은 곧 그리스도의 언약과 가르침 속에서 사는 것을 뜻한다. 그리스도인은 범사에 그리스도의 언약과 가르침을 믿고 행해야 한다. 자기 생각과 판단과 이성대로 사는 것은 복음에 합당한 생활이 아니다.

둘째, 늘 소망 중에 사는 생활이다. 그리스도인은 불행 중에도 하나님께 감사드리며 하나님의 선한 섭리를 믿고 소망으로 살아야 한다. 바울은 비록 로마 감옥에 갇혀 있었지만, 하나님께서 풀려나게 하실 것을 확신하였다. 또한, 바울은 "항상 기뻐하라 쉬지 말고 기도하라 범사에 감사하라 이것이 그리스도 예수 안에서 너희를 향하신 하나님의 뜻이니라"(살전 5:16-18)라고 하였다. 어떤 처지와 상황 속에서도 소망을 품고 사는 것이 복음에 합당한 생활이다.

셋째, 사랑을 실천하는 생활이다. 복음은 그리스도인을 향한 하나님의 사랑의 결정체이다. 복음 그 자체가 하나님의 사랑이다. 그러한 복음을 믿고 사는 성도는 매사에 그리스도의 사랑으로 생활해야 한다. 사랑을 잃으면 곧 복음을 상실하는 것이다. 이기적으로 행하는 것은 복음을 모르는 그리스도 밖에 사는 사람들의 생활 방식이다.

그러므로 그리스도인은 사랑을 실천해야 한다. 그것이 그리스도인에게 합당한 삶이다. 가난하고 불쌍한 사람들을 위해 일생을 바친 테레사 수녀와 같은 삶이 복음에 합당한 삶이고, 거리에 버려진 수많은 고아를 그리스도의 사랑으로 길러낸 조지 뮬러와 같은 삶이 복음에 합당한 삶이다. 이를 인식하여 그리스도의 복음에 합당한 삶을 사는 그리스도인이 되었으면 한다.

굴복함 없는
의지와 섬기는 삶

영국의 노예제 폐지 운동은 수많은 사람이 순교를 각오한 열정과 노력과 굴복하지 않는 불굴의 의지로 밀고 나갔기 때문에 성공할 수 있었다. 그중에서도 노예제 폐지 운동에 앞장섰던 인물을 든다면 하원의원인 파웰 벅스턴을 들 수 있다.

어린 시절 벅스턴은 둔하고 모자란 듯하였다. 게다가 유별나게 고집이 세고, 난폭하고 거친 성품을 소유하고 있었다. 그는 부친이 일찍이 돌아가셨기에 어머니 슬하에서 성장했다. 그의 어머니는 강한 의지를 가진 여성이었다. 그녀는 아들에게 용기와 꿈과 의지력을 불어넣어 주고, 훌륭한 인물이 되도록 기도와 말씀으로 훈련하며 매사를 아들 스스로 판단하고 개척해나가고 이루어 가는데 신념과 철학을 갖도록 하였다. 그녀는 벅스턴이 틀림없이 성공하고 위인이 될 것이라고 확신했다.

그러나 벅스턴은 방과 후에도 학교생활에 충실하지도 않고 과제를 소홀히 하면서 놀기만을 일삼았고, 열다섯 살이 되던 해부터는 내성적인 성격으로 상급학교 진학을 포기하고 빈둥거리며 집에서만 지냈다. 그런 까닭에 벅스턴의 주위 사람들은 그를 쓸모없고 별 볼 일 없는 게으름뱅이로 여기고 인간 대우를 하지 않았다.

그러나 주변에서 그에게 긍정적인 영향을 주는 사람들로 인하여 그는 변화되기 시작하였다. 어릴 때의 고집스러운 성격은 어느덧 강한 의지력으로 다듬어져 어떠한 일도 굳세게 처리해 나갈 수 있는 위대한 사람이 되었다. 그는 무슨 일이든 최선을 다하고, 전력을 다하였다.

그가 젊은이들에게 남겨준 말은 그의 모든 인격을 보여주는 예로, 현대를 살아가는 사람들에게도 하나의 교훈이 되어준다. 그는 말하기를 "살면 살수록 분명한 것은 강자와 약자의 차이, 위인과 쓸모없는 인간의 차이는 그가 왕성한 활력과 불굴의 결의를 가졌는지에 달려있다. 일단 목표가 정해지면 그 다음은 승리냐 죽음이냐의 갈림길이 될 수밖에 없다. 왕성한 활력과 불굴의 결의만 있다면 이 세상에 불가능한 일은 하나도 없다. 만일 그런 것을 갖추지 못하였다면 훌륭한 재능이나 좋은 기회도 결국은 무용지물이 되는 것이다."라고 하였다. 처음에는 모든 사람이 벅스턴을 향해 쓸모없고 보잘것없는 사람이라고 했지만, 그는 노예 해방운동을 주도하는 위대한 발자취를 남긴 사람이 되었다.

사도 바울은 "믿음이 강한 우리는 마땅히 믿음이 약한 자의 약점을 담당하고 자기를 기쁘게 하지 아니할 것이라"(롬 15:1)라고 하였다. 바울은 강한 자들에게 그 힘을 준 데에는 이유가 있다고 하였다. 그것은 단지 자신의 영광과 만족과 안락을 위한 것이 아니라 약한 자의 약점을 담당하게 하기 위함이라는 것이다. 강함은 먼저 주어진 특권, 즉 기득권을 의미한다고 볼 수 있다. 모든 사람은 이 기득권을 확보하려는 본능을 가지고 있다. 한국에서의 기득권은 학연, 지연, 인연과 많은 관련이 있다. 일단 어느 정도의 기득권을 확보해 두면 이 세상을 살아가는 데 편리하기 때문이다. 그래서 한번 경험을 하게 되면 이런 특권이 없어지는 것을 두려워한다.

그러나 바울은 그리스도인들에게 있어서의 강함, 곧 기득권은 세상의 것과는 차이가 있음을 교훈하였다. 즉, 그리스도인들에게 있어서 강함은 철저히 더 약한 이들을 섬기기 위해 주어졌다는 것이다. 우리는 이 사실을 분명하게 인식하고 있어야 한다. 만일 하나님께서 우리를 강하게 하셨다면 이는 약한 자 위에 군림하고 그들을 판단하라는 것이 아니라, 약한 자를 섬기고 그들을 위해 봉사하도록 하시기 위함이다.

예수님은 정말로 강하고 모든 것을 가지신 분이었다. 그러나 예수님은 도리어 철저히 섬기는 삶을 사셨다. 섬기되 약한 자, 가난한 자, 소외된 자들을 더욱 섬기고 그들을 위해 자기를 희생하셨다. 예수님은 가진 모든 것을 죄인과 약한 자들을 위해 쓰셨다. 능력과 모든 것을 그들을 위해 아낌없이 내어놓으셨다. 바울도 강한 자였다. 그는 하나님의 진리를 알고 있었고 삼 층 천(고후 12:2-4)의 신비를 체험하였고, 누구보다도 능력도 많았다. 그러나 그도 예수님처럼 철저히 섬기는 삶을 살았다. 왜냐하면 하나님이 그를 강하게 하신 이유가 다른 사람을 섬기게 하기 위함임을 깨달았기 때문이다.

하나님이 우리를 육체적으로, 영적으로 강하게 하셨다면 그 이유 역시 같다. 우리가 다른 사람을 섬기게 하려고 그렇게 하신 것이다. 가졌으나 누리지 않고 약한 이들을 찾아가는 일을 위해 하나님이 우리를 강하게 하신 것이다. 그러므로 믿음 안에서 열정과 겸손함을 가지고 약한 자들을 돕고, 섬기는 삶을 사는 그리스도인이 되었으면 한다.

세 가지 덕목을
발휘한다면

우리가 살아가면서 가져야 할 세 가지 덕목이 있다. 진실과 근면과 자
신감이다. 이 세 가지 덕목이 합쳐져서 나타날 때 개인이나 민족은 반
드시 흥하게 된다.

　진실이란 나와 남을 속이지 않는 정직함을 말한다. 서로 속이지 않
을 때 서로 믿을 수가 있고, 서로 믿을 수가 있으면 굳게 뭉칠 수가 있
고, 굳게 뭉치면 큰 힘을 발휘할 수가 있다. 진실은 만 가지 선의 원천
이다. 우리는 먼저 진실을 일으켜 세우는 일부터 해야 한다. 진실이라
는 근본 토대가 확립되면 다른 일은 저절로 해결된다. 진실의 토대를
세우지 않고 무엇을 이루어 보려는 것은 마치 터전 없이 집을 지으려
는 것처럼 어리석고 허황된 일이다. 나무는 뿌리가 튼튼해야 가지가
무성하고 잎과 열매를 맺듯이 인생은 진실해야 삶이 풍성하고 열매
를 맺을 수 있다.

근면은 곧 활동이고, 활동은 번영의 토대고, 번영은 행복의 기초다. 우리는 언제나 부지런해야 한다. 독일의 철학자 피히테는 나태를 인간의 최대 악덕이라고 강조했다. 예로부터 쇠는 뜨거울수록 세게 치라고 했다. 퍼거슨은 추운 겨울날 양가죽을 뒤집어쓰고 높은 언덕에 올라가 하늘을 쳐다보며 천문학을 공부했고, 에드먼드 스톤은 정원사 일을 계속하면서 수학을 공부했고, 새뮤얼 드루도 구두 수선공일을 하면서 철학을 공부했으며, 휴 밀러는 채석장의 날품팔이 일을 하면서 독학으로 지질학자가 되었다. 화가 레이놀즈는 "끈기 있게 노력을 계속하면 누구라도 뛰어난 사람이 될 수 있다."라고 하였다. 훌륭한 재능에 근면함이 더해지면 그 재능을 더욱 높여 주고, 위대한 사람으로 이끌어준다. 근면은 인생을 빈틈없게 만들어 주는 실존철학이다. 근면, 성실, 노력이 없는 인생은 아무것도 얻지 못한다. 그러나 꿀벌과 같이 부지런한 사람, 개미와 같이 근면한 사람은 하나님께서 축복해 주시고 채워주신다.

자신감은 성공의 기초라고 미국의 문학자 에머슨은 갈파했다. 자신감이란 무엇이나 할 수 있다는 가능성의 신앙을 갖는 것이다. 된다고 확신하면 되고, 안 된다고 생각하면 안 된다. 즉, 신념에는 무서운 힘이 있다. 그래서 성공의 비결은 먼저 자신감을 가져야 한다. 실패한다고 믿고 일하는 사람은 반드시 실패하게 되고, 성공한다고 확신하고 일하는 사람은 반드시 성공한다. 인간은 자기가 믿는 대로 되는 것이다.

"믿음은 바라는 것들의 실상이요 보이지 않는 것들의 증거니"(히

11:1), "내가 너희에게 말하노니 무엇이든지 기도하고 구하는 것은 받은 줄로 믿으라 그리하면 너희에게 그대로 되리라"(막 11:24)라고 믿음에 관하여 말씀하고 있다. 자신감은 인간의 최대 힘의 원천이므로 우리는 먼저 자신감을 가지고 마음을 가다듬어야 한다. 거짓과 게으름과 탐욕의 세 가지 악을 버리고 진실과 근면과 자신감의 세 가지 덕으로 우리의 마음이 무장될 때 우리의 생활에는 기적의 변화가 일어나게 된다.

"손을 게으르게 놀리는 자는 가난하게 되고 손이 부지런한 자는 부하게 되느니라"(잠 10:4)라고 하였다. 이는 하나님의 계시로 된 말씀이다. 그러나 사람들은 이를 하나님의 법칙이라고 생각하지 않는다. 하나님을 마치 도깨비방망이처럼 생각하여 노력하지 않고도 쉽게 거둘 수 있으며 하루아침에 일확천금을 얻을 수 있는 것으로 생각한다. 또한, 믿고 기도만 하면 뭐든지 될 수 있는 것처럼, 만사형통할 수 있는 것처럼 생각한다. 그러나 인생은 기도하는 만큼 목표를 향해서 순교하는 마음으로 근면의 상징인 땀을 바쳐야 한다. 땀을 흘리며 열심히 노력해야 한다. 땀은 무에서 유로 만들어 내는 결정체이다.

"사람이 무엇으로 심든지 그대로 거두리라"(갈 6:7)라고 하였다. 위대한 사람이 되기를 바라고, 부족함 없는 풍요로운 삶을 살기 원한다면, 기도 플러스 땀이 포함된 근면하고 성실한 노력, 진실하고 자신감 있는 삶의 자세로 살아야 한다. 그러므로 진실, 근면, 자신감 이 세 가지 덕목을 갖추어서 자신에게 주어진 삶을 창조적으로 이끌어가는 위대한 그리스도인이 되었으면 한다.

인생을 여섯 가지 기둥에 세운다면

기둥은 집의 마룻대와 대들보를 밑에서 떠받드는 곧고 크고 굵은 지지대이다. 튼튼한 집을 지으려면 먼저 튼튼한 기둥을 세워야 한다. 기둥이 허약하면 견고한 집을 지을 수 없다. 이처럼 인생도 행복하게 살려면 잘 지지해 주는 여섯 가지 기둥이 필요하다.

첫째, 건강의 기둥을 세워야 한다. 건강은 인간의 생물학적 지주다. 사람은 먼저 몸이 튼튼해야 한다. 몸이 허약하면 아무 일도 못 한다. 건강은 인간의 첫째가는 재산이고, 가장 중요한 자본이다. 우리는 건강이라는 기초 위에 성공하는 인생을 건설해야 하고, 행복한 생애를 창조해야 한다. 심신에 활기가 충 건강인이 되어야 한다. 가장 중요한 것은 하나님 말씀의 기초 위에 건강의 기둥을 새울 때 행복한 인생을 살게 된다.

둘째, 직업의 기둥을 잘 세워야 한다. 이 세상에서 직업은 매우 중요하다. 직업은 생계를 유지하기 위한 기본 수단이자 경제적 독립의 기초다. 맹자는 "항산이 없으면 항심이 없다" 즉, 생계를 유지할 수 있는 일정한 직업이 없으면 일정한 마음 또한 없다고 하면서 일정한 수입이 있어야 생활의 안정을 얻을 수 있으며, 마음이 여유로워져 양심을 잃지 않게 된다고 강조한 것이다.

경제적 생활이 안정되지 않은 사람은 안정된 정신적 생활을 유지할 수 없다. 경제적 독립은 인간 독립의 근본이자 기초이다. 우리는 직업에 헌신함으로써 가정을 지키고, 사회에 공헌하며, 인간으로서 자신감과 긍지를 느낄 수 있다. 직업은 사람을 사람답게 하는 근본이다. 우리는 자신의 힘으로 삶을 영위할 수 있는 자립적 직업인이 되어야 한다. 그런 까닭에 하나님이 주신 직업 위에 기둥을 잘 세울 때 행복한 삶을 살 수 있다.

셋째, 행복한 가정이라는 기둥을 잘 세워야 한다. 가정은 부모 형제 처자가 같이 살아가는 생활공동체이자, 사랑과 신뢰와 핏줄기로 얽힌 애정공동체이며, 인간의 성격을 형성하고 도덕의 기초를 확립하는 윤리공동체이고, 행복을 창조하는 인생의 안식처와 행복처이다.

가정은 사회의 기본 단위다. 행복한 사회와 건전한 국가를 건설하려면 국가와 사회의 기본 단위가 되는 가정의 기둥을 먼저 바로 세워야 한다. 안정되고 행복한 가정을 건설하는 것은 인간의 신성한 의무다. 가정은 인간 최초의 학교이고, 부모는 인간 최대의 스승이며, 자녀는 부모의 가장 중요한 제자다. 가정을 잘 다스리는 일이 인생에서 가장 중요하다. 그러므로 우리는 가정 위에 하나님의 말씀으로 기둥을 세울 때 평안함과 행복을 누리게 된다.

넷째, 훌륭한 인생관과 높은 가치관의 기둥을 세워야 한다. 오직 하나밖에 없는 목숨을 가지고 오직 한 번뿐인 인생을 살아갈 때 어떤 인생관, 가치관, 정신 자세, 생활 자세를 가지고 어떻게 살아갈 것인가 하는 것은 우리의 인생 전체를 좌우하는 가장 중요한 인생의 과제이다. 병든 인생관과 타락한 가치관을 가지고 산다면 나의 인생은 병들고 타락할 것이고, 건전하고 올바른 인생관과 가치관을 가지고 산다면 인생은 건전하고 행복하고 보람있게 된다. 그러므로 올바른 인생관과 가치관을 확립하는 일은 인생에서 가장 중요하다.

다섯째, 인격의 기둥을 세워야 한다. 인격은 사람으로서의 품격을 의미하는 것으로 철학적으로는 '옳고 그름, 선악을 판단하고 자유롭게 의지를 결정하고 그것을 바탕으로 행동을 하는 바로 그 주체'를 뜻한다. 칸트는 인간이 이성을 지니고 도덕 법칙에 따르는 곳에 인간의 본질적인 성격이 있다고 했고, 이 성격을 인격이라고 불렀다. 인격은 그것만으로도 찬란히 빛나는 절대적 가치이다. 그래서 인격만이 존경받는다고 했다. 또한 신학자이자 스콜라 철학자인 토마스 아퀴나스는 인격에 대해 '이성적 본성 안에 그 자체로서 자존할 수 있는 존재'라고 정의하였다.

여섯째, 믿음의 기둥을 세워야 한다. 하나님의 말씀을 기초하여 믿음의 기둥을 세울 때 인생은 축복받고 행복하고 성공적인 삶을 살게된다. 다윗은 고백하기를 "주의 말씀의 맛이 내게 어찌 그리 단지요 내 입에 꿀보다 더 다니이다 주의 말씀은 내 발에 등이요 내 길에 빛이니이다"(시 119:103, 105)라고 하였고, 바울은 "모든 성경은 하나님의 감동으로 된 것으로 교훈과 책망과 바르게 함과 의로 교육하기에 유익하니 이는 하나님의 사람으로 온전하게 하며 모든 선한 일을 행할 능력을 갖추게 하려 함이니라"(딤후 3:16-17)라고 하였다. 하나님 말씀의 기초 위에 믿음의 기둥을 세울 때 성공적인 삶을 살게 된다.

사도 바울은 "만일 내가 지체하면 너로 하여금 하나님의 집에서 어떻게 행하여야 할지를 알게 하려 함이니 이 집은 살아 계신 하나님의 교회요 진리의 기둥과 터니라"(딤전 3:15)에 라고 강조하였다. 바로 우리 주 예수 그리스도가 진리이고 생명의 기둥이며 삶의 기둥이다. 그러므로 사도 바울은 교회를 가리켜 진리의 기둥과 터라고 말씀한 후 "크도다 경건의 비밀이여, 그렇지 않다 하는 이 없도다 그는 육신으로 나타난 바 되시고 영으로 의롭다 하심을 받으시고 천사들에게 보이시고 만국에서 전파되시고 세상에서 믿은 바 되시고 영광 가운데서 올려지셨느니라"(딤전 3:16)라고 하였다.

그렇다면 그리스도가 진리인 이유는 무엇일까? 이는 곧 그리스도께만 구원이 있고, 생명이 있으며, 자유함과 행복과 기쁨이 있기 때문이다. 이와 관련하여 사도 요한은 "말씀이 육신이 되어 우리 가운데 거하시매 우리가 그의 영광을 보니 아버지의 독생자의 영광이요 은혜와 진리가 충만하더라"(요 1:14)라고 하였고, "그러므로 예수께서 자기를 믿은 유대인들에게 이르시되 너희가 내 말에 거하면 참으로 내 제자가 되고 진리를 알지니 진리가 너희를 자유롭게 하리라"(요

8:31-32)라고 하였다. 그러므로 진리이신 그리스도께서 계시는 교회야말로 참다운 진리의 장소이며, 또한 그리스도에 대한 모든 계시가 담긴 성경이야말로 진정한 진리의 기둥임을 알고, 더욱 교회를 아끼고 성경을 가까이하며 날마다 모이기를 힘쓰고 부지런히 그리스도를 전함으로써 세상에 올바른 진리를 더욱 분명히 증거해야 한다.

우리는 진리 되신 하나님의 말씀 위에 인생의 기둥을 튼튼하게 세워서 흔들림 없이 인생을 살아야 한다. 세상에서도 집을 짓거나 다리를 세울 때 기둥을 튼튼하게 세우지 않으면 무너지는 불행을 초래한다. 그 예는 수없이 많다. "가난한 자를 진토에서 일으키시며 빈궁한 자를 거름더미에서 올리사 귀족들과 함께 앉게 하시며 영광의 자리를 차지하게 하시는도다 땅의 기둥들은 여호와의 것이라 여호와께서 세계를 그 위에 세우셨도다"(삼상 2:8)라고 하였다. 하나님의 말씀을 늘 묵상하고, 기도하고, 그리스도 안에서 인생의 기둥을 세우고 산다면 무너지지 않고 튼튼한 인생이 되어서 인생을 멋있게 살게 된다. 그러므로 건강과 직업과 행복한 가정과 훌륭한 인생관, 높은 가치관의 기둥과 믿음과 인격의 기둥을 잘 세우는 그리스도인이 되었으면 한다.

내 인생을 예수와 함께
걸어간다면

B.C. 399년 소크라테스는 "자, 떠날 때는 왔다. 우리의 길을 가는 것이다. 나는 죽으러 가고 여러분은 살러 간다. 누가 더 행복할 것인가? 오직 신만이 알 것이다."라고 하였다. 이는 소크라테스가 독배를 마시기 전 그에게 사형을 선고한 아테네의 시민들을 향해 마지막으로 외친 말이다. 이 말은 표현은 간결하지만 매우 깊은 의미를 던져주고 있다.

우리는 이 세상에서 살다가 언젠가는 죽음에 직면하여 하나님 나라에 가게 된다. 누구든지 떠나야 할 때가 온다. 그러므로 우리는 언제든지 떠날 준비, 즉 죽음의 준비를 하면서 살아야 한다. 인간은 올 때도 빈손으로 오고, 갈 때도 빈손으로 간다. 천만금의 거금을 가진 자도 죽을 때는 숟가락이나 젓가락 하나도 가지고 가지 못한다. 그래서 욕심과 탐욕을 버려야 하는 것이다.

산다는 것은 저마다 길을 가는 것이다. 나는 나대로 너는 너대로 각자에게 주어진 길을 가야 한다. 그러나 세상에는 자기의 가야 할 길을 가지 않고 잘못된 길, 옳지 않은 길을 가는 사람이 많다. 모든 존재가 자기의 가야 할 길에서 벗어나면 파멸과 불행에 직면하게 된다.

우리는 어떤 자세로 길을 가야 할까? 먼저 쉬지 않고 가야 한다. 초지일관의 굳건한 자세로 쉬지 않고 가는 자만이 바라고 원하는 성공과 승리의 정상에 도달할 수 있다. 쉼 없이 흘러가는 강물만이 바다에 이른다. 나에게 주어진 길을 열심히 그리고 묵묵히 충성스럽게 가는 자만이 승리의 목표에 도달할 수 있다. 그리고 확고한 신념을 가지고 살아가야 한다. 변함없는 마음으로 늠름하게 나의 주어진 길을 가는 것이다. 다른 사람이 하니까 나도 하는 것은 신념을 가진 사람의 자세가 아니다. 호연지기를 가지고 인생의 대로를 가는 정신이 필요하다. 또한 기쁜 마음으로 살아가야 한다. 눈에서 정기가 빛나고, 얼굴에는 화기가 가득차고, 걸음걸이에는 생기가 넘치면서 즐거운 마음으로 열심히 나에게 주어진 길을 살아가야 한다. 이렇게 기쁜 마음으로 사는 것이 인생에서 매우 중요하다. 최선을 다한 후에는 모든 결과를 하나님께 맡겨야 한다. 우리 앞에는 우리가 가야 할 큰길, 옳은 길이 있다. 우리는 견고한 신념을 가지고 기쁜 마음으로 쉬지 않고 자기의 길을 가야 한다. 그것이 인생을 살아가는 올바른 자세이며 예수와 함께 걸어가는 자세이다.

인생의 성공을 원한다면 축복의 말씀인 하나님 말씀에 대한 풍부한 지식과 교양과 상식으로 채워져야 한다. 이와 함께 근면, 성실, 열정이 기본이 되고 뒷받침되어야 한다. 그리스의 속담에 이런 말이 있다. "어떠한 직업이든 유능한 인간이 되는 데는 세 가지 요소가 반드시 수반되어야 하는데, 그것은 바로 천성과 학습 그리고 실천이다." 비즈니스에서는 무엇보다도 판단력이 우선되어야 하고, 열심히 실천하는 것이 성공의 비결이다. 때에 따라서는 노력 없이 행운이 함께하기도 하겠으나, 그런 요행은 마치 도박에서 일확천금을 거머쥐는 것처럼 끊임없이 사람을 현혹해 파멸에 빠지게 하는 결과를 가져오게 된다. 영국의 철학자 베이컨은 "가장 빠른 지름길은 대개 가장 나쁜 길이다. 그러므로 순탄한 길을 찾아가려면 다소나마 돌아가지 않으면 안 된다."라고 하였다. 우회해서 가는 길은 확실히 고단하고 시간도 많이 걸릴 수 있다. 그러나 고생 끝에 큰 성과를 거두게 되면, 그때야말로 진정한 기쁨을 맛볼 수 있게 된다. 행복은 다른 사람의 조력이나 후원으로 얻어지는 것이 아니라 오로지 자기 노력에 의해서만 쟁취되는 것이다. 아무리 평범하고 보잘것없는 일이라도 기꺼이 수행한다면 앞으로의 삶은 그만큼 값지고 보람될 것이다.

시인 존 무어가 존 러셀을 통해 멜번에게 자기 아들의 후원을 요청했을 때, 멜번은 그 제의를 거절하며 다음과 같은 답변을 보냈다. "나에게는 사람을 도울 만한 재력이 있으므로 부탁을 들어주는 것은 힘든 일은 아니다. 그러나 이왕 경제적 후원자로 나선다면 차라리 아들이 아닌 무어 씨를 돕는 것이 합리적이라고 생각한다. 아직 젊은 아들에게 그런 도움을 준다는 것은 아무리 생각해도 올바른 방법이 아니다. 오히려 사소한 원조가 그 젊은이에게 그릇된 사고를 갖게 할지도 모른다. 한창 일할 나이의 젊은이에게 섣불리 도움을 주었다가는 오히려 의타심만 키워줄 뿐이다. 그렇게 되면 대부분 노력하지 않는 경우가 많으므로 도움을 요청해 오는 젊은이가 있다면 '인생을 살아갈 때 노력을 해서 걸어가야 한다. 인생의 성공과 실패, 가난과 부는 노력에 달려있다'라고 말해 주는 것이 가장 지혜로운 방법이다."

한국에서 오랫동안 선교사로 일하던 존 무어(모요한) 목사는 은퇴 후 고향에 돌아가서 쉼 없이 일을 하였다. 그는 아침 일찍이 신문을 돌렸고, 오후에는 주유소에 가서 몇 시간씩 일을 하였고, 가정에 돌아가서는 잔디를 깎고, 물을 주고, 저녁 식사 후에는 반드시 설거지 하였다. "내가 할 일은 스스로 해야 사람다운 사람이 된다"라고 말하며 하루하루를 충실히 살아간 존 무어의 인생은 아름다운 인생이다.

누가복음 16장에서 청지기는 주인의 소유를 관리해야 하는 자신의 본분을 잊어버리고 재산을 낭비하는 생활을 하였다. 이때까지만 해도 그는 자신에게 다가올 삶의 위기를 인식하지 못하였다. 우리가 가지고 있는 모든 것은 결코 우리의 소유가 아니다. 몸도 마음도 생명도 결코 우리 자신만의 것이 아니기 때문에 마음대로 사용할 수 없고 하나님의 뜻대로 사용해야 한다. 우리는 모든 사물에 대해 가진 자가 아닌 맡은 자로서 충성해야 한다.

예수님은 "지극히 작은 것에 충성된 자는 큰 것에도 충성되고 지극
히 작은 것에 불의한 자는 큰 것에도 불의하니라"(눅 16:10)라고 하셨
다. 이 말씀 속에서 우리는 사람들의 눈에 띄는 큰일에만 충성하려고
해서는 안 된다는 교훈을 받을 수 있다. 평범한 일상생활에서 작은 일
들을 주님의 뜻대로 행하려는 마음가짐을 가져야 한다. 작은 칭찬, 작
은 양보, 작은 감사의 생활을 실천할 때 하나님은 그것을 큰 충성으로
보시고 칭찬하신다. 반대로 아주 작은 죄도 무섭게 여기고 피해야 하
며, 아주 작은 죄를 범했을지라도 미루지 말고 신속히 회개하는 생활
을 해야 한다. 작은 죄를 경시하는 사람은 이후에 큰 죄를 범해도 두
려워하지 않게 된다. 그러므로 우리는 오늘의 삶이 어렵고 힘들다고
할지라도 작은 일부터 충성하는 생활을 하고, 예수님과 함께 쉼 없이
걸어간다면 풍성하고 아름다운 미래가 주어질 것이라는 믿음을 가
지고 살아갔으면 한다.

삶은 겸손하게
이상은 높게

인간에게 있어서 인격이란 지식보다 높고, 넓고, 깊은 의미를 지니고 있다. 사랑과 덕이 없는 지성, 행동 없는 지혜, 겸손을 상실한 삶의 형태는 나름대로 힘이 있어 보이나 오히려 나쁜 영향을 끼치게 된다. 이는 마치 소매치기의 날렵한 손재주나 사기꾼의 기막힌 술수처럼 공허한 가치일 뿐이다. 다시 말하면, 인격을 갖추지 못한 그 어떤 능력도 존경받을 만한 경지에까지 이르지는 못한다는 것이다. 진실과 정직, 선량은 인격의 근본 요소이다. 여기에 강한 의지가 더해진다면 그야말로 그 무엇과도 비길 수 없는 강점이 되는 것이다.

어떤 사람이 아무런 대비 없이 험한 길을 걸어가다가 칼을 든 무서운 강도를 만나게 되었다. 강도는 잘 걸렸다는 듯이 "지켜줄 무기도 없으니 이제 당신은 죽은 목숨이다"라고 하였다. 그러나 그 사람은 조금도 당황하지 않고 손을 하늘로 올렸다. 강도가 왜 손을 하늘로 올리냐고 물었더니 "하나님이 나를 보호하시고 지켜주신다"라고 하였다. 이 말을 들은 강도는 마음을 누그러뜨렸다. 그리고 또다시 그는 가슴에 손을 대고 머리를 숙였다. 강도는 "이번에는 왜 손을 가슴에 대냐"라고 물으니, "사람의 마음에는 양심이 있다. 선생님도 양심이 있을 것이니 나를 죽이지 않을 것으로 생각한다"라고 하였다. 이 말을 들은 강도는 감동하고 그를 해치지 않고 보내주었다.

중학교 때 수유리에서부터 미아리 종점까지 30~40분 걸리는 거리를 새벽마다 걸어서 등교하였다. 왼쪽으로는 공동묘지, 오른쪽으로는 낭떠러지였다. 그 주변에는 한 극장이 있었는데 극장 주변에는 깡패들이 많았다. 어떤 깡패가 나를 발견하고는 나에게 시비를 걸었다.

"너 돈 얼마 있어? 돈 내놔!"

"형! 돈은 많이 없습니다. 버스표가 몇 장 있고, 며칠간 점심 사 먹을 돈이 조금 있습니다. 얼마나 필요합니까? 가진 것을 조금 드리겠습니다."

"너 참 착하다. 안 도와줘도 된다."

"그러면 빵을 사서 같이 먹을까요?"

그렇게 나는 빵을 샀고 깡패와 함께 나누어 먹었다. 이를 계기로 그분은 버스에서 내리고 탈 때마다 나를 돕는 이웃이 되었다. 이처럼 겸손하고 고결한 인간의 인격은 어떤 불행이 닥치더라도 놀라운 희망의 빛과 감동을 준다. 모든 사람이 포기하고 절망에 빠져 신음할 때도 정직과 겸손과 용기를 무기로 싸운다면 끝내 이기게 된다.

법률가 어스킨은 자립심이 강하고 꿋꿋하게 진리를 탐구한 훌륭한 인물이었다. 그는 자신의 평생 좌우명이 된 부모님의 가르침에 대해 말하기를 "어릴 적 나의 부모님은 항상 '양심이 명령하는 의무를 다할 것이며, 결과는 다만 하나님께 맡기라'고 가르치셨다. 나는 지금껏 그 가르침을 충실히 실천하며 살아왔고, 앞으로도 그렇게 살 것이다. 부모님의 가르침을 지키며 살다 보니 수많은 희생도 치렀지만 조금도 후회하지 않는다. 오히려 이와 같은 삶이야말로 결국 번영과 행복과 성공으로 나를 이끌어주었다. 나는 내 자녀들에게도 나와 똑같은 길을 걷도록 가르쳤다."라고 하였다.

모름지기 사람은 훌륭한 인격을 소유하는 것을 인생 최대의 목적으로 삼아야 한다. 올바른 수단으로 인격을 얻고자 노력한다면 더욱 분발하고 발전하게 될 것이고, 마침내 흔들림 없는 인생을 살게 될 것이다. 혹여나 노력이 이루어지지 않더라도 인생에 높은 목표를 갖는다는 것은 조금도 헛된 일이 아니다.

19세기 영국의 정치가이자 작가 디즈레일리는 "얼굴을 높이 들고 높은 곳을 보려고 하지 않는 젊은이는 항상 발밑을 내려다보며 살게 될 것이고, 높이 날려고 하지 않는 정신은 땅바닥을 기어 다니는 벌레와 같은 운명을 면치 못할 것이다."라고 하였다. 영국의 성직자이자 시인 조지 허버트는 그가 쓴 시에서 다음과 같이 말하였다.

"처신은 겸손하게, 이상은 드높게 가져라. 그리하면 겸손하고 너그러운 사람이 되리니 용기와 희망과 진실을 잃지 말고 이상을 겨냥하라 그대는 나무를 겨냥한 사람보다 훨씬 더 높이 오를 것이다."

생활과 사고에 높은 기준을 세워놓고 살아가는 사람은 확실히 발전과 향상을 성취하게 된다. 최고의 성과를 얻고자 노력하면 누구든지 출발점보다 훨씬 앞서 나갈 수 있다. 부득이 궁극의 목표 지점에 도달하지 못한다고 해도 향상을 위한 노력은 반드시 이로운 보상을 받게 된다.

다윗은 "여호와께서 겸손한 자들은 붙드시고 악인들은 땅에 엎드러뜨리시는도다"(시 147:6)라고 하였다. 여기서 말하는 악인은 교만하고 저속하고 인간미가 없는 사람으로 해석할 수 있다. 즉 하나님께서는 겸손한 자를 긍휼히 여기시고 귀하게 여기셔서 어떤 상황에서도 절대 쓰러지지 않도록 든든한 버팀목이 되시고 반석이 되어주신다. 그러나 하나님 앞에서 교만하게 행하는 악한 인생은 아무리 든든한 세상의 버팀목으로 자신을 세우고 지지하고 있다고 할지라도 하나님의 능하신 팔로 무너뜨리고 엎드러뜨리신다는 것이다.

그 속에 매우 중요한 성공과 실패의 교훈이 담겨있다. 우리 인생의 성패를 좌우하는 것은 결코 경제적 능력이나 지식, 권세 등 외부의 환경적 요인이 아니라 하나님 말씀 안에서 겸손의 향기로 날마다의 삶을 성찰하여 나다운 나를 만들고, 별과 같은 마음으로 이상은 높게 할 때 하나님이 높여주신다. 솔로몬은 "사람이 교만하면 낮아지게 되겠

고 마음이 겸손하면 영예를 얻으리라"(잠 29:23)라고 하였고, "많은 재
물보다 명예를 택할 것이요 은이나 금보다 은총을 택할 것이니라"(잠
22:1)라고 하였다. 이 말씀은 믿음 안에서 이상을 추구하고 겸손하게
살아가라는 교훈이다. 그러므로 우리 모두 겸손하신 예수 그리스도
의 모습을 닮고 이상은 높이 바라보며 살아가는 그리스도인이 되었
으면 한다.

하나님께 감사하며 살면

미국 버지니아주에 가난한 모자가 살았다. 목사였던 아버지는 일찍 암으로 세상을 떠났고, 가난에 시달리던 어머니가 남의 집에 가서 세탁, 재봉, 청소 등을 하며 아들의 학비를 마련하였다. 아들은 어머니의 눈물겨운 헌신을 항상 감사하게 생각하면서 열심히 공부하여 프린스턴 대학교를 수석으로 졸업하게 되었고, 졸업생을 대표하여 졸업 연설까지 하게 되었다. 그런데 어머니에게 큰 고민이 생겼다. 아들 졸업식에 입고 갈 제대로 된 옷 한 벌조차 없었기 때문이다. 수석 졸업생인 아들의 명예에 누가 될까 염려되었지만, 아들의 간절한 간청으로 겨우 졸업식에 참석하여 뒷자리에 웅크리고 앉아 있었다.

아들은 연설을 마치면서 "제가 이처럼 명예롭게 대학을 졸업하게 된 것은 먼저 하나님의 보호하심과 인도하심의 결과이며, 또 나를 가르쳐주신 교수님들의 덕택입니다. 그리고 특별히 저 때문에 많은 고생을 하시면서 학비를 마련해 주신 어머니의 은혜입니다"라고 하였다. 그리고 청중 속에 앉아 계신 어머니를 앞으로 모시고 나와 "어머니! 감사합니다. 어머니의 은혜로 졸업하게 되었습니다. 이것은 제가 받을 것이 아니고 어머니께서 받으셔야 합니다."라고 말하며 총장님으로부터 받은 금메달을 어머니 목에 걸어드렸다. 진실한 마음으로 감사를 표하는 아들의 모습을 보고 함께했던 교수와 학생들은 모두 기립 박수를 보냈다.

이 젊은이는 꾸준히 공부하여 변호사가 되었고, 그 이후에는 모교인 프린스턴 대학교에서 교수가 되었으며, 1902년에 그 대학의 총장이 되었으며, 8년 후에 뉴저지 주지사가 되었다. 다시 2년 후에 미국의 제28대 대통령이 되었다. 훗날 노벨평화상도 수상하였던 그가 바로 '민족자결주의'를 제안한 위드로 윌슨 대통령이다.

어떠한 상황과 환경에 처해있더라도 불평의 습관은 벗어 버리고, 감사하는 습관을 길러야 한다. 모든 환경이 좋게 갖추어져서 감사하는 것이 아니라, 하나님이 좋은 것으로 채워주시는 분이기 때문에 감사해야 한다. 불평의 옷을 벗어 버리고, 감사의 옷을 입어야 한다. 매일 옷을 입는 것처럼 감사도 그렇게 일상적인 습관이 되어야 한다.

탈무드에 있는 예화이다. 어떤 곳에 큰 농가가 하나 있었다. 그 농가의 주인인 농부는 예루살렘 근교에서 가장 선하기로 소문난 사람이었다. 큰 농장을 운영하고 있던 그는 해마다 어려운 사람들이 찾아가면 아낌없이 자선을 베풀었다. 그런데 어느 해에 태풍이 불어 과수원이 쑥대밭이 되고, 전염병으로 양과 소, 말들이 모두 죽고 말았다. 이를 지켜본 이웃 사람들은 "남을 돕는 일에 많은 것을 바쳤는데 이렇게 비참하게 망하다니 이해가 안 된다."라며 그를 비웃었다. 그리고 채권자들이 몰려가 그의 남은 재산을 모두 압류하고 나니 그에게는 조그만 농토만 남게 되었다. 그러나 농부는 "하나님이 주신 것을 하나님이 거두어가셨고, 나는 하나님의 역사를 믿는다."라고 하면서 하나님을 원망하지 않았다.

그 해에도 여전히 어려운 이웃들이 농부를 찾아왔다. 랍비들은 그의 상황을 안타깝게 여겼다. 그러나 농부의 아내는 "학교도 세워 주고 예배당을 유지해 주고 가난한 사람과 노인들을 위해서 기부했지만, 올해에는 아무것도 못 하게 되어 죄송합니다."라고 말하였다. 그러나 부부는 사람들을 빈손으로 돌아가게 할 수 없다 생각하고는 얼마 남지 않은 땅 절반을 팔아 사람들을 돕고 나머지 땅으로 더 열심히 일해서 살아가기로 결심하였다. 생각지도 않은 도움을 받자 어려움 가운데 놓여 있던 사람들은 깜짝 놀랐다. 부부는 나머지 땅으로 열심히 농사를 지었다.

그런데 어느 날 밭을 갈던 소가 쓰러지고 말았다. 그 흙탕물 속에서 소를 끌어내었더니 소와 함께 값비싼 보물이 발견되었다. 그들은 그 보물을 팔아 옛날처럼 큰 농장을 다시 운영할 수 있었다. 다음 해에 사람들은 또다시 농부를 찾아갔다. 아직도 가난한 생활을 하고 있으리라고 생각하며 오두막을 찾은 사람들에게 마을 주민은 "그는 여기에 살지 않습니다. 저기 보이는 큰 집에서 살고 있습니다."라고 말해 주었다. 농부는 예전보다 더 큰 부자가 되어 있었다. 놀란 사람들을 향해 농부는 지난 일 년간의 일을 말해 주면서 "아끼지 않고 자선을 베풀면, 그 복이 반드시 돌아옵니다."라며 하나님께 더욱 감사하였다고 한다.

다윗은 "여호와께 감사하고 그의 이름을 불러 아뢰며 그가 하는 일을 만민 중에 알게 할지어다"(시 105:1)라고 하였다. 이는 이스라엘 민족 역사를 돌아보며 하나님이 행하신 능력과 역사에 감사하라는 내용으로 지금 우리도 하나님께서 베풀어 주신 은혜에 감사하며 사는 하나님의 자녀 된 그리스도인이 되었으면 한다. 하나님은 절망 중에도 하나님을 향해 감사할 때 탈무드 예화의 농부처럼 하늘의 보물 같은 축복, 땅의 보석 같은 축복으로 채워주신다는 사실을 항상 기억하며 상황이 좋을 때나 나쁠 때나 인생을 감사로 살아갈 때, 기적의 은총이 주어진다는 것을 믿고 감사하며 살아갔으면 한다.

허세가 아닌
진실한 삶

우리는 세상을 살아가면서 진실이 담기지 않은 말, 믿을 수 없는 말로 자신을 포장하고 자랑하는 사람을 볼 때 '허세를 부린다'라고 말하며, 좋게 보거나 신뢰하게 되지 않는다. 허세란 '빌 허', '기세 세'가 합쳐진 한자로 '기세가 텅 비었다'라는 것을 뜻한다. 다시 말하면, 진정성이 없는, 진실하지 않고 정직하지 않은 모습인 동시에 실속도 없고 빈 쭉정이 같은 상태를 가리켜 허세라 말한다.

사람들은 자신의 약점을 감추어 상대로부터 인정받고 싶을 때, 거짓으로 약함을 강함으로 바꾸려는 허망한 생각 속에 허세를 부리게 된다. 그런 까닭에 사람들은 허세를 부리는 사람을 인정하지 않고 불신하며 상대하기조차 꺼린다. 더욱이 인격과 실력을 갖춘 사람들과 함께하면 허세는 쭉정이와 같은 모습으로 초라하게 힘을 잃는다. 이런 허세로 사람들의 믿음과 신뢰를 잃어버리고 살게 된다면 그것은 세상을 살아가면서 가장 불행한 일이다.

삶을 살아가는 데 있어서 인간관계는 필수이다. 직장생활이든, 학교생활이든, 사업이든, 친구와의 관계이든 삶의 모든 것은 인간관계를 통해 이루어지기 때문이다. 그러므로 인간관계를 잘해야 자기의 일도 잘해 나갈 수 있고, 나아가 삶을 보람 있고 위대하게 살아갈 수 있다. 성공적으로 살았거나 살고 있는 사람들은 삶의 자세에 정직과 성실이 있었다. 정직과 성실은 사람들에게 신뢰를 주는 최고의 신앙 철학인 동시에 인격적 자세이다. 그러나 인생을 실패한 사람들의 최대의 약점은 믿음과 정직과 성실성이 없거나 부족하다는 것이다.

인생을 살아갈 때 진실과 신실로 살아가고, 거짓이나 허세 부림은 경계하도록 교훈하는 '호가호위'라는 사자성어가 있다. 호가호위라는 말은 '여우가 호랑이의 위세를 빌려 다른 짐승을 놀라게 한다'라는 뜻이다. 『전국책 초책』에 나오는 이 '호가호위'라는 사자성어는 다음과 같은 내용을 담고 있다.

어느 날 호랑이한테 잡아먹히게 된 여우가 이렇게 말했다.

"네가 나를 잡아먹으면 너는 나를 모든 짐승의 우두머리로 정하신 하늘의 명을 어기는 것이 되어 천벌을 받게 된다. 만약 내 말을 못 믿겠으면 당장 내 뒤를 따라와 보라. 나를 보고 달아나지 않는 짐승은 단 한 마리도 없을 것이다."

이 말을 들은 호랑이는 여우의 뒤를 따랐는데, 과연 여우의 말대로 만나는 짐승마다 혼비백산하여 달아나는 것이었다. 사실 짐승들이 달아난 이유는 여우 때문이 아닌 여우 뒤에 있는 호랑이를 두려워했기 때문인데 호랑이는 그걸 전혀 깨닫지 못했다. 이 이야기에서 보듯 여우는 호랑이의 위세를 빌려 마치 자신이 강한 동물인 척 허세를 부렸다. 이처럼 힘 있는 자에게 붙어서 마치 자신이 힘이 있는 사람인 것처럼 허세를 부리거나 자기 뜻을 이루려는 것을 호가호위의 모습이라고 할 수 있다.

나는 인생을 살면서 깜짝 놀랄 만큼 허세를 부리는 사람들을 수없이 많이 경험했다. 어느 자매는 인가 없는 고등 공민학교를 다녔다. 얼마 후에 장애인과 결혼하게 되었는데, 그 자매는 자신이 서울대학교를 졸업했다고 거짓된 말을 하였다. 후에 사실이 밝혀졌을 때는 엄청난 혼란이 있었다. 이것은 바로 허세에서 나온 거짓이었다. 또, 1980년대 초에 미국의 어느 가정에 초청받아서 가게 되었다. 그곳에 친척이라고 와 있던 분은 자기 남편은 국회의원이며 딸 넷과 여섯 식구가 함께 사는데, 모든 식구가 각자 승용차를 가지고 있다고 했다. 그분 역시 허세로 말하는 것을 짐작할 수 있었다.

스토아학파의 철학자인 마르쿠스 아우렐리우스는 허세의 무의미함을 다음과 같이 표현했다. "허세는 무서운 사기꾼이다. 그리고 자기가 하는 일이 가장 가치 있는 것이라고 믿을 때야말로 가장 속기 쉬운 때이다."라고 허세의 허망함에 대해서 강하게 지적했다. 허세는 인생을 살아가는 데 있어서 아무런 도움이 되지 않을 뿐만 아니라 세상을 어둡게 만드는 무서운 독과 같은 것이다. 우리는 자신을 돌아보면서 만일 나에게 허세가 있다면 반드시 십자가 앞에 내려놓고, 정직과 진실을 마음속 깊이 심고 살아가야 한다.

시편 26:4~5에서 다윗은 자신과 악을 행하는 사람들을 분리하였다. 자기 주변에 허망한 사람들, 간사한 사람들, 악을 행하는 사람들의 무리가 있지만 자신은 그들과 함께하지도 않겠다고 다짐하였다. 이는 곧 자신이 악을 행하는 사람들과 비교해서 정직한 삶을 살아왔고, 또 그렇게 살아갈 것이며, 앞으로도 악을 행하는 사람들과 관계를 맺지 않으며 순결한 삶을 살아가겠다는 결단이다.

말씀에서와 같이 앉지도 않고 동행치도 않겠다는 말은 악이 자기의 삶에 뿌리내리지 못하도록 근본적으로 차단하겠다는 다윗의 신앙과 진실과 의지가 담겨 있다. 오늘날 우리 현대인과 그리스도인들에게도 이러한 의지와 자세가 있어야 한다. 하나님의 자녀 그리스도인은 거룩한 하나님의 자녀들이다. 그러므로 마땅히 삶에 허세가 없는 정직하고 성실한 거룩한 인생을 살아야 한다.

하나님께서 죄의 종노릇하던 우리를 죄에서 구속하여 하나님의 백성으로 삼으신 이유는 우리로 하나님을 본받아 허세나 거짓됨이 없는 거룩하고 성실한 삶을 살게 하기 위한 것이다. 이와 관련하여 베드로전서 1:15~16에서 "오직 너희를 부르신 거룩한 이처럼 너희도 모든 행실에 거룩한 자가 되라 기록되었으되 내가 거룩하니 너희도 거룩할지어다 하셨느니라"라고 하였다. 그러므로 우리는 악을 미워하고 악을 행하는 자들과 분리된 삶을 살아야 한다.

또한 허세를 부리거나 거짓된 삶을 살아가는 사람들과 분리된 삶을 살아야 한다. 그리스도인들은 누가 보아도 그가 그리스도인이라는 사실이 분명하도록 예수를 믿지 않는 사람들과 구별된 삶을 살아야 한다. 이것이 하나님이 원하시는 거룩한 성도의 삶이요, 그리스도인의 기본적인 자세라고 할 수 있다. 하나님은 그의 자녀들을 향하여 '너희는 세상의 빛'이라고 말씀하시며 "너희 빛을 사람 앞에 비추게 하여 저희로 너희 착한 행실을 보고 하늘에 계신 너희 아버지께 영광을 돌리게 하라"라고 권면하였다. 그러므로 하나님의 자녀들은 허세나 거짓을 버리고, 주님 안에서 항상 신실과 정직과 믿음으로 거룩한 삶을 살아갔으면 한다.

가을 소나무처럼 풍성한 신앙

거룩하신 하나님!
믿음은 바라는 것들의 실상이요
보지 못하는 것들의 증거이오니
달빛으로 온 하늘을 밝히심처럼
우리의 심령을 깨끗게 하소서

사랑의 하나님!
밤마다 이슬을 내리시고
산천초목이 함께 목소리 높여
창조주 당신의 영광을 송축하오니
뭇 생명들이 넓고 크신 사랑의 주님을 경배케 하소서

은혜의 하나님!
밤에 피는 달맞이꽃처럼
모든 만물이 아름다움의 세상을
만들기에 부족함 없게 하시오니
넓고 크신 은혜의 주님께 찬미하오니 받으소서

오, 임마누엘의 하나님!
밤마다 동산을 밝히는 달빛 속에서

하나님의 은총이 항상 함께하소서

천국의 축복으로 가득 채워주소서

상처와 사명

나는 6.25전쟁으로 부모를 잃고 포탄으로 실명한 절망의 어린 소년
이었다. 절망 속에서도 한 줄기의 희망은 있었다. '부자로 잘살고 있
는 친척 집에 가면 눈도 치료받고 보게 될 것이다. 그리고 그분들이
어머니 아버지가 되어 줄 것이다.'라는 한 줄기 삶의 희망이 그곳에
있으리라 생각했다. 친척 집은 불교를 믿는 불교 가정이었다. 일 년에
100가마를 수확하는 부잣집이었다. 매달 1일이면 떡을 차려놓고 절
하는 가정이었다. 나는 피난민 틈에 끼어 때로는 기어가기도 하고 피
난민들 마차의 뒤를 잡고 가기도 했다. 낮에는 폭격이 심해서 밤에만
몰래 돈을 주고 배를 얻어 타고 강을 건너기도 했다.

나는 돈이 없었기에 짐 틈에 끼어 이곳저곳에 부딪히고 사람들에
게 밟히고 넘어지고 구렁텅이에 빠지면서도, 희망을 찾고자 기도하
며 사력을 다해 묻고 물어 어렵사리 친척 집을 찾아갔다.

그런데 가까운 친척은 나를 보자마자 너는 이 세상에 살 필요가 없다. 눈이 안 보여서 일도 못 하니 소만도 못하고 짐승보다 못하니 물에 빠져 죽든지, 총에 맞아 죽든지, 목을 매달아 죽든지, 내 집에 있지 말고 빨리 나가 죽으라는 것이었다. 그 집에 머무르는 동안의 삶은 지옥과도 같았다. 시각장애인이 집에 있으면 재수가 없고 저주받았다는 이유로 모든 욕설과 함께 닥치는 대로 맞았다. 부지깽이로 머리를 때려서 머리 양쪽에는 예수님의 옆구리에 있는 못 자국처럼 구멍이 나 있고 몸에는 무려 60군데의 매를 맞은 상처의 흔적이 있다. 그 상처들은 아카시아 나무작대기와 방망이로 맞은 흔적이다. 심지어 방안에 가두고 몇 시간을 맞은 적도 있다. 마침 동네 사람이 무언가를 빌리러 집에 와서 말렸기에 살아남을 수 있었다. 온갖 행패로 입을 틀어막고 때리는 바람에 맞는 것이 일상이었다. 할 수 없이 도망하여 거지 생활을 시작했다.

이제 와서 그때를 돌이켜 보면 나의 몸에 60곳이 넘는 상처가 은혜이고 축복이고 감사다. 그 상처로 나는 사명을 받았기 때문이다. 친척 집에서 나에게 따뜻하게 잘 먹이고 입혔다면 오늘의 김선태 목사는 없었을 것이다. 실로암의 기적도 없었을 것이다. 개안수술을 통하여 어둠을 빛으로 만드는 일도 없었을 것이다. 더욱이 목사로서의 사명은 없었을 것이다. 그런 까닭에 나에게는 매 맞은 상처가 은혜인 동시에 감사이다. 하나님은 상처를 통해 나를 사명으로 이끌어주셨다.

사도 바울도 복음을 전하며 옥에 갇히고 매를 맞은 상처가 그리스도의 흔적으로 남았다고 고백했다. 복음을 전하다가 수없이 맞은 상처로 생긴 여러 가지 고통을 없애 달라고 기도했으나 "내 은혜가 네게 족하다. 약한 데서 강함이 나온다."라는 응답받고 위대한 복음의 사도가 되었다(고후 12:9).

거지생활로 겨울을 밖에서 자고 먹지 못해서 생긴 질병의 가시가 몸에 아직까지 남아 있다. 만성적인 신경통과 허리 협착증이 있고 뇌경색까지 생겼지만, 그때마다 기도하고 감사했을 때 하나님이 치료하여 주셔서 오늘날까지 어둠의 절망을 빛으로 바꾸는 실로암의 사역에 삶을 바칠 수 있었다. 나에게 남은 상처의 흔적이 오늘의 은혜와 축복과 사명의 증거가 되었기에 하나님께 두 손 들어 높이 감사와 영광과 찬양을 돌린다.

제4부

인생은
겨울의 소나무처럼

겨울의 소나무는 찬 서리 맞아 낙엽이 되어

쓸쓸하고 고독하지만

강인한 소나무의 정신으로 추운 겨울 눈 속에서도

푸른 잎으로 말없이 소망을 던져준다.

고난을 경험한 사람은
모진 비바람을 이긴다

어떤 일을 할 때 반드시 경쟁과 압박의 시련을 마주하게 되는 것이 바로 우리가 사는 세상이다. 우리가 사는 세상은 경쟁이 치열한 현실 가운데 있다. 경쟁 속에서 성공하든 실패를 하든 사람들은 모두 압박과 고난과 풍파에 시달리게 된다. 인생을 살아가면서 풍파와 압박을 받지 않고 사는 사람은 없다. 그중에서도 큰일을 이루고자 하는 인물은 목표가 크기 때문에 이에 수반되는 고난과 풍파와 압박도 반드시 커질 수밖에 없다. 그러므로 크게 성공하려면 이에 따르는 압박과 풍파를 성공의 동력으로 바꿔야 한다. 누구나 모든 일이 순조롭게 풀리기를 원하지만 대부분 좌절과 실패를 겪고, 압박을 견뎌내고, 슬픔을 겪어야 더욱 완벽하고 이상적으로 완성되어 간다.

그렇다면 압박이 우리 앞에 왔을 때 어떤 철학과 신념이 필요할까? 바로 긍정적인 마음과 철학과 의지로 부정에서 벗어나 끊임없는 노력으로 싸워 이겨서 변화시켜야 한다. 수동적인 자신을 능동적으로 변화시키고, 한계를 능력과 격려로 바꾸며, 한 걸음씩 성공에 접근해 나갈 때 풍파와 압박을 극복해 갈 수 있다.

화물선 한 척이 항구에 짐을 내리고 귀항하는 도중에 갑자기 매서운 폭풍우를 만났다. 이러한 상황에 선원들은 모두 깜짝 놀라 절망 중에 놓일 수밖에 없었다. 그러나 경험이 풍부한 나이 든 선장은 매우 침착하였다. 그는 선원들에게 즉시 화물칸을 열고 그 속에 물을 채워 넣으라는 명령을 내렸다. 그러자 선원들은 "저 선장 정신이 나간 거 아니야? 배 안에 물을 넣으면 압력이 올라가서 배가 침몰할지도 모르는데, 오히려 배를 더 빨리 가라앉게 하고 있잖아!"라고 빈정거리고 수군거렸다. 그들은 나이 든 선장의 방법과 처사를 이해할 수 없었다.

그러나 선장의 명령이 매우 엄해서 선원들은 어쩔 수 없이 시키는 대로 하였다. 화물칸의 수위가 높아질수록 배도 조금씩 아래로 가라앉기 시작하였다. 폭풍우는 여전히 강했지만, 배에 대한 위협은 점점 줄어들었고 화물선은 차츰 평온해졌다.

선장은 한숨 돌리고 있는 선원들을 향해 "백만 톤의 거대한 선박은 전복되는 경우가 드물지만, 규모가 비교적 작은 배는 종종 풍랑에 좌초되고 만다. 그것은 배의 무게가 무거울 때가 가장 안전하기 때문이다. 텅 빈 배가 큰 바다에 나가는 건 가장 위험하다. 적당한 압력은 폭풍우에 저항하며 이겨낼 수 있다. 만약 배가 견딜 수 있는 능력을 초과하면 여러분들이 걱정하는 것처럼 배는 바로 침몰하게 된다."라고 하였다.

　이것이 바로 '압박의 효과'다. 되는 대로 살아가며 압박을 조금도 느끼지 않는다면 폭풍우를 만난 배처럼 자그마한 인생의 풍랑에도 전복되어 물에 가라앉고 만다. 그러나 무거운 짐을 지고 있는 사람은 사나운 파도를 참고 이겨낼 수 있고 나의 삶을 충실하고 다채롭게 만들 수 있다. 압박을 느끼지 않는 인생이란 이 세상에서 절대 존재하지 않는다. 모든 인생과 삶에는 압박과 풍파가 있다. 진학, 취업, 사업 등 우리 인생에 압박이 없는 상태에서 이루어진 역사는 없다.

　압박의 효과에 관해 미국의 과학자들은 두 마리의 쥐를 이용해 다음과 같은 실험을 하였다. 자연을 모방한 같은 환경을 만들어 한쪽에는 압박을 느끼게 하는 유전자를 전부 추출해 없앤 흰 쥐를, 다른 한쪽엔 일반 회색 쥐를 넣어두었다. 실험이 시작되었을 때 흰 쥐는 회색 쥐와 비교했을 때 더 큰 호기심을 드러냈다. 흰 쥐는 하루 만에 넓은 공간을 관찰하며 돌아다녔다. 반면 유전자가 제거되지 않은 회색 쥐는 길을 걸을 때나 먹이를 찾으러 다닐 때 항상 조심하였다. 회색 쥐가 자연을 모방한 공간에 익숙해지는 데는 4일이나 걸렸다. 기록에 의하면 회색 쥐는 바구니에 걸어 넣어둔 먹이를 얻기 위해 2미터 정도밖에 오르지 않았다. 반면 흰 쥐는 셋째 날 전혀 압박을 느끼지 않고 13미터에 달하는 가짜 산에 올라갔다. 그러다가 작은 바위를 지나가다가 잘못해서 가짜 산에서 굴러떨어져 죽고 말았다. 회색 쥐는 정신적으로 일정한 압박을 받고 있었기 때문에 항상 신중하게 행동하여 사고는 일어나지 않았고, 심지어 동면 준비에 들어가기 위해 식량을 저축하기 시작하였다. 며칠간의 실험이 끝난 후 회색 쥐는 건강하게 살아나왔다.

우리는 압박이 대부분 외부에서 시작된다고 생각하지만 스스로 압박받는 환경을 조성하기도 한다. 저마다 이상을 가지고 있으며, 이상과 현실에 모순이 발생할 때 압박을 느낀다. 미래를 향한 목표가 있지만 그것을 바라만 볼 뿐 다가갈 수 없어서 괴롭고, 좋은 일을 하려 생각했는데 엉망이 되고, 열심히 씨앗을 뿌렸는데 열매를 맺지 못할 수도 있다. 대부분 주위의 경쟁이 너무 심하고 스스로 너무 큰 압박을 느낀다고 불평하는 것이 하나의 습관처럼 되어 있다. 그러나 만약 압박이 존재하지 않는다면 우리는 흰 쥐처럼 원래는 안전하게 통과할 수 있었던 바위에서 떨어져 생명을 잃을 수도 있을 것이다. 사람은 압박을 조금이라도 느끼지 않는 상태에서는 고도의 주의력을 발휘하기 힘들다. 심지어 투지를 잃고 게을러져서 죽음과 불행과 절망을 불러올지도 모른다. 그러므로 투지와 근성을 유지하는 가장 좋은 방법은 바로 수시로 자신을 적당한 압박 상태로 만들어 가야 한다. 만약 압박을 받아들일 수 있다면 분명 넘어져도 다시 일어날 수 있다. 그러면 시련을 겪은 후 더 강인한 사람이 될 수 있고 성공은 한 걸음 다가와 있다.

인생에 압박이 있을 때 다윗은 고백하기를 "나는 하나님께 부르짖으리니 여호와께서 나를 구원하시리로다"(시 55:16)라고 하였고, "네 짐을 여호와께 맡겨 버리라 너를 붙드시고 의인의 요동함을 영원히 허락하지 아니하시리로다"(시 55:22)라고 하였다. 우리는 자주 그리고 지속적으로 근심과 걱정에 시달리기 쉽다. 그 이유는 자신의 문제를 믿음으로 하나님께 맡기지 않고 스스로 해결하려고 하기 때문이다. 다시 말하면, 자기 짐을 스스로 감당하려고 하기에 근심 걱정에 시달리며 마음이 요동하여 평강을 누리지 못하는 것이다. 그리고 우리가 이렇게 스스로 자기 짐을 감당하려고 하는 것은 '내 인생은 내 것이며, 따라서 내 인생의 모든 것을 내가 감당해야만 된다'라는 생각 때문이다. 우리는 마치 하나님 앞에 모든 것을 다 맡기고 믿음으로 살고 있는 것 같지만 실상 인생의 문제들을 떠안고 절절매며 못 살겠다고 아우성치며 살아간다.

그러나 우리가 살아가는 모습을 돌아보았을 때 '내 인생은 내 것'이라고 주장하거나 모든 걱정과 고민을 나 스스로 떠안고 해결하겠다고 감히 말할 수 있는 사람은 그 누구도 없다. 농부가 농사를 지어도 농부가 하는 일이란 밭을 갈고 씨를 뿌리는 정도의 일이다. 농부가 자기 스스로 곡식을 자라게 하고 열매를 맺게 하려 한다고 생각해 보자. 그만큼 어리석은 일도 없을 것이다. 그런데 사실 우리가 우리의 모든 문제를 감당하려고 하는 것이 바로 농부가 스스로 곡식을 자라게 하고 열매를 맺게 하려는 것과 같다. 인생이 내 것 같지만 사실은 내 것이 아니다. 다시 말하면 내 삶의 전체는 하나님께 속해 있다. 하나님이 우리 인생을 이끌어 가신다.

"사람이 마음으로 자기의 길을 계획할지라도 그의 걸음을 인도하시는 이는 여호와시니라"(잠언 16:9)라고 하였다. 내 마음대로 되는 것은 아무것도 없다. 또 우리에게 지워진 짐들이 우리의 힘으로는 해결할 수 없는 것들이 너무나 많다. 그런데도 우리 스스로 자기 짐을 해결하겠다고 하면 얼마나 어리석은 일인지 모른다. 예수님께서는 무거운 짐을 지고 어려움 가운데 있는 하나님의 자녀들에게 말씀하시길 "수고하고 무거운 짐 진 자들아 다 내게로 오라 내가 너희를 쉬게 하리라 나는 마음이 온유하고 겸손하니 나의 멍에를 메고 내게 배우라 그리하면 너희 마음이 쉼을 얻으리니 이는 내 멍에는 쉽고 내 짐은 가벼움이라"(마 11:28-30)라고 말씀하셨다. 이 말씀과 같이 우리의 인생의 고난의 짐을 예수님께 맡기므로 승리하여서 주님 주시는 승리 가운데 평안한 삶을 살았으면 한다.

우리가 우리의 짐을 하나님께 맡기면 하나님이 우리의 짐을 대신 져주심으로 마음의 평강을 누리게 하신다. 예수님은 "수고하고 무거운 짐 진 자들아 다 내게로 오라 내가 너희를 쉬게 하리라"(마 11:28)라고 하셨다. '내게로 오라' 하신 것은 우리의 짐을 주님께 맡기라는 것이고, '너희를 쉬게 하리라'라는 것은 주님이 우리의 짐을 대신 지시고 그 문제를 해결하여 주심으로 마음의 평강을 누리게 하신다는 말씀이다. 그러므로 인생의 주인이 되시는 하나님께 인생의 짐을 벗어서 맡기고, 평강의 삶을 살았으면 한다.

다른 사람이 한 번 할 때
백 번, 천 번 기도하는 인내

조선 중기에 조익이라는 학자가 있었다. 그는 학자이자 정치가로 어느 학파에도 속하지 않고 자유로운 학문 활동을 펼치며, 오직 성리학만을 추구하던 시대에 양명학을 수용하는 등 열린 생각을 지닌 인물이었다. 조익은 다섯 살에 시를 짓고 여덟 살에는 상소문을 쓸 정도로 영특한 천재였다. 벼슬에 별 뜻이 없어 과거를 보지 않고 열심히 학문에 정진하고 문장 훈련을 하였다. 그러나 어려운 가정형편과 할아버지의 권고를 거스를 수 없어 과거에 응시하여 스물네 살에 과거 급제하였다. 스물여섯 살이 되던 새해 아침, 조익은 밤새 잠을 이루지 못하고 일어나 앉았다. 어느덧 나이는 이십 대 중반이 되었는데 학문적으로 아무 진전이 없다는 자괴감이 들었다. 사회 초년생으로 정신없이 지내다 보니 정작 가장 중요한 배움은 뒷전이 되었다는 생각이 들었다.

그 시대에 이십 대 중반이면 오늘날의 중년에 해당되는 나이기 때문에 그의 학문의 부족함에 대한 근심은 매우 절박하였다. 훌쩍 가버리는 시간과 자신을 돌아볼 여유가 없는 삶에 초조해진 조익은 새해에 삶의 철학을 담은 나름대로 잠언을 지어 새롭게 다짐하였다.

"오늘 맞은 정월 초하룻날 해 바뀐 것이 또 놀라울 뿐. 개탄스럽다 새해 되었으니 내 나이 스물여섯이 되었구나. 이미 지난 몇 년 세월은 눈 한 번 깜박인 것과 같구나. 서른 살 마흔 살 나이도 또한 금방 닥치리라. 지금 이후의 세월은 촌각도 아끼리라. 다시 즐기며 보낸다면 헛되이 살 것은 뻔하다. 스스로 새롭도록 힘쓰면서 옛 습관을 통렬히 고치리라. 갈고닦고 굳세게 하여 남이 한 번 하면 나는 백 번 하리"

조익은 시간을 아껴 공부하기 위해 타인을 만나 대화할 때 실없는 대화 나누지 않기, 술 자제하기, 장기와 바둑을 즐기지 않고 허비하는 시간 없이 공부에 전념하겠다는 굳은 다짐으로 글을 마무리하였다. 이처럼 조익은 배움에 오롯이 전념하여 도덕과 문장은 물론, 서화까지 두루 뛰어난 학자의 발자취를 남겼다. 정치적 어려움을 겪기는 했으나 마지막에는 좌의정까지 올랐다.

남과 똑같이 해서는 결코 남보다 앞설 수 없다. 남이 한 번 할 때 몇 배 각고의 노력을 기울여야 원하는 바를 이룰 수가 있다. 동양철학의 중요한 내용을 담은 『중용』에 "남이 한 번에 능숙하면 나는 백 번을 하고, 남이 열 번에 능숙하면 나는 천 번을 한다. 과연 이 방법을 해낼 수 있다면 아무리 어리석어도 반드시 현명해질 것이고, 아무리 유약해도 반드시 강해질 것이다."라고 하였다. 세상에는 좋은 재능을 가지고도 실력을 인정받지 못하는 사람이 있지만, 자기 능력과 재능을 충분히 발휘하여 뛰어난 업적을 이루어 내는 사람도 있다. 이것은 많은 경우에, 어떤 일을 능숙하게 하는 힘은 머리에 있지 않고 열정과 반복되는 노력에 있기 때문이다.

조익의 잠언과 중용에 나오는 내용을 생각해 보면 타인이 한 번 기도할 때 우리는 일백 번 기도해서 소원을 이루라는 뜻이다. "주께서 또 이르시되 불의한 재판장이 말한 것을 들으라 하물며 하나님께서 그 밤낮 부르짖는 택하신 자들의 원한을 풀어 주지 아니하시겠느냐 그들에게 오래 참으시겠느냐"(눅 18:6)라고 하였다. 이는 하나님께서 열심히 간구하는 성도의 기도에 속히 응답해 주신다는 교훈이다. 예수님은 불의한 재판관과 하나님을 비교해 보라고 하셨다. 하나님을 두려워하지 않고 사람을 무시하는 자도 끈질기게 매달려 청원하면 귀찮아서라도 그 소원을 들어주는데, 하물며 하나님 아버지는 어떠하시겠느냐는 말씀이다. 즉 하나님 자녀의 믿음의 기도에 반드시 응답해 주시리라는 의미이다. 왜냐하면 하나님은 그 자녀를 사랑하는 분이시기 때문이다. 독생자 그리스도의 생명까지 희생시키며 우리를 자녀로 만들어 주셨기에 그 기도를 외면하실 이유가 없다. "자기 아들을 아끼지 아니하시고 우리 모든 사람을 위하여 내주신 이가 어찌 그 아들과 함께 모든 것을 우리에게 주시지 아니하시겠느냐"(롬 8:32)라고 강조하였다.

그러므로 우리가 기도하는 것은 하나님께서 반드시 응답해 주시리라고 믿고 응답될 때까지 인내하며 기다려야 한다. 다만 응답받으려면 몇 가지 조건을 갖추어야 한다. 먼저 확신을 가지고 하나님께 기도해야 한다. "네가 만일 하나님을 찾으며 전능하신 이에게 간구하고 또 청결하고 정직하면 반드시 너를 돌보시고 네 의로운 처소를 평안하게 하실 것이라"(욥 8:5-6)라고 하였다. 그리스도인 중에는 자기가 기도해 놓고 자기가 기도한 내용조차 돌아서면 잊어버리는 사람들이 있다. 이는 건성으로 기도를 드렸다는 증거이다. 목표를 정한 후 끈질기고 열심히 드리는 기도에 하나님은 응답해 주신다.

그리고 겸손한 마음으로 기도드려야 한다. 바리새인처럼 자만하고 교만한 마음으로 드리는 기도를 하나님은 외면하신다. "내 이름으로 일컫는 내 백성이 그들의 악한 길에서 떠나 스스로 낮추고 기도하여 내 얼굴을 찾으면 내가 하늘에서 듣고 그들의 죄를 사하고 그들의 땅을 고칠지라"(대하 7:14)라고 하였다.

이러한 자세로 다른 사람이 백 번 기도할 때 우리는 천 번, 만 번 기도자. 그리하면 예수님께서 "너희가 내 안에 거하고 내 말이 너희 안에 거하면 무엇이든지 원하는 대로 구하라 그리하면 이루리라"(요 15:7)라고 하신 말씀을 믿고 평생 마음속에 간직하여 날마다 기도 응답의 역사가 이루어지는 삶을 살았으면 한다.

험한 고난을 뚫고
헤쳐 나간다면

『돈키호테』의 작가 세르반테스는 "재물을 잃는 것은 손실이고, 친구를 잃는 것도 손실이다. 그러나 용기를 잃는 것은 가장 큰 손실이며, 인생의 모든 것을 다 잃는 것"이라고 하였다. 그가 말한 대로 그 무엇을 잃어도 용기를 잃어서는 안 된다. 용기를 가져야만 자신만의 세상을 개척해 나갈 수 있다. 많은 사람은 실패했을 때 자신을 위하여 핑계를 찾는다. 이는 의지와 용기와 지혜가 부족하기 때문이다. 성공을 계획하고 성공을 향해 나아가다가 어려운 일이 일어나면 계속해서 나아갈 용기가 부족한 것이다. 우리가 한평생 살아가면서 인생이 성공할지 실패할지는 대부분 계속해서 하나님을 의지하고 용기를 유지할 수 있는가에 달려 있다.

많은 철학자는 "꿈을 가져라, 희망을 가져라, 용기를 가져라"라고 갈파하였다. 인간에게 있어서 용기는 반드시 지녀야 할 요소이다. 하나님을 믿는 믿음의 용기가 있어야 비로소 온갖 어려움을 이겨내고 불가능할 것 같았던 일이 성공으로 나아갈 수 있다. 용기는 추운 겨울날 마시는 따뜻한 커피 한잔, 따뜻한 차 한잔과 같아서 사람들에게 뜨거운 온기를 줌으로 매섭게 추운 환경에 맞설 수 있게 한다.

지난날 나의 대학 1학년 시절에 첫 학기를 마치고 친구들 네 명이 함께 노량진에 가서 한강을 수영하게 되었다. 수영할 자신이 있냐는 친구들의 질문에 나는 "믿음의 용기로 뚫고 헤쳐 나가겠다."라고 자신 있게 말했다. 걱정하는 친구들에게 양쪽에서 왼쪽과 오른쪽 방향만 알려주면 된다고 안심시키고, 그들의 친절한 안내를 받으며 거뜬하게 한강을 건넜다. 힘이 소진되어 수영으로 왕복을 할 수는 없어서 보트를 빌려 타고 돌아왔다. 지금도 노량진 다리를 건널 때면 친구들과 수영으로 강을 건넜던 추억이 문득문득 떠오른다.

우리가 잘 아는 미국의 전 대통령 프랭클린 루즈벨트는 미국 정치계에서 큰 영향력을 끼친 위대한 인물이었다. 미국 총선 때 루즈벨트의 인기는 대단해서 대통령으로 당선될 가능성이 매우 높았다. 그러나 그의 나이 39세 때 생각지도 못한 불행한 사건이 발생하였다. 그해 여름, 루즈벨트는 친구들과 함께 해변에서 수영하고 있었다. 그때 갑자기 두 다리가 마비되어 움직일 수 없었다. 의사의 진찰 결과 회백질 척수염이라는 진단이 내려졌다. 이 소식은 즉시 미국을 뒤흔들었고 가족들과 그를 지지하는 사람들은 절망과 낙심과 실의에 빠졌다.

그러나 루즈벨트는 매우 평온하며 자신 있는 모습을 보였다. 그는 희망을 포기하지 않았을 뿐만 아니라 오히려 믿음의 용기를 가지고 꿋꿋하게 병마와 싸웠다.

발병 초기에 그는 두 다리를 전혀 움직일 수 없어서 매일 휠체어에서 살아야만 했다. 계단을 오르내리는 일도 다른 사람의 도움을 받아야 했다. 이런 상황에서 루즈벨트의 마음은 매우 괴로웠다. 자신의 남은 반평생을 다른 사람의 도움과 부축을 받아야만 정상적인 생활을 할 수 있게 되었기 때문이었다. 그는 가족들에게 들키지 않도록 매일 저녁 몰래 걷는 연습을 하였다. 어느 정도 노력의 시간이 흐른 후 결국 혼자서 계단을 오르는 법을 터득하고 깨우쳤다.

어느 날 그는 이 소식을 가족들에게 알려주고, 자신이 어떻게 계단을 오르는지 가족들에게 보여주었다. 그만의 방법이란 두 팔을 이용해 자기 몸을 지탱한 다음 두 다리를 계단 위로 잡아당기는 것이었다. 그는 이 방법을 사용해 한 걸음 한 걸음씩 고통스럽고 힘들게 계단을 다 올라갔다. 이 모습을 본 그의 어머니는 눈물을 흘리며 "아들아, 만약 네가 그런 방법으로 걷는다면 사람들이 너를 웃음거리로 삼을지도 모르는데 그래도 괜찮겠니?"라고 물었다. 그러자 루즈벨트는 결연한 어조로 말하기를 "어머니, 저는 더 이상 다른 사람에게 의지하고 싶지 않습니다. 반드시 용감하게 제 현실과 마주하며 뚫고 나갈 겁니다."라고 말하였다는 것이다.

그가 대통령으로 재임 중이었을 때 제2차 세계대전이 일어나 많은 사람이 괴로움을 당하고 있었다. 1944년 6월에 연합군은 아이젠

하위 사령관의 총지휘하에 대규모의 노르망디 상륙작전을 전개하였다. 프랑스의 북서쪽에 자리 잡고 있는 노르망디 해안은 험한 절벽이었고 상륙작전 전날 밤은 폭우 안개 등으로 도저히 작전을 수행하기 어려운 상황이었다. 이런 상황을 접한 지도자들은 중요한 작전의 성공을 위해 각각 하나님께 기도하기로 합의하고 기도 시간을 가졌다는 것이다. 루즈벨트 대통령도, 영국의 처칠 수상도, 아이젠하워 사령관도 모두 전쟁의 승리를 위하여 기도하였다. 특히 루즈벨트 대통령은 집무실에서 17시간이나 꼼짝하지 않고 하나님께 기도를 드렸다. 믿음의 기도를 들은 하나님은 결국 이 상륙작전이 승리할 수 있도록 도와주셨다.

어떤 사람은 고난을 겪어도 인생을 포기하지 않고 용감하게 마주한다. 그들은 육체적인 결함으로 다른 사람보다 불쌍하다고 동정을 받는 것을 원하지 않고 용감하게 마주하기를 선택한다. 루즈벨트의 용기와 의지와 결단의 정신은 인류의 모든 사람이 배워야 할 덕목이다. 그의 강인함에 미국 전체가 감동했고, 전 세계가 그에게 찬사를 보내며 격려하였다. 그러므로 우리 앞에 험한 고난의 절벽이 놓여 있을지라도 그 절벽을 바라보지 말고 절벽 너머에 있는 성공을 바라보고, 믿음과 용기로 고난을 뚫고 정복하는 위대한 도전의 주인공들이 되었으면 한다.

불행한 운명도
다가서서 맞서면

인생을 살아가면서 자기 삶이 처절하고 딱하게 생각될 때가 있다. 다른 생각은 하지 않고 오로지 한 목표를 향하여 열심히 살아왔는데도 괄목할 만한 일도 뛰어난 일도 자랑스러운 일도 내놓을 만한 아무 일도 없고 챗바퀴 돌듯이 반복되는 좁은 삶의 테두리 안에 갇혀서 살아가고 있는 자신을 발견하면 나의 삶은 왜 이런 모습일까 하고 자신의 운명이 처절하게 느껴지며 실망과 걱정을 하게 된다. 그렇다고 내게 주어진 운명을 내던져버리고 멀리 떠나 혼자 살 수는 없다. 성장해서 가정을 갖고 직업을 가지면 자신이 원하는 삶을 마음대로 살 수 있을 것 같지만 현실은 생각과는 거리가 멀고 냉정하다. 이럴 때 우리를 일으켜 세울 수 있는 것은 무엇일까? 두말할 것도 없이 영감으로 기록된 하나님의 말씀과 기도를 통해 얻을 수 있는 힘이다.

세계 문학사의 거장으로 인정받고 뛰어난 솜씨를 지녔던 독일의 문학가 괴테도 항상 편안하고 쉽게 작품을 쓴 것은 아니다. 수많은 도전과 시도와 고뇌를 통하여 작품이 탄생하였다. 『젊은 베르테르의 슬픔』이라는 책은 그나마 오랜 시간이 걸리지 않았지만 『빌헬름 마이스터』라는 제목의 교양소설 시리즈는 완성까지 50년이라는 긴 시간이 걸렸다.

50년이라는 세월 동안 글을 술술 써 내려갈 수 없는 창작의 고통이 있었지만, 괴테는 고통스러운 현실에서 도망하지 않고 그에게 주어진 운명과 맞섰다. 괴테는 그 의미를 이렇게 말했다.

"자신을 이겨내지 못하는 초라함의 근원은 세상과 인간과 사회가 아니라, 바로 나 자신에게 있다. 이 세상에 까다롭지 않고 쉬운 일은 아무것도 없다. 오직 의욕과 열정과 사랑만이 우리가 어려움을 극복하도록 도와주고 우리를 위해 길을 열어주며, 우리를 높이 올려 준다. 다시 말하면, 주어진 운명과 맞서서 싸울 때만이 운명은 우리 편에 서서 우리를 도와준다."

철학자 니체 또한 괴테와 마찬가지로 삶의 도전에 맞서고 자신의 운명을 적극적으로 창조해 나가라고 강조하였다. 니체는 『니체 대 바그너』라는 책에서 "고통으로 깊이 괴로워해 본 사람은 똑똑하고 현명한 사람들보다 오히려 더 깊고도 넓은 것을 알 수 있다."라고 말하고 있다. 자신의 처지가 딱하게 느껴지고 삶에서 도망치고 싶은 사람들에게 니체는 "내 삶에서 가장 어려운 시기에 오히려 더 깊이 감사하고 나를 돌아보며 나다운 나를 만들어 가야 한다."라고 조언한다.

삶의 터전에서 도망치고 싶은 것은 나뿐만이 아니라 이 세상의 거의 모든 사람이 삶의 고뇌와 고민 속에서 살아가고 있다. 그럼에도 불구하고 희망과 용기로 살아가고 있으니 주어진 삶을 피하려고 하지 말아야 할 것이다. 운명을 피하려고 하는 것은 비겁한 일이며, 결과적으로 따라오는 것은 절망이다. 그러니 오히려 신념과 의지와 강한 믿음과 신앙철학으로 운명에 맞서라. 도전하라. 고통도 기쁨도 영원한 것은 없다. 고통에 맞서며 극복하는 자에게는 운명이 친근하고 친절한 삶으로 인도하게 될 것이다. 반드시 내 삶에 밀물이 들어와 드넓은 세상으로 나아갈 때가 온다.

사도 바울은 "그런즉 서서 진리로 너희 허리띠를 띠고 의의 호심경을 붙이고"(엡 6:14)라는 하나님의 말씀을 통해 운명과 맞서 싸우는 방법을 우리에게 제시하였다.

우리 그리스도인이 취해야 할 첫 번째는 바로 허리띠라는 말씀이다. 사도 바울이 이렇게 허리띠를 가장 먼저 소개하는 데에는 타당하고도 중요한 이유가 있다. 그때는 사람들이 긴 치마처럼 치렁치렁한 옷을 입던 시대이다. 아무리 힘이 좋고, 좋은 무기를 갖춘 장수라도 헐렁한 긴 옷을 입고서는 적 앞에서 힘을 쓰기가 쉽지 않았다. 방패와 무기를 잡아야 할 두 손은 긴 옷을 추스르는 데 급급하고 이리저리 움직이며 몸의 균형을 잡아야 할 두 발은 옷에 차여 넘어지기 쉬웠을 것이다. 그 때문에 바울은 여기에서 가장 먼저 진리의 허리띠를 띠어야 한다고 교훈하였다. 이처럼 우리 그리스도인이 먼저 진리로 허리띠를 매지 않고서는 결코 영적 전쟁에 임할 수가 없다. 허리는 힘의 근원이기에 이 허리를 하나님 진리의 말씀으로 감쌀 때 불행하고 어둡고 고통스러운 운명을 이길 수 있고, 이긴 후에는 불행한 운명이 영적인 전쟁에서 대적할 수 있게 되는 것이다. 즉, 인간의 불행한 운명을 친근한 운명으로 만들기 위해서는 하나님의 말씀인 진리로 몸과 마음과 허리를 동여매야 함을 강조하고 있다.

둘째는 의의 흉배를 붙이라고 하였다. 여기에서 흉배는 로마 군인들이 가슴에 대던 단단한 쇠나 금속판 종류들을 가리키고 있다. 사람이 공격받을 때 가슴은 제일 위험한 위치이다. 가슴에 단단한 흉배를 붙이면 실수로 적의 칼에 가슴이 노출되더라도 안전할 수 있다. 그러므로 의의 흉배를 붙이라는 말씀은 우리가 삶에서 실패해서 넘어지고 불행한 운명 가운데에 놓이게 된다고 할지라도 믿음으로 말미암은 '의'를 가슴에 새기고 의지한다면 불행한 운명도 친근한 운명으로 바꾸어나갈 수 있다는 것이다.

이처럼 우리는 하나님 진리의 말씀으로 허리를 튼튼히 동이고 '의'로 가슴에 흉배를 붙이고 살아서 비참하고 불행한 운명이 닥쳐온다고 할지라도 반드시 친근한 운명으로 바꿔놓는 믿음의 사람이 되었으면 한다.

고난에서도 희망의 불꽃을 피우는 자신감

심리학자 에머슨은 "자신감은 성공의 으뜸가는 비결이다."라고 하였다. 캄캄한 밤에 경작한 토양에서는 들풀 씨앗의 발아율이 단지 2퍼센트에 불과하다. 그러나 낮에 경작한 토양에서는 그에 40배나 되는 80퍼센트에 달한다. 이는 독일의 유명한 농학자 슈뢰터가 연구를 통해 발견한 사실이다. 그는 문제의 본질을 확실히 하기 위해 한 단계 더 나아간 연구를 진행했고, 결국 들풀 씨앗은 대부분 토양에 뿌려진 다음 몇 시간 동안 빛의 자극을 받지 못하면 발아하지 못한다는 본질을 발견하였다.

우리는 밤처럼 어두운 인생의 시기를 보낼 때 예수 그리스도를 믿는 믿음 안에서 자신감이라는 한 줄기의 빛을 잊지 말아야 한다. 어쩌면 그 빛은 미약해 보일지도 모르지만 인생을 바꿀 수 있다. 반드시 승리하리라는 자신감이 있으면 어려움을 극복하고 성공한 사람이 될 수 있다. 그러나 자신감과 의지와 신념이 부족한 사람은 축축하게 젖은 성냥과도 같아서 희망의 불꽃을 피우지 못한다. 주위를 보면 좋은 것은 절대 내 것이 될 수 없고, 가질 수도 없다고 생각하는 사람들이 있다. 이와 같은 자기 비하 심리를 가진 사람이 위대하고 큰일에 대한 신념을 논할 수 없는 것은 당연하다.

한 병사가 나폴레옹에게 편지를 전해주기 위해 서둘러 달려가고 있었다. 하지만 너무 빠른 속도로 있는 힘껏 말을 재촉한 까닭에 말은 목적지에 도달하기도 전에 쓰러져 죽고 말았다. 병사는 가까스로 나폴레옹에게 편지를 전해주었고, 나폴레옹은 즉시 회신을 쓴 다음 병사에게 건네면서 자기 말을 타고 가면 더 빨리 회신을 전할 수 있을 것이라고 하였다. 그러나 화려하고 건장한 나폴레옹의 말을 보고 주눅이 든 병사는 대답하기를 "안 됩니다. 저와 같은 말단 병사에게 화려하고 건장한 말은 어울리지 않습니다."라고 하였다. 그러자 나폴레옹은 "이 세상에 프랑스 병사에게 어울리지 않는 말은 없다."라고 대답하였다.

혹시 우리도 병사와 같은 생각을 하고 있지는 않은지 살펴봐야 한다. 마음속 깊은 곳에서부터 자신을 비하하고, 당당하게 요구하지 못하고, 나아가 공개적인 장소에서 자신을 드러내지 못하고 있지는 않은지 돌아보자. 자기 비하는 발전하려 노력하지 않고 자신을 도태시키는 변명이자 구실에 불과하다.

어느 중국 문학가는 말하기를 "자신감은 삶의 가장 위대한 역량이다. 이는 어려움을 이겨내고 성공의 기적을 창조하는 데 기초가 된다. 자신감만 있으면 높은 산도 옮길 수 있다. 마음속에 이길 수 있다는 자신감만 있으면 반드시 승리한다."라고 하였다. 이처럼 자신감만 있으면 분명 내가 원하는 사람이 될 수 있다.

오자와 세이지는 세계적 명성을 가진 오케스트라 지휘자이다. 그는 과거에 우수한 지휘자를 뽑는 세계 지휘자 대회에 참가한 경험이 있었다. 대회의 결승에서 심사위원은 그에게 악보를 건네주며 이대로 연주해 달라고 부탁하였다. 한창 연주를 이어가던 중에 그는 화음이 맞지 않는 부분이 있는 것을 발견하였다. 처음에 그는 오케스트라가 연주를 잘못한 것으로 생각해 일단 연주를 중단시켰다가 다시 연주를 시작했지만, 여전히 화음이 맞지 않았다. 그는 악보에 문제가 있다고 의견을 피력했지만, 그 자리에 있던 권위 있는 작곡가와 심사위원들은 그의 생각을 인정하지 않았고 그가 틀린 것이라고 하였다. 그러나 그는 잠시 생각한 후 음악의 대가와 권위자 앞에서 단호하게 "아닙니다. 분명히 악보가 틀렸습니다!"라고 자기 생각을 강하게 말했다.

그의 말이 끝나기가 무섭게 심사위원들은 벌떡 일어나 열렬한 박수로 화답했고, 그 대회에서 오자와 세이지는 우승하였다. 사실 이는 심사위원들이 몰래 설치한 함정이자 일종의 테스트였다. 그들은 악보에 잘못된 부분이 있다는 사실을 발견한 지휘자가 권위 있는 심사위원들이 부정하는 가운데 자신의 정확한 주장을 고수할 수 있는가를 검증하려 했던 것이었다. 오자와 세이지보다 먼저 참가한 두 명의 지휘자는 비록 잘못된 부분을 발견했지만, 권위자들의 부정 앞에 자신에 대한 믿음을 잃고, 탈락하고 말았다. 반면 오자와 세이지는 강한 자신감으로 세계 지휘자 대회의 우승을 성취하였다.

서양의 한 철학자는 "내가 만약 한 덩이 흙이라면 나는 이 흙에 가장 용감한 사람의 발자국을 남길 것이다."라고 말하였다. 표정과 언행에 시시각각 자기 비하가 드러나고 자신을 존중하지 않으며 자신감이 없는 사람은 다른 사람의 존중과 신임을 얻을 수 없다.

성공자는 자신감을 가지고 앞을 향해 발걸음을 내디딘다. 그러나 실패자는 열등감 속에서 주저앉거나 뒤로 물러선다. 계속되는 성공은 자신감을 성장시키지만, 거듭되는 실패는 사람을 갈수록 비굴하게 만든다. 이에 원래 자신감을 느끼고 있던 사람도 몇 차례의 실패를 겪고 나면 열등감을 가지게 된다. 자신감이 없을 때는 어떤 일을 해도 잘 풀리지 않는다. 그렇게 되면 또 자신감을 잃게 되고 악순환의 반복이다. 이러한 악순환에서 벗어나려면 우선 가장 자신 있게 해낼 수 있는 일부터 시작하면 된다. 성공을 거듭하면 자신감은 갈수록 강해질 것이다.

자신감은 삶에 직면하는 용기이자 신념의 일종이다. 자신감은 내면에 존재하지만, 사람의 행동을 통해 드러난다. 자신감이 있는 사람에게는 축복과 승리가 따른다. 그들은 자신이 원하는 삶을 위해 끊임 없이 노력하고, 그들이 걸어가는 길에는 찬란한 빛이 충만하다. 자신 에게 능력이 있다는 사실을 믿지 않으면 그 어떤 일도 성공시킬 수 없 다. 자신감을 가진 사람은 함부로 자신을 낮추지 않는다.

성경에 예수님께서 산에 계시는 동안 남아 있던 제자들에게 어떤 사람이 귀신 들린 자기 아들을 데려왔으나 제자들은 귀신을 쫓아내 지 못하였다. 이에 산에서 내려오신 예수님을 보고 귀신 들린 아들의 아버지는 "귀신이 내 아들을 죽이려고 불과 물에 자주 던졌나이다 그 러나 무엇을 하실 수 있거든 우리를 불쌍히 여기사 도와주옵소서." 라고 하였다. 아버지는 아들이 고침을 받을 수 있다고 믿고 예수님을 찾아왔지만 제자들의 무능력을 보고 확신을 가질 수 없었다. 그래서 '무엇을 하실 수 있거든'(if you can do anything)이라는 말을 붙였다.

그는 비록 부족한 믿음이었지만 예수님께 일말의 기대를 하고 아 들의 치유를 호소하였다. 그러나 예수님은 "할 수 있거든 이 무슨 말 이냐 믿는 자에게는 능히 하지 못할 일이 없느니라"라고 대답하셨다. 이는 예수님의 능력과는 별개로 아버지의 예수님의 능력에 대한 신 뢰와 믿음에 따라 병의 치유가 달려 있음을 말하는 것이다. 다시 말하 면, 하나님을 믿는 믿음만 있다면 불가능이 없다는 뜻이다. 믿음 자체 가 병을 고치는 능력을 발휘하는 능동적인 힘인 것이다.

이를 볼 때 제자들이 어린이의 병을 고치지 못한 것은 그들에게 믿 음이 없었기 때문이다. 의심하는 자에게는 이러한 축복이 주어지지 않는다. 그러나 믿음으로 하나님의 뜻에 합당하고 선한 일을 할 때 인간으로서는 상상도 할 수 없는 큰 능력과 은혜의 체험을 하게 된다. 그러므로 하나님을 믿는 믿음 안에서 자신감을 가지고 고난 가운데서도 희망의 불꽃을 피우는 우리 모든 인생이 되었으면 한다.

가면에서 벗어난
진실한 인생

사람들은 자기 본모습을 숨기려고 타인과 거리를 두고 가면을 쓰는 모습을 볼 수 있다. 그래서 그들의 진정한 모습을 알기란 어렵다. 그런 까닭에 타인이 자기 가면을 벗기는 게 두려워서 경계하는 심리가 있다. 이러한 삶은 가면무도회와 별 차이가 없다. 그들은 다양한 가면을 쓰고 위장을 통해 다른 사람의 시선이나 질타로부터 도피하고 자신을 보호하려 한다. 그들은 진정한 자기 모습을 가면 속에 감춰두고 진실한 일면을 영원히 묻어두려 한다. 진실한 인생관 없이 사는 것이다.

하버드 대학교의 권위 있는 교수 네오 홀맨은 하버드 학생들에게 다음과 같은 실화를 들려주었다. 이 예화는 세상의 모든 인류가 알고 들어야 할 이야기이며, 가면을 쓴 삶에서 벗어나서 진정한 나의 모습으로 돌아가야 한다는 교훈을 주었다.

50대의 남자가 유명한 성형외과 의사를 찾아왔다. 그는 교수에게 자기 가면을 떼어 달라고 부탁하였다. 그는 특수한 재질로 만들어진 가면을 쓰고 생활한 지 이미 30여 년이 되었는데 지금은 자신의 본래 모습으로 돌아가기를 원한다고 하였다. 처음에 이 교수는 그가 가면을 쓰고 있다는 사실을 전혀 알아채지 못하였다. 그러나 손으로 얼굴을 만져보자 뭔가 다른 면을 느낄 수 있었다. 그러나 이는 매우 미세해서 일반적인 사람은 느낄 수 없을 정도로 진짜 피부 같았다.

남자는 자신을 Q라고 불러 달라고 이야기하였다. 교수의 진찰 결과 Q의 가면이 얼굴 피부와 완전히 결합되어 떼어내기가 매우 어려운 상황이었다. Q의 설명에 따르면 가면을 쓴 초기에는 외출할 때만 쓰고 밤에는 조심스럽게 떼어냈다고 하였다. 처음에는 불편하다는 생각이 들었지만 서서히 익숙해졌고 그 이후 떼어내지 않게 되어 점차 가면의 존재를 잊게 되었다고 하였다.

그는 타지에서 온 사람이기 때문에 그가 가면을 쓰고 있다는 사실을 아는 사람은 아무도 없었다. 가면을 쓴 그는 온화하고 우아한 사람이었으며 희로애락을 내색하지 않았다. 사람들은 그의 표정에서 마음을 읽어낼 수 없었다. 시종일관 봄의 햇살 같은 온화한 미소를 띠고 있었다. 다른 사람과 의견 충돌을 빚는 일이 매우 드물었지만 설령 그렇다고 하더라도 평온하고 온화한 표정을 유지하였다.

직장에서도 출세 가도를 달렸다. 지금의 자리에 올라서기까지 때로는 마음속에서 울분이 끓어오르고 억울해서 참지 못해 폭발하고 싶은 순간도 있었지만 결국에는 자신을 억제하였다. 가면은 진실한 내면을 숨겨주었고 이를 눈치챈 사람은 아무도 없었다. 자신을 제외하고 그가 가면을 쓰고 있다는 사실을 아는 사람은 없었다. 그의 아내도 마찬가지였다. 아내 앞에서 때로 화를 냈지만, 화를 낼 때도 항상 웃는 표정이었다. 아내는 그에게 겉은 착해 보여도 속은 알 수 없다고 하였다. 가면의 존재에 익숙해져 버린 그는 마치 태어날 때부터 쓰고 있던 것 같았다. 가끔 마음속으로 가면을 쓰고 살아가는 자신이 슬프다고 느껴졌지만 얻은 이익과 성공을 생각하면 그의 마음은 평온해졌다.

교수는 대량의 자료조사 끝에 가장 좋은 수술 방법을 정하였다. 명성이 높은 동료 의사와 함께 매우 정교한 수술을 진행하였고, 12시간 후에 가면은 완전히 그의 얼굴에서 떨어져 나갔다. 수술은 예상보다 성공적이었다. 6개월 후 Q는 얼굴의 붕대를 풀게 되었다. 그러나 Q의 얼굴 신경은 오랜 기간 사용되지 않아 이미 그 기능을 완전히 잃고 마비가 된 상태였다. 얼굴 전체에 표정이 없어서 마치 미이라 같았다. 의학적으로 신경의 손상은 회복될 수 없었기에 교수는 어떤 방법으로도 그를 회복시킬 수 없었고, 매우 유감스럽게도 Q는 또다시 가면 같은 얼굴로 살아가게 되었다.

오늘날 치열한 경쟁사회에서 우리는 매일 성공자 혹은 실패자라는 역할을 연기하며 살아간다. 우리가 순수한 어린이였을 때 넘어지면 크게 울었고, 오랫동안 갖고 싶었던 선물을 받으면 기뻐서 주위 친구들에게 자랑하였다. 어린 시절에 우리는 대부분 자신의 감정을 숨길 필요가 없었다. 기쁘면 큰소리로 웃고 슬프면 목 놓아 울면 그만이었다. 그러나 어린이 티를 벗고 어른이 되면서 우리는 가면을 쓰고 이 세상을 대하는 법을 배움으로 자신의 흥미를 위장하거나 감정을 억제하게 되었다. 실패자들은 상처받기 쉬운 마음을 숨기기 위해 금욕의 가면을 쓰고 산다. 자존심이 강한 사람들은 냉정의 가면을 선택해서 사랑받고 싶은 욕구를 감추게 된다. 그리고 자신감이 없는 사람들은 대다수 과시의 가면을 선택해서 사람들 앞에서 성공을 과장한다.

매일 가면을 쓰고 생활하면 당연히 소유해야 할 즐거움과 행복을 잃고, 갈수록 허위와 가식적으로 변하게 된다. 우리가 이런 변화를 참을 수 없게 되었을 때는 이미 후회해도 늦는다. 진정한 행복과 즐거움을 얻고 싶다면 반드시 가면을 벗고 진실의 모습으로 돌아와야 한다. 이것만이 진실한 삶을 살아가는 길이다.

오늘날 종교 지도자 중에도 가면을 쓰고 사는 경우가 있다. 1950년 전쟁 이후 불안했던 시대에 사람들에게 거짓의 가면을 쓰고 접근하여 많은 착취를 하고 엄청난 고통을 안겨준 사람이 있었다. 자신을 예수라고 하면서 본인이 안수하면 걷지 못하는 자가 걷고, 농아가 말을 하고, 시각장애인이 눈을 뜨고, 자기가 목욕한 물을 마시면 영생할 수 있다며 사람들을 현혹했다. 기독교인이든 기독교인이 아니든 많은 사람이 미혹을 당했으며 심지어 교계의 지도자들도 속임을 당했다. 이로 인해 가정이 파괴되기도 했다. 이렇게 가면은 암적인 존재와도 같다.

"진실한 입술은 영원히 보존되거니와 거짓 혀는 잠시 동안만 있을 뿐이니라"(잠 12:19)라고 하였고, "거짓 입술은 여호와께 미움을 받아도 진실하게 행하는 자는 그의 기뻐하심을 받느니라"(잠 12:22)라고 하였다. 즉 거짓 입술을 지닌 자는 하나님이 미워하시는 것이 되어 눈 깜짝일 동안만 있다가 소멸될 것이지만 정직한 입술을 지닌 자는 하나님의 기뻐하심 가운데 영원한 생명을 얻는 축복을 받게 될 것이라는 말씀이다. 이를 통해 솔로몬은 인생의 구원과 파멸은 입술이 거짓을 말하는지 진리를 말하는지 아닌지에 의해 결정될 것임을 강조하였다.

장 그르니에의 『까뮈를 추억하며』라는 책에 알베르 카뮈에 관해 설명하기를 "그의 작품이 지닌 특성 가운데 하나는 모든 독자를 감동시킨다는 것이다. 이것은 흔하지 않은 장점이다. 나는 알베르 까뮈의 목소리가 왜 폐부를 찌르는지 잘 알고 있다. 그는 숨김도 암시도 없다. 그는 말해야 할 것을 직접적으로 말한다. 다음으로 그는 자기의 전부를 걸고 말한다. 말을 하는 것은 그의 일부분이 아니다. 따라서 까뮈는 정신을 납득시킬 수 있었을 뿐만 아니라 마음을 승복시킬 수 있었다"라고 하였다. 이는 진실이라는 것이 가지는 강력한 힘과 영향력을 단적으로 보여주는 글이다. 사실 아무리 화려한 문체와 미사여구들로 가득한 뛰어난 문학 작품일지라도 그 안에 진실함과 삶에 대한 진지한 고백이 없다면 그 책은 이내 사람들의 관심에서 멀어질 것이다.

이 세상에 진실만큼 큰 힘은 없다. 모든 거짓은 이내 밝혀져서 폐기되고 지워지지만 진실은 영원성과 지속성을 가지고 살아가게 된다.

진실과 정직이 이러한 능력을 갖추는 것은 진실과 정직이야말로 하나님의 대표적 속성이기 때문이다. 그래서 하나님께서는 정직한 인생, 진실한 인생을 기뻐하시고 사랑하신다. 그러므로 우리는 할 수만 있다면 있는 모습 그대로 진실하고 정직하게 인생을 살아서 세상의 빛이 되는 값진 삶이 되었으면 한다.

가장 좋은 거울은

어떤 사람은 거울을 보면서 자기 외모를 관찰하고, 나는 어떤 사람인지 깊이 생각하기도 한다. 거울은 우리의 외면을 보는 용도지만 거울을 통해 내면을 관찰할 수도 있고 자신의 어느 부분에 결점이 존재하는지 알 수 있다. 그런데 인생의 가장 좋은 거울은 바로 하나님의 말씀과 자기 자신이다.

세계적인 첼리스트 요요마의 부모는 모두 미국의 대학을 졸업하고 월스트리트에서 경제 연구원으로 일하였다. 요요마가 태어나자 그의 부모님은 그를 뛰어난 수학자로 키우려고 계획하고 요요마가 아직 말도 하지 못할 무렵에 요요마에게 숫자를 가르치기 시작하였다. 그래서 그는 가장 먼저 배운 말이 엄마, 아빠가 아니라 숫자였다.

두 살 때 그의 부모님은 그에게 산수를 가르치기 시작하였다. 그렇게 요요마는 부모님의 요구대로 열심히 공부했고, 기계적으로 어린 시절을 보냈다. 초등학교에 다닐 때 그는 학교에서 수학 천재였고, 수학 경시대회에서도 대상을 수없이 많이 받았다. 그의 부모님과 선생님, 친구들은 기뻐했지만 정작 요요마에게 이는 전혀 의미가 없었다.

어느 날 학교 공부가 끝나고 집으로 가는 길에 비가 왔다. 비를 피하려고 평소 가던 길과는 다른 길을 택해서 가고 있는데, 오래된 집 정원 안에서 너무나도 아름다운 연주가 들려왔다. 요요마는 발걸음을 멈추고 음악을 들었다. 정원에서는 연세가 지긋한 노인이 첼로를 연주하고 있었다. 노인의 연주를 들은 요요마는 크게 감동하였고, "만약 내가 저렇게 아름다운 곡을 연주할 수 있다면 얼마나 좋을까?"라는 깊은 생각에 잠겼다.

그 순간 요요마는 음악이야말로 자신이 진정으로 좋아하는 것임을 발견하였다. 노인은 정원 앞에 서 있는 요요마를 안으로 들어오게 하였다. 노인은 요요마를 위해 아름다운 곡과 음악과 관련된 감동적인 이야기를 수없이 들려주었다. 요요마는 그의 음악에 완전히 젖어들었다.

이런 사실을 알지 못하는 부모님은 요요마를 수학 영재반에 등록시켰고, 물론 그는 전혀 흥미를 느끼지 못하였다. 종종 수업을 팽개치고 노인의 집에 가서 음악을 듣고 첼로를 배웠다. 예상대로 수학 성적은 나빠졌다. 부모님은 수학 공부를 열심히 해야 한다고 타일렀지만, 요요마는 "왜 꼭 수학을 공부해야 합니까? 저는 수학을 전혀 좋아하지 않아요! 어머니, 아버지와 저는 다릅니다. 저는 수학보다 음악을 사랑하기 때문에 제가 좋아하는 음악을 더 잘할 수 있고 분명 더 행복해질 거예요."라고 강하게 자기 생각을 말하였다. 그는 자신이 나아갈 인생의 방향을 선택해야 한다고 판단했고, 부모님을 포함해 그 누구도 자기 자신을 대신할 수 없다고 생각하였다.

그때부터 요요마는 노인의 집에서 음악을 배웠다. 얼마 지나지 않아 그의 의지는 부모님의 마음을 움직였고 부모님은 아들이 음악학원에 다니는 데 동의하였다. 음악에 흥미가 있었기 때문에 요요마의 실력은 하루가 다르게 성장하였다. 고등학교를 졸업할 때 그는 뉴욕 맨해튼의 전체 학생 음악회에서 일등상을 받았고, 하버드 대학교에 입학하였다. 그리고 그의 명성은 점점 높아져 교향악단과 유명한 피아니스트, 음악의 대가들이 그에게 연주를 요청하였다.

그 후로 다년간 요요마는 음악 분야에서 끊임없는 노력과 발전을 이어갔다. 여러 차례 백악관에 초청되어 곡을 연주했고, 댄 데이비드상과 그래미상의 단골손님이 되어 그의 명성은 전 세계로 퍼져나갔다. 그리고 2006년 유엔의 평화 대사로 임명되었고, 2011년 미국 대통령 오바마가 직접 수여하는 대통령 자유훈장을 받기도 하였다. 대통령 자유 훈장을 받은 그는 감격하며 다음과 같이 말했다.

"내 인생의 주인은 오로지 하나다. 그것은 바로 나 자신이다. 자신이 배열해 놓은 인생의 궤적을 가다 보면 가장 즐거운 인생이 될 것이고 성취를 이룰 수 있을 것이다."

다른 사람은 나의 장점 혹은 단점을 비춰낼 수 없다. 모든 사람은

가장 좋은 거울은

자신만의 거울을 가지고 있어 다른 사람을 통해 자신의 가치를 평가하고 바라보면 자신이 어떤 사람인지 알 방법은 찾을 수 없다. 세상 모든 사람은 저마다 다른 역할을 연기하고 있고, 각자 다른 임무를 짊어지고 있다. 자신의 역할을 잘 해내기 위해 우리에게 필요한 것은 바로 내면의 거울, 즉 내 마음의 거울이다. 이를 통해 객관적으로 자신의 부족함과 우수한 부분을 발견하는 것이다. 또한 자아 반성을 통해 자신의 부족함을 살핀 후 끊임없이 자신을 개발해야 한다.

그리스도인의 거울은 하나님의 말씀과 예수 그리스도, 그리고 사색이다. 이를 깨닫고, 자신에 대해 깨달은 사람이 바로 사도 바울이다. 그는 내면의 거울을 바라보면서 "미쁘다 모든 사람이 받을 만한 이 말이여 그리스도 예수께서 죄인을 구원하시려고 세상에 임하셨다 하였도다 죄인 중에 내가 괴수니라"(딤전 1:15)라고 하였다. 하나님의 은혜를 받고 나면 변화하는 것이 많다. 먼저 하나님이 나에게 절대적으로 필요한 분임을 알게 된다. 하나님 없이는 망할 인생임을 알게 되고, 내가 죄인이라는 사실을 알게 되고 인정하게 된다. 그러다가 복음의 은혜가 충만해지면 내가 죄인 중에 우두머리라는 사실을 알게 된다. 그래서 사도 바울은 "죄인 중에 내가 괴수"라고 고백한 것이다.

사도 바울은 예수 그리스도를 만나기 전에는 교회를 핍박하던 사람으로, 성도들을 잡아다 사형시키도록 넘기고, 성도들을 박해하기 위해 동분서주하던 사람이었다. 그래서 바울은 자신을 가장 추악한 죄인 중에 괴수라고 고백할 수밖에 없던 것이다. 그러므로 하나님의 말씀과 나 자신이라는 인생의 거울을 통해 사도 바울처럼 자신이 누구인지 깨닫고 인생을 발견하며 하나님의 영광을 위해 살아가는 그리스도인이 되었으면 한다.

예수를 닮은 선한 나무

스토아학파의 철학자 마르쿠스 아우렐리우스는 하나님이 만드신 나무의 선한 모습에 대해서 시를 통하여 다음과 같이 설명했다.

나무가
수백 년 수천 년을 사는 것은

사람이건 동물이건
베푸는 일생을 다하는 까닭이다.

언제 한 번이라도
욕심을 부리거나 해를 끼친 적 없이

제 가진 것 모두를
아낌없이 내어 주는 까닭이다.

나무는 늘 제자리를 지키는
헌신적인 본성이
하나님을 닮은 까닭이다.

나무는 봄이 되면 푸른 싹을 틔우고 아름다운 꽃을 피워 사람들에게 고운 향기를 전해주고 보는 이로 하여금 기쁨과 즐거움과 감격을 느끼게 한다. 그리고 여름에는 시원한 그늘을 만들어 누구에게든지 더위를 피하게 하고 사람이나 날아가는 새들도 나무 그늘에서 쉬게 하며 매미들도 마음껏 여름을 즐길 수 있도록 가지를 내어 준다. 그리고 가을이면 먹음직스럽고 탐스러운 각종 과일을 맺어서 사람과 동물들이 먹게 하고 영양을 보충하게 한다. 나무는 집을 짓는 재목이 되고, 책을 만드는 종이가 되고, 책상과 의자가 되고, 가구가 되고, 땔감이 되기 때문에 하나도 버릴 것이 없이 사람들에게 쓸모 있고 가치 있는 헌신과 사랑의 대표적인 자연이라고 할 수 있다. 또한 나무는 이 지구상에서 동식물을 포함해 가장 오래 사는 생물이다. 나무가 수백 년을 살고 수천 년을 사는 건 베푸는 삶을 살기 때문이다. 나아가 욕심을 가졌거나 해를 끼친 적이 없는 까닭에 나무는 선하다. 어떻게 보면 나무는 이성을 가진 인간보다도 좋은 면이 많다. 왜냐하면 나무는 죄를 범하지 않기 때문이다. 그래서 마르쿠스 아우렐리우스는 나무를 사랑의 대명사이고 희생의 대명사라고 하였다.

　사람의 내면에는 선과 악이 존재한다. 그런 까닭에 선을 가까이하면 선한 일을 하게 되고, 선한 삶을 살게 되며, 악을 가까이하면 악한 일을 하게 되고, 악한 삶을 살게 된다. 선과 악이 인간의 마음에 함께 존재하는 것에 대한 아주 재미있고 흥미로운 교훈의 이야기가 있다.

　지구가 생겨난 이래 큰 홍수가 있었다. 이 홍수는 보통 홍수가 아닌 전 세계를 삼켜버린 무시무시한 홍수였는데, 이 홍수가 일어나기 전에 있었던 일이다. 많은 동물이 노아의 방주로 몰려와서 방주에 태워달라고 호소했다. 노아는 암수 한 쌍씩 동물들을 태웠다. 그때 '선'도 황급히 뛰어와서 방주에 태워 달라고 노아에게 간청했다. 노아는 '선'을 향해 방주에는 짝이 있어야만 탈 수 있는데, '선'은 혼자 왔기에 안 된다고 하였다. 노아의 말을 들은 '선'은 숲으로 달려가서 짝을 찾아 바쁘게 뛰어다녔다. 그때 '악'이 다가와서 함께 짝하자고 제안했다. '선'과 '악'은 손을 꼭 잡고 노아의 방주로 달려갔고 노아는 '선'과 '악'을 방주에 태워주었다. 그로부터 '선'이 있는 곳에는 항상 '악'이 따라다니게 되었다.

　이는 '탈무드'에 나오는 흥미 있는 이야기로 인간은 아담의 범죄로 인해 태어나면서부터 항상 '선'과 '악'을 갖고 태어난다. 그런 까닭에 악을 멀리하고 선한 마음과 선한 생각을 가지고 선한 사람과 함께 하면 사람은 선하게 된다.

　나는 대학 시절 기숙사에서 한 방에 네 사람과 함께 생활한 경험이 있는데, 학생 중에 술을 좋아하는 사람과 싸움을 좋아하는 사람들이 함께 어울리면 그들은 안타깝게도 후에 불행한 낙오자가 되는 모습을 볼 수 있었다.

마르쿠스 아우렐리우스는 선에 대해 강조하기를 "자기 내면을 들여다보라. 마음속에는 선이 솟는 샘이 있다. 그 샘은 파면 팔수록 더욱 선이 솟아오를 것이다"라고 하였다. 인간의 마음속에는 선한 샘물이 솟아나 흐르기 때문에 선한 마음으로 샘을 파면 팔수록 더욱 선한 것이 솟아오르리라는 것이다. 다시 말하면, 선하게 살고 선을 베풀면 베풀수록 더 많은 선을 어려운 이웃에게 베풀 수 있게 된다는 말이다. 이 세상에서 선을 베푸는 이들을 보면 하나같이 오래도록 선을 베푸는 것을 알 수 있다. 어린이의 생명을 사랑했던 미국의 피어슨 박사도 인생을 살면서 평생 선을 행하며 살았던 사람이다. 피어선 박사가 베푼 선은 수많은 죽어가는 어린이의 생명을 살렸고, 수많은 지도자와 성직자를 길러냈다. 선명회와 많은 보육원에는 피어선 박사의 사랑의 자취가 남아 있다. 피어선 박사님 외에도 많은 훌륭한 선교사님들이 계시는데, 나 역시 아무것도 없는 사막과 같은 어려운 생활을 하였을 때 선한 마음으로 사랑을 실천한 선교사님의 도움으로 공부하고 성장하여 오늘에 이를 수 있었다

"지혜 있는 자의 교훈은 생명의 샘이니 사망의 그물에서 벗어나게 하느니라 선한 지혜는 은혜를 베푸나 사악한 자의 길은 험하니라"(잠

13:14-15)라고 말하고 있다. 여기서 지혜 있는 자란 하나님의 말씀을 두려워하고 그것으로 삶의 지침을 삼는 사람이다. 이러한 사람이 베푸는 교훈이란 무엇일까? 잘못된 길을 가는 사람들을 교훈하여 그 길을 떠날 것을 권면하고 하나님을 경외하는 것이 지혜이며 명철임을 알도록 인도하는 가르침으로서 그들을 생명과 구원으로 인도하는 교훈이다.

이러한 지혜자의 교훈은 들을 당시에는 귀찮고 불편한 것으로 느껴질 수 있지만 결국에는 그들을 사망과 멸망의 덫에서 구원할 귀한 교훈이다. 이처럼 귀한 교훈이기에 솔로몬은 그 말씀을 듣고 순종하는 자는 하나님께서 큰 은혜를 베푸시고 그의 길을 형통하게 하시지만 괴사한 자 즉 하나님의 교훈에 대하여 부정적이고 불성실한 태도로 일관하는 악한 인생에 대해서는 하나님께서 막으시고 저주하심으로 패망에 이르게 될 것을 말하고 있다. 하나님의 말씀은 곧 지혜이며 생명이기 때문에 지혜의 말씀을 떠난 인생은 결코 평탄한 인생을 살 수 없으며 궁극적으로 하나님의 구원을 성취할 수 없다. 그러므로 그리스도인은 말씀을 읽고 묵상하고 지켜 행함으로 말씀과 동행하는 삶을 살아야 한다. 그럴 때 우리 앞에 놓인 어떤 사망의 그물도 헤쳐갈 수 있을 것이고 사망의 골짜기를 지날 때도 빛 되신 말씀의 인도로 평안하게 걸어갈 수 있을 것이다.

인생을 새롭게
변화시키는 것은

인생을 살아가면서 한 사람의 신실하고 선한 모습이 주위 사람들에게 큰 힘을 주는 경우를 자주 보게 된다. 한 사람의 영웅을 둘러싸고 무수한 추종자들이 나타나는 것도 바로 그 때문이다.

고대 그리스의 부족 국가 에피루스의 왕자가 싸움터에서 세상을 떠나자 터키 사람들은 왕자의 심장에서 가장 가까운 곳에 있는 뼈를 꺼내 간직하고 싶어 하였다. 비록 전쟁터에선 적국의 왕자였지만 그가 생전에 보여준 아름답고 인격적인 선한 모습과 용기와 투지를 조금이라고 닮고 싶었다. '닮고 싶다'라는 마음은 곧 그 사람에게 강한 영향을 받았다는 증거이다. 우리는 위인들의 전기를 통해서도 그와 같은 영향을 받곤 한다.

찬송가 463장에 "신자되기 원합니다 진심으로 / 사랑하기 원합니다 진심으로 / 거룩하기 원합니다 진심으로 / 예수 닮기 원합니다 진심으로"라고 하였다. 이 찬송은 흑인영가에 가사를 붙인 것으로, 신자로 살아가려는 사람은 참마음과 온전한 믿음으로 행하며 예수님을 닮아가야 한다는 것을 교훈하고 있다.

시인 밀턴은 위인들의 발자취가 고스란히 담긴 전기를 "거장의 정신 속에 맥박치는 혈액"이라고 표현하였다. 전기는 인간의 무한한 가능성을 실증하는 활자화된 모범이며, 삶의 이정표를 제시해 주는 하나의 표본이 되기도 한다. 특히, 아직 삶의 목표가 확실하게 잡히지 않은 젊은이들에게는 위인의 전기나 어려움을 극복하고 성공한 사람들의 이야기가 담긴 책은 훌륭한 인생의 거울이 될 수도 있다. 벤자민 프랭클린은 훗날 자신의 인생을 변화시킨 요인으로 종교학자 코튼 매더의『선을 담은 수상집』을 꼽았다. 그는 자신이 다른 사람에게 도움을 주게 된 것도 바로 이 책과의 만남 때문이었다고 하면서 코튼 매더의 진로에 큰 영향을 끼쳤다고 말하였다. 이처럼 훌륭한 본보기가 되는 인생은 후세들에게도 값진 유산으로 남게 된다. 굳이 목적한 것이 아님에도 우연히 손에 든 책 한 권으로 인생의 전환점을 맞이하게 되는 경우도 있다.

로욜라 대주교는 한때 군인으로서 전쟁에 출전하였다가 전투에서 발목 부상을 당하고 야전병원에 수용되었다. 하루 종일 병실을 지키고 누워 있기가 무료했던 그는 시간을 때울 겸 읽을 만한 책을 빌려달라고 간호장교에게 부탁하였다. 그리하여 읽게 된 것이『성자 열전』이라는 책이었다. 로욜라는 이 책을 읽고 너무나 깊은 감명을 받은 후에 군인 생활을 청산하고 하나님을 위한 일에 헌신하기로 다짐하였다. 그리고 마침내 새로운 가톨릭 남자수도회인 예수회를 창설하였다. 사람이 쓴 이 한 권의 책이 그의 인생을 완전히 새로운 방향으로 이끌었다.

파스칼의 『팡세』는 많은 젊은이에게 희망과 꿈과 용기와 자신감을 주었다. 마르틴 루터도 『얀 후스의 생애와 저작』이라는 책을 읽은 것이 계기가 되어 종교개혁이라는 엄청난 역사에 일생을 바쳤다. 인도에서 활동한 영국 침례교 선교사이며 번역가, 사회개혁가, 그리고 문화 인류학자인 개신교 현대선교의 아버지 윌리엄 케리도 『쿡 선장의 항해』에 관한 책을 읽고 숭고한 선교사역에 뜻을 품기 시작하였다.

"모든 성경은 하나님의 감동으로 된 것으로 교훈과 책망과 바르게 함과 의로 교육하기에 유익하니 이는 하나님의 사람으로 온전하게 하며 모든 선한 일을 행할 능력을 갖추게 하려 함이니라"(딤후 3:16-17)라고 하였다. 이는 성경의 근원이 무엇인지를 설명하는 것이다. 인간관계에 있어서 언어란 참으로 중요하다. 언어를 통해 자기 생각을 전달하기도 하고, 다른 사람의 생각이나 마음의 상태를 알아차릴 수도 있기 때문이다. 그런데 이런 언어적인 대화는 인간관계에서만 있는 것이 아니라 하나님과 인간의 관계에서도 있다. 구약 성경에 구두로 된 인이로 하나님께서 직접 인간과 대화하는 장면이 여러 곳에 기록된 것을 볼 수 있다. 물론 이는 오늘날에도 그 내용은 다르지만, 기도와 응답으로 나타난다. 그런데 오늘날 하나님께서는 이보다 더 확실한 대화 방법을 우리에게 주셨다. 바로 성경이다.

성경은 인간의 대화 방법을 사용했으나, 인간의 대화와는 다른 것이다. 인간은 표현력이 부족해 자기 뜻을 제대로 전달하지 못할 때가 있고, 말을 전하는 데 있어 왜곡하거나 번복하기도 한다. 하지만 하나님은 연약한 인간과 전혀 다른 분이시기에 하나님의 말씀인 성경은 변함이 없는 것이다. "하나님은 사람이 아니시니 거짓말을 하지 않으시고 인생이 아니시니 후회가 없으시도다 어찌 그 말씀 하신 바를 행하지 않으시며 하신 말씀을 실행하지 않으시랴"(민 23:19)라고 분명히 말씀하였다. 성경은 하나님께서 주신 가장 확실한 하나님의 뜻을 담고 있고, 영원하며, 절대 변하지 않는 진리를 담고 있다. 그래서 청교도의 거장인 토마스 왓슨은 "신약 성경과 구약 성경은 하나님이 우리에게 말씀하시는 두 입술이다."라고 하였다.

그래서 우리가 성경을 읽어 그 뜻을 아는 것은 매우 중요하다. 이는 일반 책에 담긴 지식을 얻는 것과는 비교할 수 없다. 영으로 기록된 하나님의 말씀은 사람을 변화시켜서 악한 사람이 선한 사람이 되고, 죽을 사람이 새 생명을 얻게 되는 놀라운 기적의 역사를 이룬다.

나를 향한 하나님의 뜻을 알고 싶고, 나에게 닥친 힘든 상황에서 하나님의 뜻을 알고 싶다면 하나님 말씀을 읽으며 기도 중에 해답을 찾아야 한다. 그렇게 할 때 우리에게 들려지는 정확한 하나님의 음성을 듣게 되고, 그 말씀에 순종할 때 인생이 올바른 방향으로 나아갈 수 있다. 그러므로 우리는 하나님의 영감으로 기록된 성경 말씀을 가까이하고 묵상할 때 새롭게 변화되어 희망과 행복으로 멋있는 삶을 누렸으면 한다.

훌륭하고 좋은 친구가 있으면

해군 장교 콜링우드는 말하기를 "친구를 사귀려거든 나보다 뛰어난 사람을 친구로 삼든가, 아니면 최소한 나와 동등한 정도의 사람을 친구로 삼아야 한다. 인간의 가치는 항상 주변 사람의 가치에 따라서 결정되기 때문이다"라고 하였고, 영국의 유명한 의사 시드넘도 "사람은 자기와 자주 대화를 하는 상대가 선한 사람인가, 악한 사람인가에 따라 선해지기도 하고 악해지기도 한다"라고 하였다.

화가 피터 렐리는 평생을 가급적 하위급의 그림은 보지 않으려고 하였다. 하찮은 그림에 영향을 받게 되면 자신의 화필에 안 좋은 영향을 미친다고 믿고 있었기 때문이다. 이처럼 좋은 친구는 그 사람의 인생에 큰 영향을 미친다. 정치학자 프랜시스 호너는 사람들과 유대를 맺는 것의 중요성에 대해 강조하기를 "솔직히 말해서 지금까지 읽은 그 모든 책을 합친 것보다 한 사람의 훌륭한 인격자와 친교를 나누는 것이 내 인격과 지성을 훨씬 더 높여주었다"라고 하였다.

하이든의 천재적 자질은 헨델에 의해서 개발되었다고 해도 과언이 아니다. 하이든 자신도 헨델의 연주를 듣고 음악가로서의 정열을 불태웠다고 고백하였다. 이처럼 하이든의 걸작 "천지창조"는 헨델과의 만남이 아니었다면 이 세상에 나오지 못했을 것이다. 영국의 정치가 셸번은 젊은 시절 프랑스의 고명한 정치가 말제르브를 만났던 당시를 회상하며 "나는 여기저기 무척 많은 곳을 여행했고, 사람들도 꽤 많이 알게 됐지만, 말제르브를 만난 것이 나의 인생을 바꿔놓았다. 앞으로 내가 남을 위해서 봉사하게 된다면 이는 바로 모두 그에게 받은 영향 때문일 것이다"라고 하였다. 좋은 친구와 교제하게 되면 반드시 감화받게 된다. 작가 존 스털링은 그의 친구들에게 참으로 위대한 영향을 끼쳤다. 그와 가깝게 지낸 사람들은 한결같이 그로 인해 유익한 삶을 살게 되었다고 증언하였다. 많은 사람이 그의 참다운 언행에 감화되었고, 그를 만난 이후 완전히 달라진 인생을 살았던 경우도 있었다. 사람은 자기와 자주 대화를 하는 상대가 선한 사람인가, 악한 사람인가에 따라 선해지기도 하고 악해지기도 한다. 그러므로 그 사람의 인격과 인생관과 참모습을 알고 싶거든 어떤 친구를 사귀는지 살펴보라는 것이다.

"친구는 사랑이 끊어지지 아니하고 형제는 위급한 때를 위하여 났느니라"(잠 17:17)라고 하였다. 참된 친구는 어떠한 상황에서도 사랑이 끊이지 않는 존재이다. 자신의 상황과 형편에 따라 태도가 달라진다면 진정한 친구가 아니다. 그만큼 사랑이 끊이지 않는 친구를 얻는다는 것은 어려운 일이다. 진정한 친구를 단 한 명도 갖지 못하고 생을 끝내는 경우도 있다. 실로 진정한 친구를 얻는다는 것은 매우 어려운 일이다. 그러므로 사랑이 끊어지지 않는 친구를 한 명이라도 얻을 수만 있다면 그는 참으로 행복한 사람인 것이다.

성경에 진정한 친구에 관한 내용이 있다. 바로 다윗의 친구 요나단이다. 요나단은 한 나라의 왕자였고, 다윗은 목동 출신의 보잘것없는 사람이었다. 하지만 요나단은 그러한 신분을 초월하여 다윗의 친구가 되어주었다. 다윗은 요나단의 왕위 계승에 위협이 될 수도 있는 존재였지만 요나단은 다윗을 경계하지 않았고, 도리어 자신의 아버지인 사울 왕이 다윗을 죽이려 할 때 목숨을 걸고 보호해 주었다. 이처럼 다윗은 진실한 친구를 얻음으로써 이 세상 누구보다도 행복한 사람이 될 수 있었다.

그런데 다윗 이상으로 행복한 사람들이 바로 우리 그리스도인들이다. 왜냐하면 우리는 요나단 이상으로 우리를 사랑하되 변함없이 영원토록 사랑하시는 예수 그리스도를 친구로 삼았기 때문이다. 예수님은 본래 지극히 높으시고 전지전능하신 하나님의 아들이시다. 그에 비해 우리는 비천한 피조물이고 죄인에 불과한 존재들이다. 그런데 예수님께서는 신분을 초월하여 우리를 사랑하심으로 가장 낮은 이 땅에 오셔서 대신 죽으심으로 우리를 구원해 주시고, 친구가 되어 주셨다. "사람이 친구를 위하여 자기 목숨을 버리면 이보다 더 큰 사랑이 없나니"(요 15:13)라고 하였다. 즉, 예수님은 친구인 우리를 위하여 자기 목숨을 버리신 것이다.

　예수 그리스도야말로 우리의 진정한 친구가 되신다. 그러므로 우리는 이 세상에 제대로 된 친구가 한 명도 없다고 해도 실망할 필요가 없고, 세상 친구들이 우리를 속이고 실망시킨다고 해도 낙심할 필요가 없다. 우리의 참 친구이신 예수 그리스도가 함께하시기 때문이다. 그러므로 언제 어떤 상황에서도 우리를 버리지 않으시고 우리와 함께하시며 우리를 도우시고 위로하시는 예수 그리스도를 참된 친구로 삼고, 믿고 의지하며 살아서 소망과 희망이 넘치는 축복된 삶을 살았으면 한다.

진리와 지혜와 정의
세 원칙만 세워진다면

마르쿠스 아우렐리우스는 인생을 살아가는 동안 진리와 지혜와 정의가 마음속에서 존재해야 함을 강조하였다. 그는 "등불은 완전히 꺼질 때까지 환하게 빛을 비춘다. 인간의 마음속에 진리와 지혜와 정의는 꼭 필요한 삶의 근원이다. 이는 인류와 인간에게서부터 사라지면 안 된다"라고 하였다.

이 말에서 암시하는 것은 '진리와 지혜 그리고 정의는 삶을 살아가는 데 있어 꼭 필요하고 지켜져야 한다'라는 것이다. 그 이유는 그럴 때 세상과 인류는 바르게 되고, 개인과 개인 간에도 조화를 이루고, 인간과 인간끼리 더불어 살아가는 데 엄청나게 큰 힘과 도움이 되기 때문이다. 그러면 도대체 진리와 지혜 그리고 정의란 무엇일까?

진리의 사전적 의미는 참된 이치 또는 참된 도리, 명제가 사실에 정확하게 들어맞음 또는 논리의 법칙에 모순되지 아니하는 바른 판단을 말하며, 언제 어디서나 누구든지 승인할 수 있는 보편적인 법칙이나 사실을 뜻한다. 이것이 바로 진리이다. 이런 면에서 볼 때 진리란 참된 이치로 언제나 옳다. 그런 까닭에 태양이 수억 년 전이나 지금이나 온 누리에 빛을 밝히듯 진리는 시대를 초월하여 언제나 변함없이 존재한다. 만약 변한다면 그것은 진리가 아니다.

영국 수상을 두 번이나 역임한 벤저민 디즈레일리는 "올바른 진리는 종종 불편할 수 있지만 결코 변하지 않는다."라고 하였다. 진리에 따라 산다는 것은 때로는 힘들고 어렵다. 하지만 진리 안에 살아야 한다. 삶의 형태는 시대에 따라 변할 수 있지만 진리는 불변하기 때문이다. 미국의 목회자이며 신학자인 호레이스 부쉬넬은 "진리는 몇 번을 숨길지라도 결국은 나타난다"라고 하였다. 이는 진리는 변하지 않는다는 의미이다.

"내가 곧 길이요 진리요 생명이니 나로 말미암지 않고는 아버지께로 올 자가 없느니라"(요 14:6)라고 하였다.

지혜의 사전적 의미는 사물의 이치를 빨리 깨닫고 사물을 정확하게 처리하는 정신적 능력을 의미하며, 하나님의 속성 가운데 하나로 지혜의 특성을 근면, 정직, 절제, 순결, 좋은 평판에 관한 관심과 같은 덕행이라고 사전적으로 정의하고 있다. 이렇게 볼 때 지혜란 사물의 이치를 꿰뚫어 보는 통찰력이라고 할 수 있다. 그런 까닭에 지혜로운 사람은 혜안이 뛰어나고 판단력이 바르며, 사물을 분별하는 능력이 뛰어나 쉽게 흔들리지 않는다.

　그리스철학의 시조인 소크라테스는 "지혜는 자신을 아는 데에서 시작되며, 다른 사람들을 이해하는 데에서 완성된다"라고 하였다. 세상을 살아가면서 자신을 안다는 것은 어렵다. 자신을 알기 위해서는 오랜 수양을 통해 자신을 바로 볼 수 있는 눈을 길러야 하기 때문이다. 또한, 다른 사람을 이해하는 데에서 지혜가 완성된다고 한 것은 깊은 통찰을 의미한다. 왜냐하면 통찰력을 기르면 상대를 여러 가지 측면에서 이해하고 품을 수 있는 넓은 아량을 지니게 되기 때문이다. 그런 까닭에 지혜로운 사람은 사물을 보는 눈이 밝고, 사람을 이해하는 품이 넉넉함으로써 사람들로부터 현인으로 존경받는 것이다.

　탈무드에 "지혜는 그것을 이용하려고 하는 사람의 머리 위에서만 반짝인다"라고 하였다. 이는 지혜는 노력하는 사람에게 찾아온다는 뜻이다. 다시 말해 지혜를 기르기 위해서 노력하라는 것이다. 그런 까닭에 지혜로운 사람이 되기 위해서는 인내심을 갖고 꾸준히 공부하고 경험을 쌓아야 한다.

　솔로몬은 지혜에 대해 "여호와를 경외하는 것이 지식의 근본이거늘 미련한 자는 지혜와 훈계를 멸시하느니라"(잠 1:7)라고 하였고, "대저 여호와는 지혜를 주시며 지식과 명철을 그 입에서 내심이며 그는 정직한 자를 위하여 완전한 지혜를 예비하시며 행실이 온전한 자에게 방패가 되시나니"(잠 2:6-7)라고 하였다.

　정의란 진리에 맞는 올바른 도리, 바른 의의, 개인 간의 올바른 도리

또는 사회를 구성하고 유지하는 공정한 도리를 뜻한다. 이런 면에서 볼 때 정의는 진리에 대한 올바른 도리와 어떤 사실이나 행위가 갖는 중요한 가치성이라고 할 수 있다. 그런 까닭에 정의로운 사람은 정직하고 바른 가치관과 의리를 가짐으로 사람들에게 믿음과 신뢰를 주게 된다.

남아프리카공화국 최초의 흑인 대통령 넬슨 만델라는 "정의는 우리가 세상을 변화시키는 도구이다"라고 하였다. 이는 정의가 세상을 바르고 평등하게 만드는 데 있어 꼭 필요함을 의미한다. 그런데 정의가 제대로 기능을 발휘하지 못한다면 세상은 복잡하고 혼란해질 것이다. 그러므로 정의는 반드시 존재해야 하고, 지켜나가야 한다.

진리와 지혜, 정의 이 세 가지는 올바른 세상과 국가와 사회를 위해 그리고 개인의 자유롭고 평화로운 삶을 위해 꼭 필요하다. 마르쿠스 아우렐리우스는 진리와 지혜와 정의가 강건한 국가를 위해, 건강한 사회를 위해, 시민 개개인을 위해 매우 중요하다는 것을 강조하였다. 그런 까닭에 그가 말한 진리와 지혜와 정의가 마음속에서 사라지지 않도록 해야 하고, 이를 위해 진리를 탐구하고, 지혜를 길러야 하며, 작은 일에서부터 정의를 실천해야 한다.

"전도자가 지혜자이어서 여전히 백성에게 지식을 가르쳤고 또 깊이 생각하고 연구하여 잠언을 많이 지었으며 전도자는 힘써 아름다운 말들을 구하였나니 진리의 말씀들을 정직하게 기록하였느니라" (전 12:9-10)라고 하였다. 즉, 솔로몬은 지혜와 지식을 끊임없이 구하고 그것을 가르치고 깨달은 지혜와 지식에 대한 것을 전도서에 기록함으로써 하나님의 진리를 인류에게 전하는 것이다. 솔로몬이 전하고자 했던 바는 해 아래 인생이 허무하다는 것과 그러한 허무는 오로지 하나님을 경외함으로써 극복할 수 있다는 것이다.

그리스도인들이 세상에 전해야 할 메시지는 하나님 앞에 모든 사람이 죄인이며 죄로부터 구원 얻기 위해서는 예수 그리스도를 믿어야 한다는 매우 간단하고 명료한 사실이다. 그러나 복음이 간단하고 명료하다고 해서 우리가 무지하고 어리석은 상태로 복음을 전해야 한다는 것이 아니다. "너희 마음에 그리스도를 주로 삼아 거룩하게 하고 너희 속에 있는 소망에 관한 이유를 묻는 자에게는 대답할 것을 항상 준비하되 온유와 두려움으로 하고"(벧전 3:15). 세상 사람들이 하나님의 뜻과 복음의 비밀, 은혜로운 소망에 관해 물을 때 그에 대해 마땅한 대답을 준비해야 할 것을 교훈하였다.

따라서 진정으로 이 세상의 변화를 이끌어내기 원하는 전도자는 하나님의 뜻을 있는 그대로 전하되 세상 사람들의 논리 앞에서 무너지지 않아야 한다. 도리어 그들에게 복된 소식, 생명의 약속을 더 효과적으로 더 힘 있게 증거하기 위해 필요한 지식을 준비해야 한다. 최고의 지혜이며 구원의 유일한 증거인 하나님의 말씀은 물론이고, 세상의 지혜에 대해서도 갖출 것을 갖추어야 한다. 그렇게 할 때 하나님의 말씀이 더욱 효과적으로 세상 사람들에게 더욱 힘 있게 전달될 것이다. 그러므로 진리와 지혜와 정의를 지켜가며 하나님의 말씀을 전하여 조화로운 세상을 만들어 가는 그리스도인이 되었으면 한다.

인생의 아름다움은
진실함과 자연스러움

사람들이 오스트리아를 동경하는 이유는 세계적으로 오랫동안 '음악의 나라'라는 훌륭한 명성을 얻고 있는 것 외에도 역사적인 의미가 있는 아름다운 성들이 있기 때문이다. 이 성안에는 17, 18세기의 가구, 스탠드, 그림 등 골동품이 진열되어 있다. 가끔 오스트리아 정부가 1실링이라는 저가에 성과 성안의 골동품들을 팔기도 한다. 재미있는 사실은 이렇게 저렴한 가격임에도 불구하고 성을 사려는 사람이 매우 드물다는 것이다. 그 이유는 이러한 성을 구매하려면 반드시 부가적인 조건이 갖추어져야 했기 때문이다. 성을 새롭게 개조할 수 없고, 보수 유지만 가능하며 성의 원래 상태를 보존해야 하는 것이다. 1실링의 성을 사들인 사람은 거액의 보수 유지비용을 부담해야 한다. 이렇게 역사와 자연을 존중하고 본질을 유지하려는 이념이 바로 오스트리아가 오래된 가게와 전통 있는 마을, 소박하면서도 고풍스러운 성, 뛰어나게 아름다운 삼림, 맑고 깨끗한 공기를 유지하는 비결이다. 이러한 전통을 유지하는 모습에 수많은 관광객의 발걸음이 끊이지 않는다. 독특한 풍경이라는 본질을 유지하기 때문에 사람들의 높은 평가를 받을 수 있는 것처럼 세상 앞에서 용감하게 본질을 유지하는 사람도 다른 사람의 감탄과 좋은 평가를 얻는다.

1980년대에 앤더슨이라는 모델 에이전트 중개인이 있었다. 그는 외출하였다가 우연히 매우 독특한 소녀를 만나게 되었다. 소녀는 저렴한 옷을 입고 있었고, 짙은 화장을 한 소녀들과는 달리 깨끗한 민낯이었다. 그리고 그녀의 성격은 대범하고 솔직하고 진실하고 정직하였다. 앤더슨은 단번에 그녀가 특별하다는 사실을 알아보았고, 앞으로 분명히 연예계에서 대단한 활약을 할 것으로 생각하고 기대하였다. 이 소녀는 미국 일리노이주의 한 가난한 노동자 가정에서 태어났다. 매년 여름방학에는 학비를 마련하기 위해 어쩔 수 없이 친구들과 함께 옥수수밭에서 옥수수를 까는 일을 하였다. 그녀의 입술 주변에는 아름답지 않은 커다란 점이 있었다. 지금껏 살아오면서 그녀는 최신 패션 잡지를 읽어본 적이 없었고, 화장 기술을 배운 적도 없었고, 더욱이 유행에는 전혀 관심이 없는 소박한 소녀였다.

앤더슨은 소녀를 모델 에이전트에 추천했지만 거절당하였다. 그들은 소녀가 너무 거칠고 투박스러워 유행에 맞지 않는다고 생각하였다. 하지만 앤더슨은 그들이 그녀를 거절한 주요 원인이 입술 주변의 아름답지 않은 점 때문이라는 사실을 잘 알고 있었다. 앤더슨은 그녀가 점 때문에 차별받기를 원치 않았다. 그래서 점을 지운 합성사진을 만들어서 에이전시에 보냈다. 예상대로 그녀를 거절했던 에이전시에서 반응을 보였고 즉시 그녀를 만나게 해달라고 부탁하였다. 앤더슨은 소녀를 데리고 회사 사무실로 들어갔다. 그러자 회사 측에서는 실물과 사진이 다르다고 크게 화를 냈다. 그리고 소녀의 얼굴에 난 점을 가리키며 점을 빼지 않으면 절대 계약하지 않겠다고 화를 냈다.

비록 당시에도 점을 빼는 방법은 매우 다양하고 간단했지만, 소녀는 점을 뺄 마음이 없었기에 화를 내며 절대로 점을 빼지 않을 거라고 말하였다. 그 모습을 본 앤더슨은 그녀에 대한 기대와 신념이 확고해졌다. 그는 확고한 눈빛으로 "너는 절대로 점을 빼면 안 된다. 만약 네가 앞으로 크게 유명해지면 많은 사람이 그 점으로 너를 알아볼 거야"라고 말하였다. 예상대로 몇 년 후 소녀는 큰 인기를 얻게 되었다. 그녀의 평균 수입은 수만 달러에 달했고 거물급 모델이 되었다. 그녀의 이름은 바로 신디 크로포드이다. 세상은 그녀를 평범함을 초월한 미녀라고 평가했고, 그녀의 입술은 가장 아름다운 입술이라고 평가받았다. 그리고 사람들은 눈에 띄는 점을 그녀만의 상징으로 여겼다. 만약 당시에 그녀가 정말 사람들의 말대로 점을 빼버렸다면 그녀의 아름다움은 그렇게 특별하지 않았을 것이다. 어쩌면 몇 개의 광고를 찍은 후 그녀의 얼굴은 더 이상 대중의 머릿속에 남아 있지 않았을 수도 있고, 끊임없이 배출되는 모델들 사이에 파묻혀 버렸을 수도 있다.

세상의 아름다움과 추함은 종이 한 장 차이에 불과하다. 진정한 아름다움은 진실함과 자연스러움이라는 본질에서 나온다. 트집을 잡으려 하는 다른 사람들의 시선을 크게 신경 쓰지 말고 자신만의 본질을 유지하여 가장 진실한 아름다움을 소유해야 한다. 때로는 많은 지도자의 가면적인 모습을 보게 된다. 어떤 사람은 일류대학을 졸업한 것처럼 속여서 세상에 물의를 일으킨 교수도 있었고, 성직자도 있었다. 이는 진실함과 자연스러움이 모자라고 모자란 인격 때문이다.

"여호와의 말씀은 정직하며 그가 행하시는 일은 다 진실하시도다"(시 33:4)라고 하였다. 즉, 의인이 하나님을 찬양해야 할 첫 번째 이유는 하나님의 말씀이 정직하기 때문이다. 여기서 말씀의 정직함이란 "내 입의 말은 다 의로운즉 그 가운데에 굽은 것과 패역한 것이 없나니"(잠 8:8)라는 말씀처럼 그 안에 굽은 것과 패역한 것이 없다는 것이다. 한마디로 하나님의 말씀에는 거짓이 없다는 것이다. 저자는 정직과 진실이라는 단어를 통해 하나님의 말씀에 대한 절대적인 신뢰와 믿음을 나타냈다. 이는 누군가의 가르침에 의해 만들어진 지식적인 고백이 아니라 저자의 삶과 경험을 통해 깨달아진 진실하고도 확실한 믿음의 고백인 것이다. 그는 하나님의 말씀대로 살아왔으며, 응답하시고 역사하시는 하나님의 약속을 몸소 경험한 것이다.

하나님의 말씀은 정직하고 하나님의 행사는 모두 진실하다. 하나님의 말씀 가운데는 허튼 것이 없고, 공허한 것이 없다. 하나님이 말씀하신 모든 것이 이루어졌고, 태초에 하나님이 말씀하실 때마다 만물이 창조되었다. 역사 속에서도 하나님이 말씀하신 것이 다 이루어졌으며, 한 가지도 이루어지지 않은 것이 없다. 하나님은 정직하시고 진실하신 분이시다. 이루어지지 않은 것처럼 보일지라도 그것은 아직 때가 이르지 않았을 뿐이다. 그러므로 정직하고 진실하신 하나님께서 약속하신 것을 이루실 줄 믿고 기도하며 진실하고 자연스러운 삶을 살아가는 성숙한 그리스도인이 되었으면 한다.

인간의 단점 매력

세상을 살다 보면 마음에 드는 사람이 있는가 하면, 마음에 들지 않는 사람도 있다. 보면 볼수록 가까이하고 싶어 하는 사람이 있는 반면에 "눈 속에 모래를 넣고 비빌 수 없다"라는 말처럼 눈엣가시 같은 멀리하고 싶은 사람도 있다. 그러나 세상에는 완벽한 인간도, 완벽한 존재도 없다. 아름다운 생물에는 대부분 독이 있고 장미에는 가시가 있다. 그렇지만 줄기에 가시가 있다고 해서 장미의 아름다움이 없어지거나 사라지지 않는다. 가시가 있는 줄 알면서도 사람들은 가시를 보지 않고 장미꽃에 열광하고 사랑을 대표하는 꽃으로 장미를 꼽는다. 인간관계도 장미와 마찬가지다.

회사생활을 예로 들면, 실적 좋은 직원이 가장 충성스러운 직원이라고 단정 지을 수는 없다. 그가 인격적으로 문제가 있을 수도 있고, 윗사람의 결정에 반박하며 자기주장만 내세우는 사람일 수도 있다.

그런데도 신임을 얻는 이유는 그들이 가진 단점이 신뢰를 망가뜨리지는 않기 때문이다. 마음에 들지 않을지라도 무언가 매력이 있고, 영양가가 있고, 발전성과 미래가 있기 때문이다. 또 하나 예를 들어보자. 매우 모범적인 남편이 아내 앞에서 평생을 참고 양보하다가 말년에 갑자기 거칠고 급한 성격으로 변할 수가 있다. 고집을 세우며 아내와 자주 다투고 아내의 말에 반박한다고 해서 그를 나쁜 남편이라고 단정할 수는 없다. 우리는 인생을 살아가면서 다른 사람의 결점을 받아들이기 어려워하기도 하고, 완벽하지 않은 상대의 일 처리를 이해하지 못할 때도 있다. 장미가 가시가 있다는 사실만 부각하고 아름다움을 무시하거나, 전갈이 독을 갖고 있다는 이유로 해충으로 분류해 버리는 꼴이 되고 만다.

80억 인구 중에 단점과 결함, 모자람이 없는 사람은 없다. 예수님도 성전에서 돈을 바꾸고 비둘기와 짐승을 파는 것을 보시고 화를 내셨다. 그러니 인간은 더욱 말할 것도 없다. 그러나 가시를 지닌 장미를 좋아하는 법을 알면 지혜로운 처세가 가능하다. 훌륭한 교육자는 학생이 말을 잘 듣지 않는다는 이유로 교육을 포기하지 않고, 현명한 관리자는 직원이 단순한 실수를 하였다고 해서 섣불리 해고하지 않는다. 오히려 그 직원의 장점을 더욱 중요하게 여기고, 이를 적극적으로 활용하고 발전시킨다. 뛰어난 투자자는 이해득실을 따져보고 이익이 크면 작은 손해에 눈을 감는다.

하나님은 천지 만물을 창조하실 때 일부러 조그마한 흠집 하나씩을 만드셨다. 인간은 내 결점이 무엇인지 발견하고 장점으로 만들어 가는 성숙하고 인격적이고도 창조적인 요소를 갖춰야 한다. 시야가 좁은 사람은 장미의 날카로운 가시가 자기를 다치게 하는 것만 불평하느라 사랑하는 사람의 얼굴에 피어난 행복을 볼 줄 모른다. 반면, 지혜롭고 너그러운 사람은 다른 사람의 재능을 인정한다. 장점을 크게 보면 단점이 가려진다. 흠이 없는 사람은 없다. 상대의 단점이나 결점만 보는 것은 그를 인정하지 않기 때문이다. 그러면 그 역시 나를 인정하지 않는다. 그러나 상대보다 나에게 더 많은 단점이 있을지 모른다. 자기 눈에는 자신의 장단점이 완벽하게 보이지 않는 법이다. 그러므로 상대의 단점에서 눈을 돌려 장점으로 눈길을 돌려야 한다.

단점 가운데서도 자신의 장점을 통해 인류 역사에 남는 큰일을 한 인물이 바로 베드로다. 예수님께서 십자가에 달리시기 전에 베드로가 닭 울기 전에 세 번 예수님을 부인하게 될 것을 예언하셨으나, 정작 베드로 자신은 결코 그 예언이 성취되지 않을 것이라고 우겼다. 그당시 그는 예수님을 위해 몸을 바칠 수 있을 정도로 예수님을 사랑하고 있다고 생각했을 것이다. 그러나 운명적인 날이 이르렀을 때, 그는 대제사장의 집에서 일하는 여종의 말에 예수님을 부인하는 연약함을 드러냈다. 이처럼 인간의 결심이나 감정은 때와 장소 또는 여건에 따라 너무도 쉽게 변하여 믿을 수 없다. 베드로는 예수님을 따라다니면서 예수님의 말씀을 직접 듣고 예수님께서 행하시는 이적을 직접 목격했던 제자였다. 예수님께 "주는 그리스도시요 살아계신 하나님의 아들이시니이다"(마 16:16)라고 고백할 정도로 분명하게 예수님을 알고 있었다. 이러한 베드로가 그토록 쉽게 예수님을 부인하였다는 것을 사실 이해하기가 어렵다.

이 사건은 우리 인생이 얼마나 연약한 존재이고, 단점과 결점이 많은지 보여주며, 더 나아가 그런 인생을 의지하지 말라는 교훈을 함축하고 있다. 베드로를 통해 자신의 열정이나 자기 생각을 믿지 말고 오직 하나님만을 의지하라는 교훈을 받게 된다. 모세가 자신을 믿고 동족을 위해 일해 보려고 했을 때 하나님은 막으셨고, 모세가 철저히 자기를 부정하고 겸손해졌을 때 비로소 그를 이스라엘의 지도자로 삼으셨다. 인간의 논리를 따라 충실히 살던 바울은 다메섹 도상에서 예수님을 만남으로 자신이 하나님을 배반하는 사람으로 살았음을 깨닫고 회개하였다.

베드로는 자신의 단점을 발견하고, 회개하고, 성령 받고 예수님께 용서받아서 훌륭한 사도가 되어서 외칠 때 3천 명이 회개하는 큰 역사를 이루었을 뿐만 아니라 수많은 병자를 치료하고 살려주었다. 베드로가 얼마나 말씀과 성령과 능력이 충만했는지 알 수 있다.

"심지어 병든 사람을 메고 거리에 나가 침대와 요 위에 뉘이고 베드로가 지날 때 혹 그 그림자라도 누구에게 덮일까 바라고 예루살렘 부근의 수많은 사람도 모여 병든 사람과 더러운 귀신에게 괴로움 받는 사람을 데리고 와서 다 나음을 얻으니라"(행 5:15-16).

예수님을 부인한 치명적 잘못을 통해 자신의 결점과 단점을 발견하고 그로 인해 위대한 사도로서의 큰 사명을 수행한 것이다. 우리도

우리의 단점을 하나님의 말씀과 믿음과 기도로 새롭게 하여 하나님
께서 사용하시는 복 되고 멋있고 아름다운 인생들이 되었으면 한다.

후회 없는 삶을 위하여

인생의 종말, 즉 죽음을 눈앞에 둔 사람들은 지나온 자신의 생을 돌아보면서 어떤 말을 많이 하게 될까? 한 호스피스 전문가는 죽음을 앞에 둔 수많은 말기 암 환자들을 관찰했을 때, 그들이 죽음에 임박하여 가장 많이 하는 말은 "사랑하는 사람에게 고맙다는 말을 더 많이 했더라면 얼마나 좋았을까?", "선하고 착한 일을 많이 해서 많은 사람에게 희망을 주었다면 얼마나 좋았을까?"라는 후회였다고 한다. 생의 마지막 순간에 많은 사람이 이처럼 안타깝지만 돌이킬 수 없는 후회를 한다. 우리는 어떻게 인생을 살아야 '후회 없는 삶을 살았다'라고 고백하며 죽음의 순간을 맞이할 수 있을까?

이와 관련하여 우리에게 교훈을 주는 예화가 있다. 어느 날 제자 두 명이 스승을 찾아와서 묻기를 "선생님, 인생은 무엇이며, 어떻게 살아야 후회 없는 멋진 삶을 살 수 있을까요?"라고 하였다. 스승은 대답 대신 그들을 과수원으로 데리고 갔다. 그리고, "이 과수원에는 맛있는 사과들이 많이 있으니, 사과를 하나 따오너라. 그러나 한 가지의 조건이 있으니, 그것은 과일을 딴 후에는 절대로 걸어온 길을 돌아갈 수 없다는 것이다."라고 하였다. 이렇게 말하고 스승은 과수원 후문으로 가서 제자들을 기다리고 있었다. 잠시 후에 두 제자가 나왔다.

스승은 그중 한 제자에게 어떤 사과를 땄느냐고 물었다. 이 물음에 제자는 "과수원에 들어서자마자 맛있는 사과를 보았지만 좀 더 좋은 사과가 있을 것 같아서 따지 않고 지나쳤습니다. 그런데 후문에 다 오도록 그만한 사과를 보지 못해서, 할 수 없이 맘에 들지 않는 사과를 하나 따왔습니다. 그러니 왔던 길을 한 번만 돌아가게 해주십시오"라고 스승에게 부탁하였다. 스승은 또 다른 제자에게 어떤 사과를 땄는지 똑같은 질문을 하였다. 이에 제자는 안타깝다는 표정을 지으며, "과수원에 들어서자마자 아주 좋은 사과가 보이기에 망설임 없이 그 사과를 땄습니다. 그런데 오다 보니 아쉽게도 그보다 더 맛있어 보이는 사과가 많이 있었습니다. 그러니 꼭 한 번만 다시 돌아가서 맘에 드는 좋은 사과를 딸 수 있게 해주십시오."라고 스승에게 부탁했다. 두 제자의 이야기를 가만히 들은 스승은 그들에게 다음과 같이 말해주었다.

"그것이 바로 사람이 살아가는 인생이다. 인생은 되돌아갈 수도, 다시 시작할 수도 없는 법, 한 번 지나면 돌이킬 수 없다는 사실을 명심하고 후회 없는 삶을 살아야 한다."

누구에게나 인생은 한 번뿐이고, 살아온 시간을 되돌릴 수는 없다.

후회 없는 삶을 위하여

지난날로 돌아가고 싶다면 그건 삶을 후회하고 있다는 뜻이다. 사람은 누구나 불완전한 존재이기에 인생을 뒤돌아보면 아쉽거나, 부끄럽거나, 미안했던 순간들을 후회하게 된다. 그러나 돌이킬 수 없는 과거의 추억을 후회만 하면서 정작 현재의 삶에 충실하지 않는다면 그것은 결국 또 다른 후회를 불러오게 된다.

또 다른 예를 보자. 두 도시를 오고 가며 대학에서 강의하는 A 교수가 있었다. A 교수는 한 학기는 미국의 시카고에 있는 대학에서, 그다음 학기는 프랑스 파리에 있는 대학에서 강의했다. 그런데, A 교수는 시카고에 있을 때는 예쁜 거리가 있는 파리를 그리워했다. 다음 학기가 되어 파리에서 강의하게 되면, 호수의 경치가 아름다운 시카고를 그리워했다. 다시 시카고에 오면 파리가 더 나은 것 같다고 말하며 파리를 그리워했다. A 교수는 항상 자신이 있는 곳이 아닌 다른 곳에서의 삶을 그리워하며 살았다. 예화의 교수와 같이 사람들은 종종 현재 자기의 삶과는 사뭇 다른 모습의 삶을 그리워하며 살아가곤 한다. 직장인은 자유로운 프리랜서를 부러워하고, 프리랜서는 안정된 직장인을 부러워한다. 결혼한 사람은 얽매일 것 없는 싱글이 좋아 보이고, 싱글은 결혼하면 외롭지 않을 것 같다고 결혼한 사람을 부러워한다. 이처럼 우리는 내가 걸어온 길이 아닌 가지 않은 길에 미련을 두고, 자기 선택에 대해서 만족스럽지 않다며 끊임없이 후회에 빠진다. 이런 후회를 하지 않기 위해서는 그때그때 내게 주어진 상황에서 앞을 잘 내다보고 솔로몬처럼 지혜를 구하고, 살펴서 후회 없는 선택을 하여야 한다.

"내가 사울을 왕으로 세운 것을 후회하노니 그가 돌이켜서 나를 따르지 아니하며 내 명령을 행하지 아니하였음이니라 하신지라 사무엘이 근심하여 온 밤을 여호와께 부르짖으니라"(삼상 15:11). 이 말씀은 하나님께서 사울을 세워 이스라엘의 첫 왕으로 삼으신 것을 후회하셨다는 말씀이다. 하나님이 후회하셨다는 것은 어떤 의미일까? 이 말은 하나님의 말씀에 불순종한 사울에 대해 하나님께서 지극한 섭섭함을 가지셨다는 뜻이다. 사울은 하나님께서 불러주신 부르심에 선하게 응답하지 않았고, 순종도 하지 않았으며, 자기 멋대로 마음대로 삶을 살았다. 하나님은 사울을 지극히 사랑하셨음을 암시하는 말씀들이 성경 여러 곳에 기록되어 있다. 그렇게 사랑이 많으신 하나님은 사울이 진정으로 잘못을 뉘우치고 철저히 회개했는지 보기 원하셔서 약 23년 후에 사울에게 다시 기회를 주셨다. 이러한 하나님의 사랑에 사울은 순종함으로써 은혜에 보답해야 했지만, 그는 또다시 하나님의 뜻을 거역하고 불순종했다. 이와 같은 불순종 앞에서 하나님은 '후회'하셨다.

우리는 사무엘상 15:11을 통하여 하나님의 부르심에 따르고, 하나님의 말씀에 순종하는 일이 얼마나 중요한지를 깨달아야 한다. 하나님께서 부르실 때 기쁘게 응답하고, 주신 직분, 은사, 환경 속에서 순종하며 나아가는 일은 하나님께서 원하시고 기뻐하시는 일이다. 이것은 매우 중요하고, 우리 모두 마음속에 새겨야 할 것이다. 그러므로 우리는 매일매일을 하나님의 뜻에 따라 믿음으로 충실하게 살아서 오늘이 내 인생의 마지막이라 할지라도 후회가 없는 복된 인생을 살았으면 한다.

<시>   겨울 소나무처럼 영원한 신앙

축복과 은혜의 아버지 하나님
사람의 운명은 아침의 이슬처럼
잠시 세상에 왔다가
티끌로 돌아가오니 슬프옵니다.
하여 영원하신 천국을 허락하사
영생의 축복을 안겨주소서.

오직 주님의 성전 안에서
충만한 환희가 있사오니
가난한 영혼이 불을 밝히는
아침을 맞이하게 하시오니
영광의 주님을 찬양하옵니다.

사람의 중심을 성찰하시는 영으로
명상과 정관의 오솔길을 찾게 하시어
진 · 선 · 미가 지닌 지고선에 이르게
영원하신 주님의 은총을 내려 주시오니
주님을 찬미하게 축복하소서.

아!

밤마다 온 우주를 밝히는 별빛 속에서
영원을 사모하는 마음으로 충만케 하소서!
아멘.

나의 눈이 되어준 그대에게

　가난했던 신학교 시절 내가 그대를 처음 만난 날은 친구의 소개로 유려하게 강물이 흐르는 뚝섬 옆 어느 중식당이었다. 허름한 작업복을 입고 있었던 나는 몇 사람과 둘러앉아 가장 대중적인 음식 자장면을 함께 나누었다.

　나의 님을 만난 첫인상은 57년이 지난 오늘도 잊을 수가 없다. 그녀의 목소리는 꾀꼬리 소리와도 같이 맑고 아름답고 깨끗했다. 백조의 흰 모습과도 같이 우아한 모습은 마치 꿈의 천사가 달빛을 타고 내려온 수호천사의 모습이었다. 까맣게 꺼져버린 나의 육신의 눈이 아닌 영혼의 눈으로 그녀를 바라보았을 때 그녀의 눈은 아침에 뜨는 해처럼 어두운 밤에 환히 비치는 달과 별처럼 아름답게 빛나고 있었고, 그녀의 살결은 코스모스처럼 장미처럼 아름답게 느껴졌다.

이 설레는 느낌을 나의 마음속에 간직하며 그녀를 놓칠까 봐 기도하고 생명을 다해 그녀를 쫓아다녔다. 그녀는 나를 만날 때마다 하늘보다 높고, 바다보다 넓은 희망을 건네주었고, 그녀가 베푸는 사랑의 한 마디 한 마디는 그녀의 매력에 휘감기게 하였다.

자그마한 사과 궤짝 같은 곳에서 찌들어진 속내복을 입고 시작한 결혼생활. 겨울에도 여름옷을 입고 살 정도로 가난한 나와 결혼하여 평생의 삶을 함께해준 나의 아내. 반세기가 넘도록 삶의 광야에서 함께 하나님께 감사하고 희망을 노래하며 수준 높은 지도자로 두 딸을 양육하여 세상에 빛을 비추게 한 당신께 나의 진실한 마음을 바치는 심정 간절하다. 이제 나는 고백한다. 나의 영원한 사랑의 동반자 그대라고.

<실로암안과병원 후원 안내>

의료법인 실로암안과병원은 한국교회 100주년 기념사업, 사랑의 실천 운동의 일환으로 세워졌습니다. 예수 그리스도의 치유 정신과 사랑을 이어받아 국내외 실명 위기에 있는 어려운 형제자매들과 앞 못 보는 이들을 위해 눈의 고통을 치료하고, 실명을 예방하며, 사랑의 무료 개안수술로 빛을 찾아주기 위해 1986년에 세워진 의료선교병원입니다.

> · 경제적으로 어려워서 진료와 수술받지 못하는 분들은 사회사업실에서 상담을 통해 내부 규정에 따라 진료비나 수술비나 입원비 등을 지원합니다.
> · "움직이는 실로암안과병원"은 농어촌, 섬 지역, 전국 맹학교, 교도소 등 의료취약지역을 1년에 30회 이상 찾아가서 사랑의 무료 안과 진료를 통해 실명을 예방하고 새 생명의 밝은 빛을 찾아주고 있습니다.
> · 중국, 필리핀, 몽골, 라오스 등 개발도상국 14개국에서도 사랑의 무료 안과 진료와 무료 개안수술로 실명 예방과 영혼과 마음과 육신의 빛을 찾아주며 사랑을 실천하고 있습니다.

⊙ 한 사람(단안)에게 밝은 빛을 찾아주기 위해서는 30만 원 비용이 소요됩니다. 빛을 찾아주는 성스럽고 고귀한 일에 동참해 주시길 부탁드립니다. ⊙

♣ 가정에서는 결혼기념일, 생일, 돌, 환갑, 칠순, 입학 등 기념일이나 경사스러운 날에, 교회에서는 창립기념일, 바자회, 부활절, 추수감사절, 성탄절,

임직식, 걷기대회 등을 통해 빛을 보기 원하는 이들에게 사랑의 빛을 선물하고 있다.

> · 또한, 현대의학과 과학으로 치료 불가능한 난치성 질환들인 황반변성, 안구진탕, 시신경위축 등을 정복해서 "실로암 연못 형성하여 눈병 없는 밝은 세상"을 만들려고 합니다.
> · 실로암안과병원은 눈병 없는 밝은 세상을 형성하여 햇빛보다 더 밝은 눈병 없는 밝은 세상을 만들어 나가겠습니다. 눈병 없는 밝은 세상을 만들기 위해 기금을 조성하고 있습니다.

♣ 매일 1분의 기도, 기도할 때마다 1천 원의 기금을 모으는데 협력해주시면 감사하겠습니다. 티끌이 모여 태산을 이루고, 가랑비가 모여 시냇물을 이루고, 시냇물이 모여 넓은 바다를 이룸같이 대가 없는 사랑이 모이고 모여서 실로암 연못의 기적을 이루게 될 것입니다.

"내가 세상에 있는 동안에는 세상의 빛이로라" (요 9:5)

"또 주린 자에게 네 양식을 나누어주며 유리하는 빈민을 집에 들이며 헐벗은 자를 보면 입히며 또 네 골육을 피하여 스스로 숨지 아니하는 것이 아니겠느냐 그리하면 네 빛이 새벽 같이 비칠 것이며... 여호와가 너를 항상 인도하여 메마른 곳에서도 네 영혼을 만족하게 하며 네 뼈를 견고하게 하리니 너는 물 댄 동산 같겠고 물이 끊어지지 아니하는 샘 같을 것이라" (사 58:7, 8, 11)

절망의 어두운 세상을 빛으로 바꾸는 실로암의 사역을 위해 기도와 사랑과 협력의 끈을 예수님께서 오실 때까지 놓지 않고 변함없이 믿음의 동역자가 되어주시기를 기도하며 부탁드립니다.

<개안수술비 후원 계좌>

하나은행 556-810018-37305   예금주: (의)실로암안과병원
우리은행 1005-500-523997   예금주: (의)실로암안과병원

<난치성 안과 질환 정복을 위한 연구·교육 기금 후원 계좌>

"실로암 연못 형성하여 눈병 없는 밝은 세상 만들기"
국민은행 808801-04-212170   예금주: (의)실로암안과병원

<의료법인 실로암안과병원 연락처>

전화: 02-2650-0772~4(대외협력실) 02-2650-0775(홍보기획실장, 남윤희 목사)
주소: 서울시 강서구 등촌로 181 (07668)   www.siloam.co.kr

사회복지법인 실로암 시각장애인복지회

사회복지법인 실로암 시각장애인복지회는 총회 맹인선교회를 발전시켜 1997년 하나님의 은혜로 설립되었습니다. '실로암'은 '보냄을 받은 자'라는 뜻으로 시각장애인에게 하늘의 소망과 땅의 희망을 전하고 있습니다. 산하 기관에서 다양한 선교 복지사업을 통해 "요람에서 무덤까지" 시각장애인의 전인적(全人的) 성장을 돕는데 목표를 두고 있습니다.

실로암시각장애인복지관(1999)

실로암시각장애인복지관은 시각장애인의 일상생활 지원 및 여가생활 지원, 학습권 보장과 정보 격차의 해소, 양질의 직업 활동을 통한 경제적 자립 지원 등 당사자 중심의 체계적인 맞춤형 복지사업을 실천하며, 나아가 지역사회와 협력하고 사회 인식변화를 도모하여 시각장애인의 복지와 자립을 추구하는 시각장애인 복지관입니다.

효명 장학사업(2010)

총회 전도부 맹인선교회에서 1978년부터 전국 맹학교 중고등학생에게 장학금을 지원하기 시작하여 2010년 '효명 장학사업'으로 명명하고, 시각장애인 대학생, 신학생, 유학생에게까지 장학금을 지원하여 시각장애인 차세대 지도자를 육성하고 있습니다. 2025년 상반기까지 약 1,500여 명에게 약 23억 원의 장학금을 지원했습니다. 장학생들은 국회의원, 법조인, 교수, 공무원, 교사, 음악인 등 사회 각계각층에서 역할을 하고 있습니다.

실로암직업재활시설(1999)

실로암직업재활시설은 시각장애인을 대상으로 체계적인 교육을 통해 경쟁력 있는 실무능력을 익힐 수 있도록 훈련하고 관련 자격증을 취득할 수 있도록 지원하여 희망하는 직종으로 취업 및 창업을 하도록 돕고 있습니다.

'일하는 장애인, 세금을 납부하는 장애인'이라는 미션을 가지고 시각장애인의 고용 확대 및 양질의 일자리 제공을 목적으로 설립되어 보건복지부 지정 중증장애인 생산품 인증기관입니다. 안마 센터 운영, 세계 최초 장애인 바리스타가 일하는 카페모아 운영, 시각장애인이 일하는 제조업 공장 인더스트리 운영, 관현맹인전통예술단과 드리미 예술단 운영, 직업능력개발훈련 등 다양한 전문 직업재활 서비스를 제공하는 시각장애인 사회적기업이며, 모든 근로 장애인에게 최저임금 이상을 지급하는 직업 재활시설입니다.

설리번학습지원센터(2014)

설리번학습지원센터는 헬렌 켈러를 가르친 설리번 선생의 전인적 교육 정신을 본받아 시각, 발달중복장애인의 유아기부터 성인기까지의 발달 연령에 필요한 체계적인 재활을 지원하는 국내 유일의 시각, 발달중복 장애 전문 재활센터입니다.

실로암시청각장애인학습지원센터(2020)

실로암시청각장애인학습지원센터는 시청각중복장애인을 위한 전인적 복지를 목적으로 서울시가 설립한 지원센터로 의사소통 기술 개발 및 교육,

보행훈련 및 이동지원, 발굴 및 맞춤형 서비스 제공, 권익옹호 및 사회활동 지원 등 시청각장애인의 전인적 자립을 위해 설립된 전문센터입니다.

실로암효명의집(요양원)(2010)

실로암효명의집은 중증 시각장애 어르신들의 건강하고 행복한 노후를 위해 기독교 정신에 입각하여 2010년 7월에 설립된 국내 최초 소규모 거주시설입니다. 현재 28명이 입소해 있으며 거주 지원, 의료지원, 사회심리지원, 교육지원 등의 서비스를 제공하며, 행복하고 건강한 노후, 웃음이 넘치는 삶의 공간, 이웃을 위해 기도하는 공동체, 섬김을 위해 보냄을 받은 자들의 나눔과 헌신으로 함께 살아가고 있는 삶의 터전입니다.

실로암국제장애인지원센터(2015)

실로암국제장애인지원센터는 모든 장애인들의 존엄성과 권리를 보장하기 위해 유엔 장애인권리협약(CRPD)의 기본원칙을 따르며, 개발도상국 장애인들의 인간다운 삶을 영위할 수 있도록 지원하고 있습니다. 특히 교육, 의료, 정보화, 직업사업을 통해 탄자니아, 우간다, 미얀마, 라오스 등 14개국 개발도상국 장애인이 사회적, 경제적 자립을 이룰 수 있도록 기반을 마련하고, 그들의 삶의 질 향상을 위해 끊임없이 노력하고 있습니다.

<실로암시각장애인복지관 연락처>

전화: 02-880-0500 팩스: 02-887-1120 https://www.silwel.or.kr
주소: 서울특별시 관악구 남부순환로 1717 (08757)

Life is like a pine tree

🌲 인생은
푸른 소나무처럼

1

2

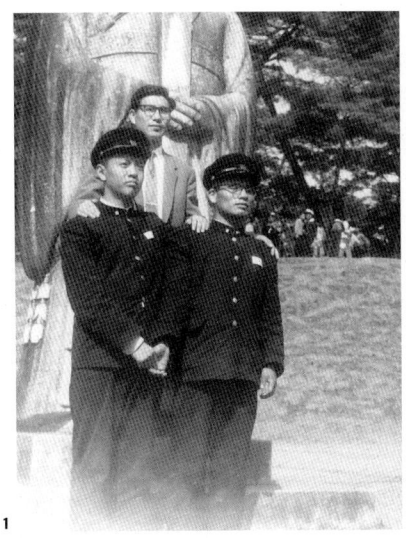

1. 숭실고등학교 시절 은사 이정두 선생, 박정일 친구와 함께
2. 고등학교 시절 친구들과 음악실 앞에서
3. 대학교 시절 주일학교 학생들과 함께

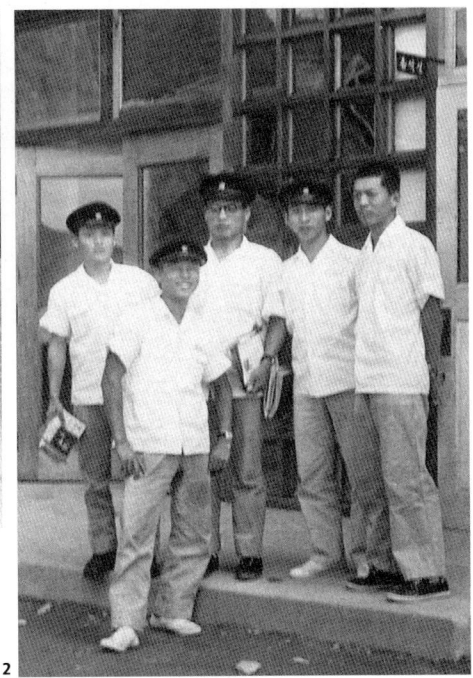

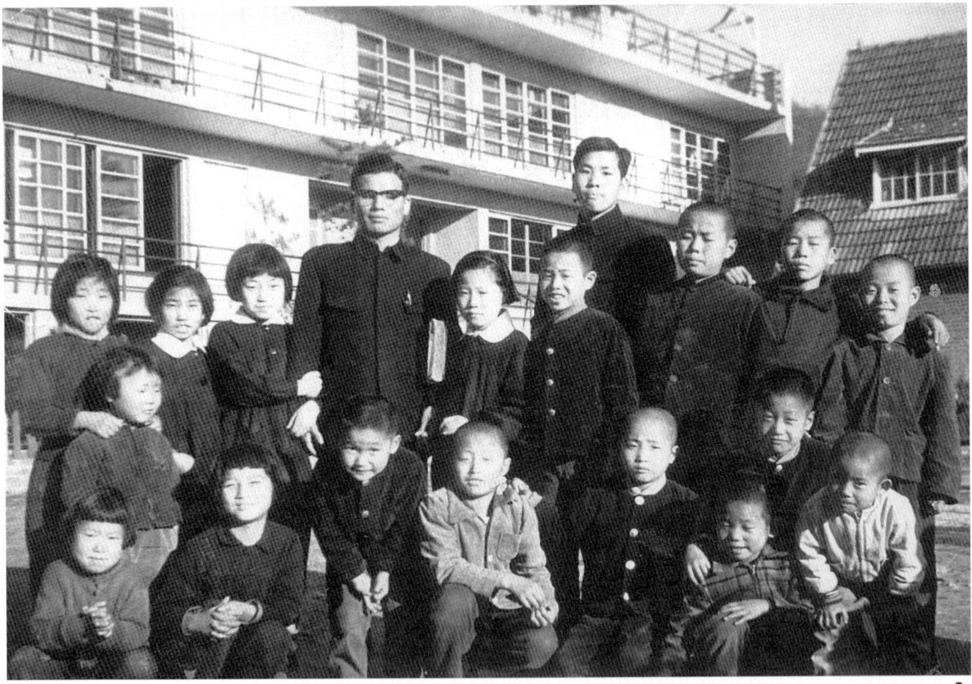
3

🌲 학창 시절

김선태는 6.25전쟁으로 부모와 두 눈을 잃었지만, 꿈과 희망을 포기하지 않았다. 맹학교에서 초등부를 졸업했으나 중학교에서 배우는 안마 등의 학업은 적성에 맞지 않아 일반 학교에서 공부하여 성직자가 되기를 원했다. 하나님의 은혜와 선교사의 도움으로 숭실중, 고등학교, 숭실대학교, 장로회신학대학원, 대학원, 맥코믹 신학대학원에서 순교하는 마음으로 공부하였다. 김선태는 장애인이라는 특혜를 받지 않았고 원하지도 않았다. 친구들과 똑같이 공정하게 평가받았으며, 친구들과 선생님들의 사랑과 격려, 그리고 지지받으며 학창 시절을 보냈다. 그리고 나를 도와준 친구, 이웃, 선생님들께 받은 사랑을 보답하며 살겠노라고 다짐했다.

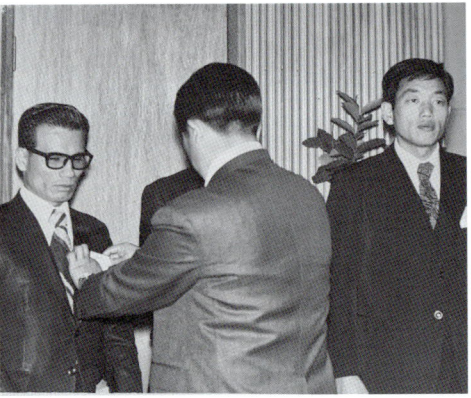

1. 10만 맹인의 사도 김선태 목사 합격 신문기사(1973)

2. 장로회신학대학교 신학대학원 졸업(1969)

3. 목사 안수식(1973)

4. 목사 안수식(1973)

5. 맥코믹 신학교 대학원 박사과정 중 친구들과 함께(1993, D. Min)

🌲 목사 안수와
목회 활동 초기

"선태, 너는 희망이 없어."

맹학교 사감이 나에게 건넨 이 한마디로 인해 무너지는 듯한 절
망감을 느꼈다. 부산 송도 앞바다에 나가 하나님께 울며 기도했
을 때 새벽 미명쯤 그분은 나를 찾아와 주셨다.

"선태야, 너는 희망이 있다. 목사도 될 수 있다. 박사도 될 수 있다."

그 후로 더 이상 좌절하지 않고 성직자가 되기로 결심하였고 열
심히 공부하여 목사가 되었다. 내가 목사가 된 것은 나와 같이 어
둠에서 사는 형제자매들에게 빛을 주고 희망을 주는 사람이 되
기 위해서이다. 하나님은 거친 광야에서 나를 훈련하셨다. 삶의
현장 곳곳에서 만난 모든 고난과 시련은 오늘의 나를 만든 용광
로였다. 지난날의 고난과 시련이 없었다면 오늘의 김선태는 존
재하지 않는다.

🌲 총회 맹인선교회

총회 반쪽짜리 책상에서 '맹인선교회' 사역을 시작하여 담당 간
사로 일하기 시작하였다. 총회 맹인선교회는 실로암안과병원과
실로암 시각장애인복지회로 발전한 동시에 의료와 복지의 두 기
둥이 자리 잡게 되어 세상의 생명을 살리는 빛이 되고 있다.

1

2

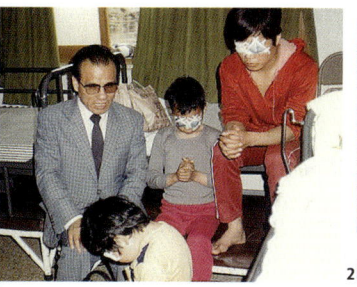

2

3

◀1. 총회전도부 특수선교(맹인전도) 전문위원(1973)
　2. 제6회 맹학생 선교대회(1996)

▶1. 개안수술 어린이 방문과 기도
　2. 실로암 어머니회 조직(1976)
　3. 실로암으로 가는 길 소식지(1993)
　4. 맹인대학생수련회(1984)
　5. 서울 맹학교 방문(1983)
　6. 맹학생 장학금 전달식(1995)

4

5

盲人에게 눈을주시오

忠北大 이정순教授 160萬원寄託

전
도
부
선

基
金
마
련
계
획
도

맹
인
고
아
들
을
보
고
저
들
을
보
게
할
수
없
을
까
하
고
생
각
끝
에

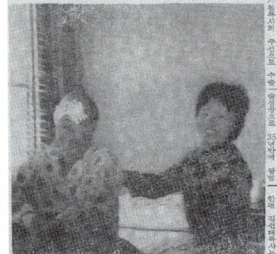

4인 盲人 開眼手術

이정순교수의 기금으로 始作

총
회
전
도
부
서
주
선

現
在
申
請
者
만
8
명

1   **2**

🌲 개안수술의 시작과
실로암안과병원 설립

1977년 충북대 이정순 교수가 시각장애인 개안수술을 위해 당시 160만 원을 총회 맹인선교회에 헌납함으로써 한국 최초로 개안수술이 시작되었다. 개안수술 성공 이후 개안수술 희망자들은 급증하였다.

1981년 세계 장애인의 해에 실로암 어머니회 주관 자선 음악회를 계기로 ㈜고려 합섬 장치혁 회장이 중심이 되어 기독 실업인들과 기금을 마련하여 헌납하였고, 한경직 목사님과 총회 맹인선교회가 중심이 되어 시각장애인과 저시력자 실명 예방과 개안수술을 위해 실로암안과병원을 세우게 되었다.

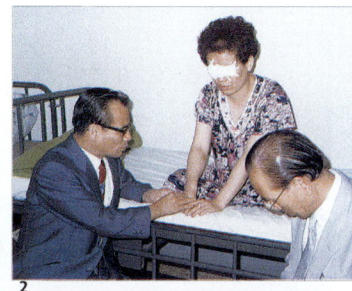

◀ 1. 충북대 이정순 교수 160만 원 기탁(1977)

　 2. 4명 맹인 개안수술, 이정순 교수의 기금으로 시작
　　 (1977)

▶ 1. 실로암안과병원 착공식 한경직 목사 외(1984)

　 2. 개안수술 환자 방문과 기도

　 3. 실로암 어머니회 자선음악회(1981)

　 4. 총회 맹인선교후원회 헌납 동판(1986)

5. 기독실업인, 헌납 동판(1985)

6. 개안수술 어린이 방문과 기도

7. 개안수술 어린이 방문

8. 실로암안과병원 개원과 전경(1986)

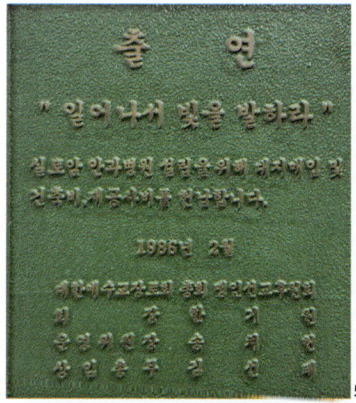

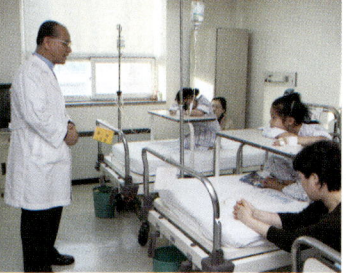

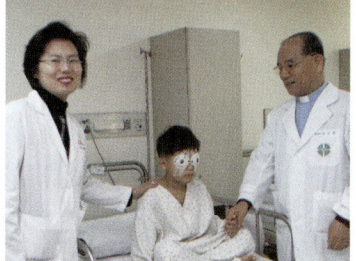

🌲 실로암안과병원

예수 그리스도의 치유 정신과 사랑을 본받아 어려운 분들의 눈의 고통을 치료하고, 실명을 예방하며, 시각장애인들에게 무료 개안수술로 빛을 찾아주기 위해 한경직 목사님과 총회 전도부 맹인선교회가 중심이 되고, ㈜고려 합섬 장치혁 회장님과 뜻을 같이 한 기독 실업인들의 헌신으로 1986년 이 땅에 세워졌다.

실로암안과병원에는 실로암안과병원 아이(EYE) 센터와 움직이는 실로암안과병원, 학술연구원, 빛의 집 헬렌 켈러 기념관이 있다.

실로암안과병원은 병원을 찾아오는 분들에게 사회사업실 상담을 통해 진료비나 수술비 지원, 국내 농어촌, 섬 지역, 맹학교, 교도소 등 의료취약지역, 아시아와 아프리카 등 개발도상국을 찾아가 무료 안과 진료로 실명 예방과 개안수술을 하고 있다.

또한, 현대의학과 과학으로 치료하기 어려운 난치성 안과 질환 정복을 위해 '실로암 연못 형성하여 눈병 없는 밝은 세상 만들기'라는 새로운 비전을 세워 기도하고 있다.

실로암안과병원은 어두운 세상을 밝은 세상으로 바꾸어 놓는 사명, 실로암 연못의 역할을 세상 끝날까지 감당할 것이다.

Life is like a pine tree

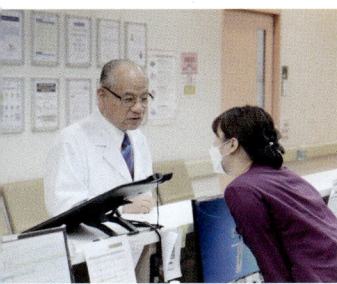

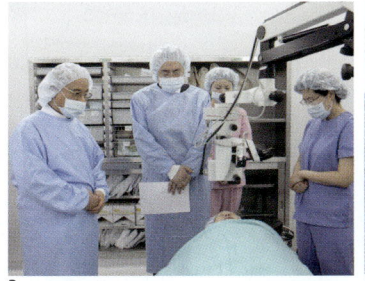

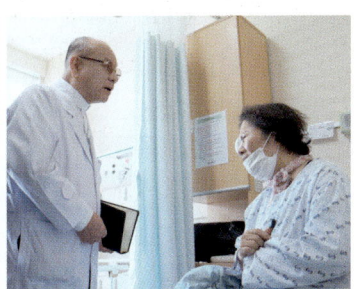

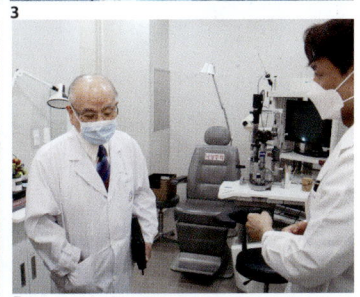

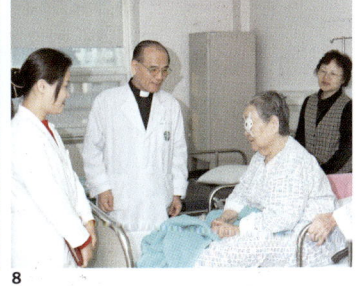

1. 직원들 격려 방문, 병동

2. 개안수술 전 기도

3. 개안수술 환자 병실 방문 기도

4. 직원들 격려 방문, 수술실

5. 직원들 격려 방문, 진료실

6. 실로암안과병원 아이센터 전경(2009)

7. 직원들 격려 방문, 예진실

8. 개안수술 환자 병실 방문 기도

1

2

3

움직이는 실로암안과병원(국내)
-전국 농어촌, 섬, 교도소, 맹학교, 의료취약지역 사랑의 무료안과진료

◀1. SBS 문화재단 9인승 밴 기증(1995)

　2. 움직이는 실로암안과병원 1차 기증 버스(1996, 삼성전관)

　3. 움직이는 실로암안과병원 2차 기증 버스(2003, 삼성 SDI)

　4. 농어촌지역 사랑의 무료 안과 진료(1996)

　5. 경북 영양군 영양중앙교회(2019)

　6. 강원도 영월군 쌍용복지회관(2017)

4

▶1. 서울 연지노인복지센터(2024)

　2. 서울 가좌보건지소(2024)

　3. 움직이는 실로암안과병원 3차 기증버스(2013, 삼성 SDI)

　4. 전남 목포 장산도(1995)

　5. 경북북부교도소(2019)

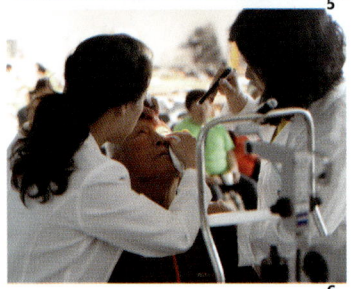

5

6

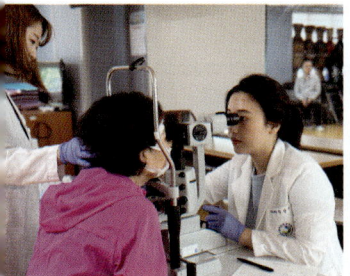

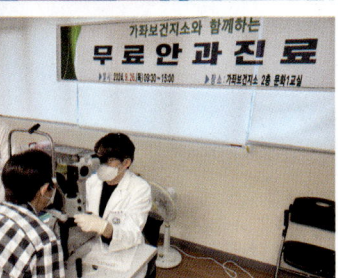

3

4

5

움직이는 실로암안과병원 (해외)

▲ 해외 협력병원

1. 중국 연길 실로암안과병원(1999)
2. 필리핀 메리존스톤병원 (2014)
3. 우즈베키스탄 카라칼팍스탄 국립 안과병원(2015)
4. 탄자니아 툼비병원(2015)

▶ 해외 이동진료

1. 우즈베키스탄 이동진료 관계자들(2017)
2. 중국 연길 개안수술 (2006)
3. 우즈베키스탄 카라칼팍스탄 공화국 이동진료 (2017)
4. 라오스 개안수술과 관계자들(2019)
5. 케냐 진료실 풍경(2000)
6. 필리핀 바기오 지역 이동진료 (1994)
7. 에스와티니 개안 수술 (2024)
8. 필리핀 메리존스톤병원 이동진료(2014)
9. 탄자니아 이동진료 (2015)
10. 베트남 하노이 이동진료(2010)
11. 캄보디아 이동진료 (2011)

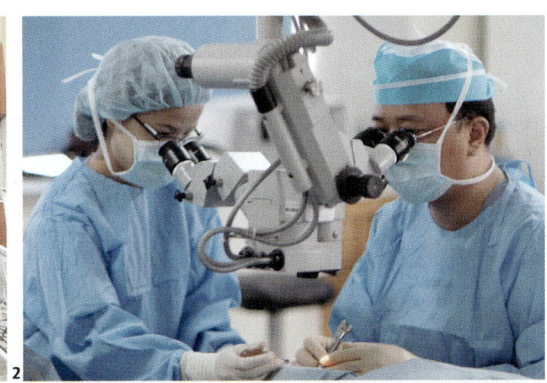

2

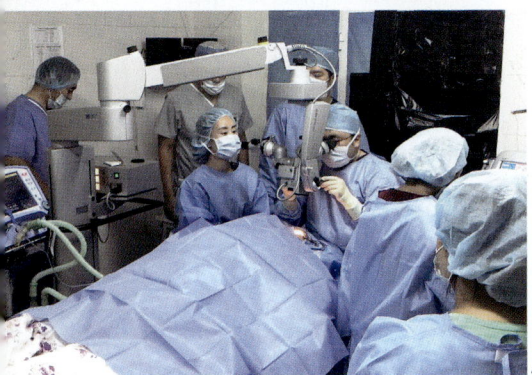

4

5

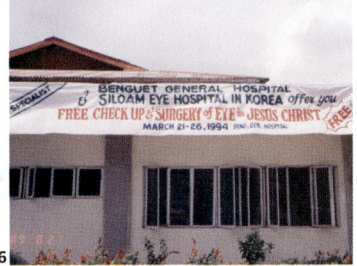

6

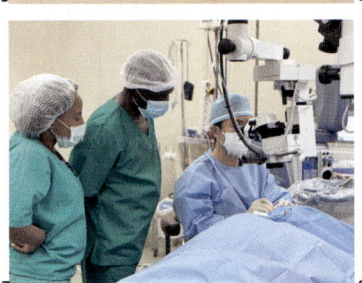

7

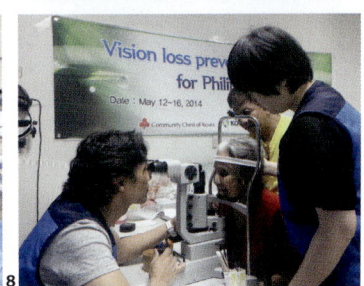

8

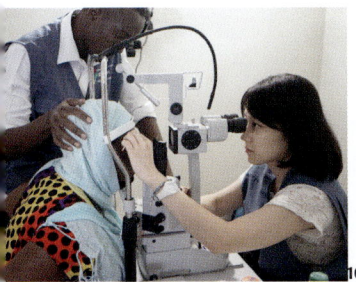

10

11

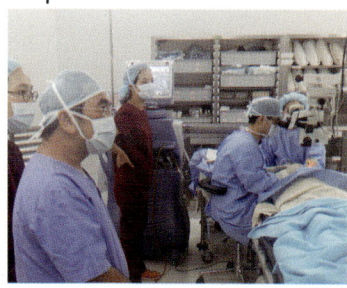

1

2

3

4

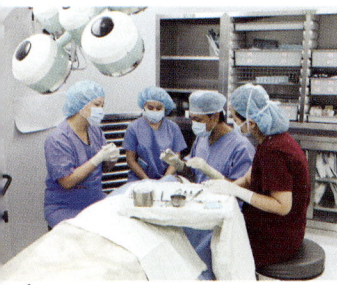

현지 의료진 한국 초청 연수

◀ 1. 기도하는 김선태 목사
　2. 필리핀 초청연수 1(2014)
　3. 필리핀 초청연수 2(2014)
　4. 필리핀 초청연수 3(2015)
▶ 1. 우즈베키스탄 초청연수 1(2015)
　2. 우즈베키스탄 초청연수 2(2015)
　3. 우즈베키스탄 초청연수 3(2016)
　4. 라오스 초청연수 1(2017)
　5. 라오스 초청연수 2(2018)
　6. 우즈벡키스탄 초청연수 4(2015)

1

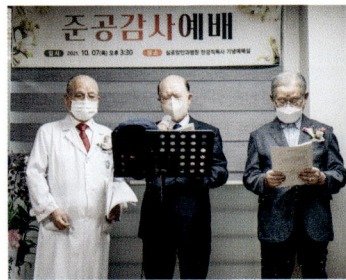

2

3

4

▲ 1. 빛의 집 전경(2021)

　2. 빛의 집 준공감사예배 1(2021)

　3. 빛의 집 준공감사예배 2(2021)

　4. 학술연구원 전경 (2018)

▼ 1. 학술연구원건립개원식(2018)

1

🌲 실로암시각장애인 복지회

실로암시각장애인복지회의 전신은 대한예수교장로회 총회 전
도부 맹인선교회이다. 총회 전도부 맹인선교회는 1976년 조직
되어 시각장애인 선교를 위해 무료 점자 성경과 찬송가 보급, 전
국 맹학교 학생 찬양대회, 시각장애인 대학생 장학금 지급 등 시
각장애인 선교를 수행하였다. 1997년 대한예수교장로회 총회
산하 사회복지법인으로 발전하면서 시각장애인 복지 발전을 위
해 최선을 다하고 있다. 실로암시각장애인복지관, 설리번학습
지원센터, 실로암효명의집, 실로암직업재활시설, 실로암인더스
트리, 관현맹인전통예술단, 효명아트홀 등 전문적이고 세분화
된 영역에서 발전하고 있다. 시각장애인의 재활, 자립, 복지, 교
육, 예술에 걸쳐 이렇게 성장한 것은 하나님의 전적인 은혜이며,
아낌없이 후원해 준 교회와 동역자들의 기도와 사랑의 힘 덕분
이다. 앞으로도 예수 그리스도의 사랑과 섬김을 본받아 시각장
애인들에게 희망을 주고 빛을 전하는 일에 최선을 다할 것이다.

▼ 1. 제11회 시각장애인가족 한마음 축제(2024)

1

2

1

2

3

4

◀ 1. 실로암시각장애인복지관 전경(1998)
　　2. 설리번학습지원센터 전경(2014)
▼ 1. 실로암효명의집 신관 및 효명교회 준공감사예배(2014)
　　2. 헬스케어센터

▲ 1. 실로암시각장애인복지관 대지 기증자 동판(1988)
　　2. 실로암시각장애인복지회 설립(1997)과 현판식(1999)
　　3. 실로암시각장애인복지관 개관(1999)
　　4. 실로암 포네

1

2

1

2

3

4

▲1. 실로암 효명의 집 원장 취임식(2025)
　2. 관현맹인전통예술단 정기 연주회 단원들과 함께(2017)
　3. 효명 장학금 수여식(2012)
　4. 제2회 효명지도자상 보운 마오(캄보디아,2019)
　5. 실로암 시각장애인복지관 직원들과 함께(2023)

5

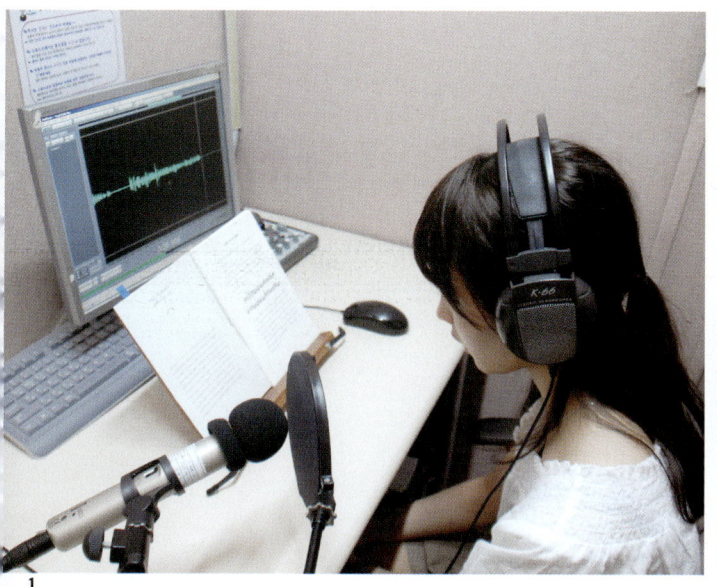

▲1. 녹음도서 제작

2. 탄자니아 점자 교과서 제작(2024)

3. 화면 확대프로그램 이용

4. 카페모아 실로암안과병원점 오픈(2013)

5. 베트남 하노이 카페모아 개점(2024)

6. 제3회 효명지도자상 루미샤 엘리오나 마쌈(탄자니아,2022)

🌲 다양한 사역과 믿음의 동역자들

하나님은 나에게 푸른 소나무처럼 신실한 믿음의 사람들을 만나게 해 주시고, 연결해 주시는 축복을 허락하셨다. 나는 그들과 함께 손을 잡고 기도하며 암흑의 세상을 태양처럼 밝은 세상으로 바꾸고, 천대받고 이용당하고 아프고 외롭고 앞 못 보는 이들에게 희망을 주고, 운명을 바꾸어 놓는 반만년 만에 아름다운 창조의 역사를 함께 만들어왔다. 믿음의 동역자를 만나게 하시고 합심하여 실로암의 사역을 이루어가게 하심을 감사하며, 그들이 나에게 보여준 사랑을 하나님께서 넉넉히 갚아주시고, 하늘의 상급이 크리라 확신한다. 더욱이 미국, 캐나다, 호주의 동역자들과 성도들의 사랑을 잊을 수가 없다. 여러모로 도와준 친구들의 깊은 사랑도 잊을 수가 없다.

"말할 수 없는 그의 은사로 말미암아 하나님께 감사하노라"(고후 9:15)

1

1. 한경직 목사님과 함께(1985)

2. 곽안전, 권세열 선교사님과 함께

3. 스승 숭실대 안병욱 교수님과 함께(2013)

4. 림인식, 김윤식, 박위근, 이순창 목사님과 함께(2015)

2

3

4

1

2

3

4

5

6

7

1 **2** **3**

3 **4** **5**

6

◀1. 병원장 취임식에서 축도하시는 김두봉 목사 (2004)
2. 캐나다 온타리오한국맹인후원회 원종필 이사장 과 이요한 목사(2024)
3. 동래중앙교회 신동혁 목사와 여전도회원들과 함께
4. 제8회 시각장애인돕기 자선음악회(실로암선교 미주후원회, 2019)
5. 캐나다 온타리오한국맹인후원회 원종필 회장께 공로패 전달
6. 킨슬러 목사와 함께(2022)
7. 2008 서울노회장

▶1. 아모텍그룹 김병규 회장과 함께(2014)
2. 김건철 장로 미수를 축하하며(2016)
3. 애터미 박한길 회장과 함께(2022)
4. 혜원예중 채플(2008)
5. 노량진교회 창립 100주년 개안수술 후원금 전달 식(2007)
6. 정신여고 채플(2012)
7. 예배실에서 피아노 연주

08 🌲 영광스런 수상의 순간들

절망과 어둠 속에 있는 이들에게 빛을 선물하기 위해 새벽 3시에 일어나 하루를 시작하며, 분초를 아끼며 일한 결과 대통령 표창, 국민훈장 동백장, 모란장을 비롯하여 호암상, 막사이사이상, 이와하시 타케오 상, 한경직 목사 기념상, 동아 메디컬 코리아 어워드 등을 받았다. 이 상들은 내가 받은 것이 아니라 나를 도와준 동역자들, 후원한 교회들, 후원자들을 대신해서 받은 것이다. 나는 그들을 대신해서 심부름했을 뿐이다. 이 모든 영광을 하나님께 돌린다.

1

2

3

4

5

6

7

◀ 제49회 막사이사이상 수상 인사(2007)

▶ 1. 제3회 세계평화복지인물 선정(1997)

2. 숭실대 명예철학 박사학위 수여(2000)

3. 장신대 명예신학 박사학위 수여(2007)

4. 호암상 수상(1998)

5. 제49회 막사이사이상 수상(2007)

6. 실로암안과병원 제7대 병원장 취임식에서
   사모님과 함께(2004)

7. 경민상 수상(2010)

8. 총회장상(사회봉사부문, 2012)

8

▶1.제34회 이와하시 타케오상 수상 단체사진(2012)

2. 제3회 한경직목사 기념상 시상(2016)

3. 메디컬 코리아 어워드 수상 단체사진(2023)

4. 국민훈장모란장 수상(2008)

5. 제34회 이와하시 타케오상 수상(2012)

6. 메디컬 코리아 어워드 수상(보건의료 공로상, 2023)